Das bietet Ihnen die CD-ROM

Kosten- und Rechtscheck

- Ermittlung der Kosten eines Bauvorhabens
- Kriterien für Kostensparmöglichkeiten
- Was sollte ein Bauvertrag beinhalten?
- Kosten sparen durch Eigenleistungen
- Kostenplan nach Gewerken
- Energieverbrauch richtig bemessen

Checklisten und Beispiele

- Idealplan Grundstück und Wohnhaus
- Kostenvergleich einzelner Haustypen
- Energiepass
- Dachausbau

und viele mehr

Baupläne

- Systemhaus aus Holz
- Fertighaus

und viele mehr

Schritt-für-Schritt-Guide

- Die strategische Planung von Bauvorhaben
- Qualitätsmängeln vorbeugen

Gesetze und Verordnungen

- Aktuelle VOB/ B
- HOAI
- Energieeinsparverordnung EnEV

und viele mehr

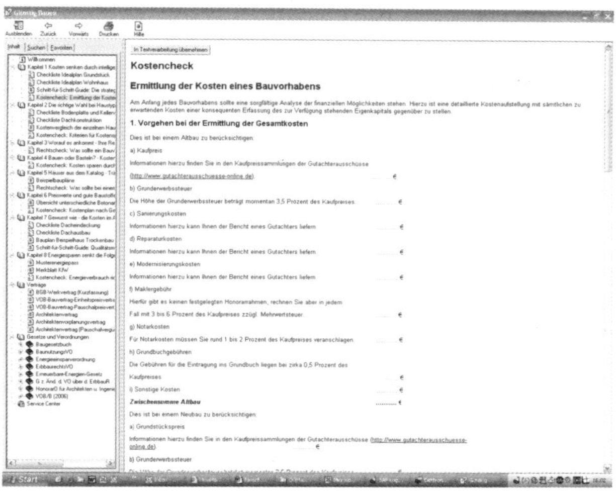

So ermitteln Sie die Kosten eines Bauvorhabens.

Liebe Zuschauerin, lieber Zuschauer,

bei n-tv Immobilien informieren wir Sie regelmäßig über alle wichtigen Themen, die Sie als Immobilienbesitzer interessieren: von der Finanzierung der eigenen vier Wände über Energie sparen bis zu Ihren Rechten als Vermieter möchten wir Ihnen mit gutem Rat und aktuellen Informationen zur Seite stehen. Zuverlässig und informativ.

Doch es gibt immer wieder Themen, die nicht im Rahmen einer einzelnen Sendung behandelt werden können. Deshalb möchten wir Ihnen mit diesem Ratgeber zusätzliche Informationen und Tools bieten, die unerlässlich sind für Immobilienbesitzer und solche, die es werden wollen:

Alle, die beim Bau keinen Cent zu verschenken haben, können mit diesem Buch Kosten sparen. Einsparmöglichkeiten bei Konstruktion und Materialien werden genannt, unter Berücksichtigung ihrer Qualität. Auch das langfristige Energiesparpotenzial der Bauweise wird geprüft, damit ein kurzfristiger Kostenvorteil nicht langfristig zur Schlappe wird.

Ebenso erhalten Sie Kalkulationen, mit denen Sie Ihre Kosten exakt berechnen können. Und damit Sie nichts falsch machen, sorgen Checklisten und Schritt-für-Schritt-Guides für die sorgfältige Planung und Ausführung Ihres Bauvorhabens. Die CD-ROM enthält Rechts- und Kostenchecks, Preistabellen und Kalkulationen – so haben Sie immer das richtige Arbeitsmittel parat.

Mit diesem Buch und beim Kosten sparen wünschen wir Ihnen viel Erfolg!

Ihre Redaktion
n-tv Service Immobilien

MEINE IMMOBILIE

Hans Jürgen Krolkiewicz

Günstig bauen

Haufe

Bibliographische Information Der Deutschen Bibliothek
Die Deutsche Bibliothek verzeichnet diese Publikation in der Deutschen Nationalbibliographie; detaillierte bibliographische Daten sind im Internet über http:// dnb.ddb.de abrufbar.

ISBN 978-3-448-08072-8 Bestell-Nr. 06355-0001

Niederlassung München
Redaktionsanschrift: Postfach, 82142 Planegg
Hausanschrift: Fraunhoferstraße 5, 82152 Planegg
Telefon: (089) 895 17-0,
Telefax: (089) 895 17-290
www.haufe.de
online@haufe.de
Produktmanagement: Jasmin Jallad

Lektorat und DTP: twinbooks, München
Umschlag: X-Design, 80336 München
Druck: Bosch-Druck GmbH, 84030 Ergolding
Zur Herstellung dieses Buches wurde alterungsbeständiges Papier verwendet.

Inhaltsverzeichnis

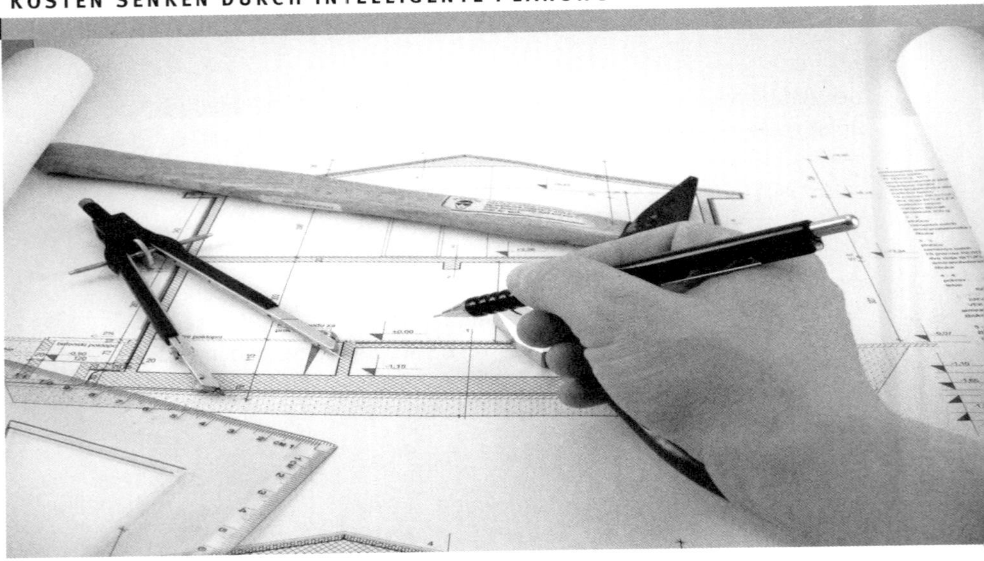

Kosten senken durch intelligente Planung

Um Ihr Ziel, Hauseigentum möglichst kostengünstig und auch sicher zu erreichen, sind bereits im Vorfeld einige wichtige Schritte notwendig. Je mehr Zeit Sie sich für die Vorbereitung und Vorplanung Ihres Hauses nehmen, desto günstiger werden Sie bauen, und auch die Bauzeit wird sich verkürzen. Lassen Sie sich dabei von niemandem drängen.

Richtig planen spart Geld

Eigenheim für jedermann

Bauen ist heute nicht mehr ein Privileg der Reichen. Im Grunde ist fast jeder, der bislang in einer Mietwohnung lebt, in der Lage, sich ein günstiges Eigenheim zu bauen. Nicht von ungefähr wird in Deutschland der meiste Wohnraum von privaten Bauherren geschaffen.

Lassen Sie sich nicht drängen

Oft steht am Beginn der Realisierungsphase des eigenen Hauses das Bild eines Traumhauses. Bei näherer Betrachtung zeigt sich meist schnell, dass Wunschtraum und die realen Möglichkeiten des Bauherren in der Praxis nicht zusammenpassen. Daher gilt es anfangs, diese Wunschvorstellungen mit den eigenen Möglichkeiten und Gegebenheiten abzustimmen und eine intelligente, weil realistische Planung für das künftige Eigenheim anzupeilen. Intelligent planen bedeutet vor allem, sich viel Zeit für Vorbereitung und Vorplanung zu nehmen. Falls man Sie bedrängt, z. B. schnell das Grundstück zu kaufen, da es angeblich ein Schnäppchen wäre, sollten Sie misstrauisch werden. Ein seriöser Verkäufer lässt Ihnen immer ausreichend Zeit für Ihre Entscheidungen. Haben Sie sich einmal festgelegt, halten Sie konsequent an Ihrer Planung fest. Jede abweichende Änderung zum Ursprungsangebot kostet Sie Geld und verteuert den Hausbau.

Realistische Finanzplanung

Zunächst einmal müssen die tatsächlichen Möglichkeiten des eigenen finanziellen Rahmens definiert werden, um auf dieser Grundlage präzisieren zu können, was man sich leisten kann, um nicht später eine Bruchlandung hinzulegen. Erst eine umfassende Vorplanung mit realistischem Finanzierungsplan, dem konkreten Grundstück und der gewünschten Hausgröße schafft die Möglichkeit, sein Wunschhaus auch preisgünstig zu realisieren.

Mit dem Idealplan zum Traumhaus

Der Idealplan

Gehen Sie zuerst immer von Ihren Wunschvorstellungen aus. Überlegen Sie sich, wie Ihr neues Zuhause aussehen müsste, damit es alle Ihre Anforderungen erfüllt. Dieser Idealplan ist dann die Grundlage, mit der Sie Ihre Vorstellungen mit Ihrer Familie abstimmen können.

Sammeln und sichten von Informationen

Ein erster Schritt dahin ist zunächst das gezielte Sammeln und Sichten von Informationen. Diese bekommt man, indem man sich beispielsweise aus Zeitschriften und Tageszeitungen zum Thema „Bauen und Wohnen“ interessante Artikel ausschneidet oder in der Bibliothek entsprechende Bücher ausleiht, Abschriften und Kopien von Skizzen, Fotos usw. macht. Zusätzlich können Sie das inzwischen sehr breite Informationsangebot im Internet nutzen, gegebenenfalls vertiefend Fachzeitschriften zurate ziehen sowie Freunde über Ihre eigenen Erfahrungen befragen. Egal ob die Ideen nun auf Zettel geschrieben, im PC gespeichert oder als Kopien in Ordnern abgeheftet werden, wichtig ist dabei, dass alles festgehalten und thematisch geordnet wird.

Auch der scheinbar unwichtigste Gedanke sollte festgehalten werden, um ihn zum richtigen Zeitpunkt auf Qualität und Durchführbarkeit prüfen zu können. Sehr wichtig ist dabei, sich von Anfang an ein sinnvolles Ablagesystem anzulegen, damit man nicht den Überblick verliert, dieses konsequent durchzuhalten und die Unterlagen später Punkt für Punkt durchzuarbeiten. Die gesammelten Unterlagen werden Ihnen helfen, schnell die Vorzüge und Schwächen einzelner Lösungen zu vergleichen. Mit dieser Sammlung lässt sich dann auch der Idealplan für das eigene Haus leichter aufstellen. Je intensiver man sich damit beschäftigt, praktischer, kostengünstiger und dennoch modern und ansprechend zu bauen, desto besser lassen sich Fehleinschätzungen und Mängel in der Planung vermeiden und wichtige Fragen mit Fachleuten diskutieren.

Die persönliche Wunschliste

Ein Aspekt sollte bei all Ihren Überlegungen zum Traumhaus aber immer im Mittelpunkt Ihrer Erwägungen stehen: Wie kann ich für mich und meine Familie ein Heim schaffen, das mit meinen finanziellen Möglichkeiten realisierbar ist? Listen Sie dazu in Form eines Kataloges alle Wunschvorstellungen bezogen auf das Grundstück und das Haus auf. Jeder Punkt wird zunächst auf einem Blatt festgehalten und führt schließlich zu einem Idealplan, der folgendermaßen aussehen könnte:

Mein Wunschgrundstück:

Das optimale Grundstück

- Südgrundstück an einer ruhigen, bereits erschlossenen Wohnstraße, kein Hanggrundstück,
- Entfernung zur Stadt ca. 45 Minuten,
- Verkehrsanschluss mit Bahn, Bus, Straßenbahn, S-Bahn,
- nach dem Bebauungsplan soll ein freistehendes Haus erlaubt sein,
- das Haus soll möglichst vorn an der Straße gebaut werden dürfen, um eine große Grundstückstiefe zu erhalten,
- auf dem Grundstück sollen alte Bäume stehen, es soll eine Gartennutzung möglich sein,
- für das Auto soll eine Garage auf dem Grundstück möglich sein,
- es sollte ausreichend Abstandsflächen zum Nachbarn geben,
- der nächste Kindergarten sollte 10 Minuten entfernt, die nächste Schule 15 Minuten entfernt liegen,

- ich sollte nicht länger als 25 Minuten zu meiner Arbeitsstätte benötigen,
- das Grundstück sollte in keiner Lärmzone, Flugschneise, an einer Eisenbahnlinie oder Autobahn liegen

usw.

Tragen Sie alle Details zusammen, wie Sie sich Ihr neues Heim vorstellen, damit sich die Einzelheiten zu einem Gesamtbild fügen.

Mein Wunschhaus:

Das Traumhaus

- Ein Keller sollte vorhanden sein,
- das Dachgeschoss sollte ausgebaut werden,
- wünschenswert ist ein großes Wohnzimmer mit offenem Kamin,
- welche Zimmer sollten vorhanden sein: Elternschlafzimmer, zwei Kinderzimmer, ein Gästezimmer, ein Heimbüro/Arbeitsraum, zwei Bäder, zwei Toiletten,
- der Hauswirtschaftsraum sollte nicht im Keller liegen,
- Waschküche, Trockenraum, Heizungskeller, Öllagerraum sind notwendig,
- das Haus sollte eine direkte Verbindung zur Garage und zur Gartenterrasse haben,
- es soll die Möglichkeit geben, später einen Anbau für eine Einliegerwohnung zu ergänzen,
- große Fensterflächen mit Fensterläden und Sonnenschutz sollen vorhanden sein,

- das Haus soll nach Auszug der Kinder leicht umzubauen sein,
- guter Schallschutz zwischen den Räumen und Schutz vor Außenlärm ist wichtig,
- die verarbeiteten Baustoffe sollen die Gesundheit nicht beeinträchtigen,
- Energie sparende Bauweise, Nutzung alternativer Energien, insbesondere Solarenergie, soll möglichst gut ausgenutzt werden,
- die Heizung soll mit Erdgas oder Holzpellets erfolgen,
- es soll eine Fußbodenheizung geben,
- die Außenfassade soll aus Holz bestehen

usw.

Kompromisse schließen

Sind alle Punkte sorgfältig festgehalten und mit den Familienmitgliedern abgestimmt, werden Sie im nächsten Schritt mit den realen Möglichkeiten, wie sie von der Finanzierung und dem Grundstücksangebot vorgegeben werden, abgestimmt. Auf diese Weise entsteht eine realistische Basis für die konkrete Planung des eigenen Hauses. Gleichzeitig zeigen sich so auch deutlich die Punkte, bei denen Kompromisse gemacht werden müssen, um sein Traumhaus zu angemessenen Kosten bauen zu können. Das Schwerste in diesem Stadium der Planung ist, sich nicht in Utopien zu verlieren und klar festzulegen, was man will und – vor allem – was man sich leisten kann. Selbstverständlich werden am Idealplan zahlreiche Korrekturen durchzuführen sein. Aber der einmal aufgestellte Idealplan dient fortan als gedankliche Richtschnur auf dem gesamten Weg zum eigenen Haus.

Günstig ist nicht gleich billig

Vorausschauende Planung

Wer günstig bauen möchte, sollte sich dabei aber nicht nur die Frage stellen, wie kann man mit möglichst geringen finanziellen Mitteln Wohneigentum schaffen? Vielmehr sollte vorausschauend auch an die zukünftigen Kosten gedacht werden: Neben dem fortwährenden Instandhaltungsaufwand ist beispielsweise auch die Frage nach einer günstigen Energieversorgung ein wichtiger Faktor für den laufenden finanziellen Aufwand. Deshalb sollte das Haus, schon aus eigenem Interesse, bei der Errichtung möglichst gut gegen Wärmeverluste isoliert werden, damit wenig Energie verbraucht wird, auch wenn dies vordergründig den Bau verteuert. Gravierenden Einfluss hat hierbei auch die Entscheidung über die Form der Energiequelle. Ob mit Heizöl, Erdgas, Strom oder Holz geheizt wird, die Energiepreise werden steigen, doch gibt es gravierende Unterschiede bei den Kosten. Niemand kann heute sagen, wie viel Sie beispielsweise im Jahre 2030 für 1 KW Heizenergie zahlen müssen.

Alternative Energieformen

Selbst der anfangs eher kostenintensive Einsatz alternativer Energieformen wie z. B. Sonnen- oder Windenergie bietet keine verlässliche Sicherheit in Bezug auf steigende Kosten. So lohnt es sich augenblicklich, Fotovoltaikanlagen auf dem Dach zu installieren und die erzeugte Energie ins öffentliche Stromnetz einzuspeisen. Jedoch laufen solche Fördermaßnahmen sicher irgendwann aus, wie man etwa am Beispiel der Eigenheimzulage sieht. Deshalb ist man besser beraten, wenn man sich nicht einseitig auf eine Energieart festlegt, sondern sich bei der Frage der Energieform mehrere Optionen offenhält. So kann beispielsweise der aus Kostengründen getroffene Verzicht auf einen Schornstein bedeuten, dass später einmal nur mit großem finanziellen Aufwand ein Holzofen oder offener Kamin betrieben werden kann.

Bauen oder Kaufen – Wie fährt man günstiger?

Altbau

Eine Antwort auf diese Frage ist nur individuell zu beantworten. Beim Kauf von Altgebäuden ist man zunächst einmal von den örtlichen Gegebenheiten abhängig. Das ideale Haus bereits fertig gebaut vorzufinden gelingt sehr selten. Schon die Suche nach gebrauchten Häusern ist meist nicht ganz einfach und oft ohne Makler – ein zusätzlicher Kostenfaktor – vor allem in Ballungsräumen kaum machbar. Man hält ja nicht nur nach einem Grundstück Ausschau, sondern muss zusätzlich auch die Qualität und Bauweise des Altbaus beachten. Gebrauchte Einfamilienhäuser entsprechen oft nicht mehr den heutigen Ansprüchen und Vorschriften. Allein beim Energiesparen werden heute – aufgrund der stetig steigenden Energiekosten – wesentlich höhere Anforderungen gestellt, als es beispielsweise bei Wohnhäusern aus den 1970er-Jahren der Fall war. Zudem muss oft der vorhandene Grundriss der Wohnfläche den Bedürfnissen des Käufers angepasst werden. Das sind nur einige der Kosten, die zusätzlich zum reinen Kaufpreis eingerechnet werden müssen.

n-tv TIPP

Folge- und Nebenkosten bedenken

Rechnen Sie beim Althauskauf immer damit, dass neben dem reinen Kaufpreis gegebenenfalls noch teure Investitionen notwendig werden und andere Nebenkosten auf Sie zukommen. Dies betrifft unter anderem Gebühren für den Vertragsabschluss beim Notar oder Aufwendungen für Sanierungsmaßnahmen. Gehen Sie beim Kaufpreis deshalb nie an Ihr finanzielles Limit, sondern behalten Sie immer eine Reserve. Als grobe Faustformel gilt: Bei Altgebäuden (Einfamilienhäuser) ist mit bis zu 30 Prozent des Gebäudekaufpreises als Zusatzkosten im Laufe der Zeit zu rechnen (Reparaturen, Renovierung, Bestandspflege usw.).

Achtung vor Schnäppchen

Altbauten haben besonders ihren Reiz, wenn man nicht akribisch auf die Finanzen achten muss. Grundsätzlich ist es ratsam, vor der konkreten Entscheidung, ob man ein gebrauchtes Haus kaufen möchte, einen Fachmann einzuschalten. Das kann ein Architekt Ihres Vertrauens oder ein Sachverständiger sein. Erkundigen Sie sich nach Gutachtern bei der in Ihrer Stadt oder Ihrem Landkreis zuständigen Handwerks- oder der Ingenieur- bzw. Architektenkammer. Die Kosten für ein Gutachten, für das der Sachverständige dann auch haften muss, sind relativ niedrig, gemessen an den Kosten, die auf Sie zukommen können, wenn Sie vorschnell und nur nach Augenschein kaufen. Gerade auch beim Altbau ist es wichtig, sich Zeit für die Entscheidung zu lassen. Lassen Sie sich niemals vom Verkäufer oder seinem Makler zur Eile treiben. Sogenannte Schnäppchen entpuppen sich sehr oft als Geldgrab. Eine Kaufrückgabe ist kaum möglich, es sei denn, Sie können einen bewussten Betrug bzw. eine Falschauskunft in den Beratungs- bzw. Verkaufsgesprächen nachweisen. Zur eigenen Sicherheit sollten bei solchen Verkaufsgesprächen immer vertrauenswürdige Zeugen, z. B. Verwandte, Freunde u. Ä., anwesend sein. Halten Sie die wichtigsten Punkte auch sofort nach dem Gespräch in einem schriftlichen Protokoll fest.

n-tv TIPP

So schützen Sie sich vor unangenehmen Überraschungen beim Hauskauf

Um vor unliebsamen Überraschungen sicher zu sein, verlangen Sie beim ersten Verkaufsgespräch gleich einen Grundbuchauszug, damit Sie sicher sein können, auch wirklich mit dem Verkäufer zu verhandeln. Gleichzeitig lassen Sie sich den kompletten und von der zuständigen Baubehörde genehmigten (Stempel) Eingabeplansatz zeigen. Er besteht zumindest aus Kopien des amtlichen Vermessungsplanes, allen Hausgrundrissen und mindestens einem Hausquerschnitt im Maßstab 1:100. Bei Fertighäusern verlangen Sie die vom Haushersteller genehmigte Typenstatik, damit Sie sehen, ob auch nachträgliche Um- oder Anbauten möglich sind.

Beim Neubau richtig Geld sparen

Neubau

Viele Bauherren wollen nicht nur Wohnraum schaffen, sondern mit einem Haus auch die konkreten eigenen Vorstellungen verwirklichen. Das lässt sich mit einem Hausneubau einfacher realisieren. Der Idealplan lässt sich meist besser verwirklichen. Zudem lassen sich Einsparmöglichkeiten und auch spezielle Wunschvorstellungen unkomplizierter realisieren, da man auf die komplette Realisation Einfluss nehmen kann.
Hier gilt es, sich als ersten Schritt planmäßig und systematisch auf die Suche nach einem geeigneten Grundstück zu machen. Dabei kann man zwei Wege gehen: einmal selbst zu suchen, zum anderen einen Makler mit der Suche beauftragen. Makler oder Vermittler müssen vergütet werden. Diese Vergütung wird als Courtage oder Provision bezeichnet. Deren Höhe ist im Allgemeinen 3 Prozent der Kaufsumme, in manchen Regionen sind allerdings Abweichungen davon üblich, besonders in Ballungsräumen.

Grundstückskosten

Die Grundstückskosten schwanken in einem breiten Bandbereich: So kosten Baugrundstücke z. B. in Ostfriesland wesentlich weniger als im Ballungsraum von Großstädten wie Berlin oder München. Ortslage, Erschließungszustand und die Anbindung an öffentliche Verkehrsmittel beeinflussen den Marktwert von

Grundstücken ebenfalls maßgeblich. Deshalb ist es durchaus eine Überlegung wert, ob man in unmittelbarer Nähe eines Ballungsraums bauen möchte oder doch in etwas größerer Entfernung auf dem Lande. Erkundigen Sie sich auch bei Ihrer Kommune oder der Nachbargemeinde nach dem Erwerb von gefördertem Bauland, denn oft werden Grundstücke für bestimmte Bevölkerungsgruppen (z. B. kinderreiche Familien, junge Familien, Einkommensschwache) besonders preisgünstig abgegeben. Manche knappe Finanzierung wurde bereits durch die Grundstückswahl gesprengt.

Durch gewissenhaftes Planen im Vorfeld können bereits zahlreiche finanzielle Risiken ausgeschlossen werden. So stellen Sie schon zu Beginn die entscheidenden Weichen für einen kostenbewussten Projektverlauf.

Günstig, aber nicht billig

Auch beim kostengünstigen Neubau sollte man sich vor allem von der heute so oft praktizierten „Geiz-ist-Geil-Methode" verabschieden. Günstig Bauen bedeutet bei Weitem nicht, nur die billigsten Baustoffe und Bauteile einzusetzen. Grundsätzlich gilt es auch bei einem Bauvorhaben, bei dem auf die Kosten geachtet werden soll, auf eine gute Materialqualität zu achten, um nicht nach kurzer Zeit bereits reparieren oder sanieren zu müssen. Auch sollten Sie bedenken, dass alle Bauteile eines Gebäudes Pflegebauteile sind, die regelmäßig kontrolliert und in Stand gehalten werden müssen. Bei diesen Kontrollen zeigt sich oft, dass Billigbaustoffe in Verbindung mit einem Billigverarbeiter nachträglich hohe Reparaturkosten verursachen können.

n-tv TIPP

Nachträgliche Änderungen im Vorfeld regeln

Nachträgliche Veränderungen an der vom Bauunternehmen angebotenen Hausplanung kommen dem Bauherren meist teuer zu stehen, sind aber nicht selten. Für diese Fälle sollten Sie bereits im Vorfeld Verrechnungssätze für Änderungswünsche vereinbaren, damit Sie nachträglich nicht in einer schlechteren Position gegenüber dem Bauuntermehmer sind.

Verrechnungssätze klären

Im Gegensatz zum Gebrauchthauskauf lassen sich zwar beim Neubau eigene Wunschvorstellungen leichter verwirklichen. Diese müssen aber ebenso mit den realen Gegebenheiten, wie Sie nach dem Bebauungsplan des gekauften Grundstückes vorgegeben werden, und Ihrem finanziellen Spielraum abgestimmt werden.

Verstöße können teuer werden – der Bebauungsplan

In den meisten Fällen liegt ein Grundstück im Geltungsbereich eines vorhandenen Bebauungsplans. Dieser wird von der zuständigen untersten Baubehörde der Kommune erstellt und veröffentlicht. Dieser Bebauungsplan schreibt konkret vor, wie und was Sie bauen dürfen. Ihr Architekt hilft Ihnen dabei, genau festzustellen, ob das von Ihnen gewünschte Haus genehmigungsfähig ist.

Erlaubte Bauweise

Im Bebauungsplan sind Art und Maß der baulichen Nutzung, die erlaubte bzw. fest vorgeschriebene Bauweise (Massivhaus, Fertighaus, Holzhaus), die überbaubaren und nicht überbaubaren Grundstücksflächen (daraus ergeben sich z. B. die Abstandsmaße zum Nachbarn, zur Straßenfront u. Ä.) sowie Größe, Tiefe und Breite des Baugrundstücks geregelt. Ein Bebauungsplan wird rechtlich als Satzung erlassen und ist daher rechtsverbindlich.

Abweichungen oder Ausnahmen vom Bebauungsplan sind nur unter großem finanziellem und langwierigem zeitlichem Aufwand möglich. Auch Verstöße gegen den Bebauungsplan, bewusst oder unbewusst, bergen erhebliche finanzielle Risiken. Deshalb sollten Sie den Bebauungsplan sorgfältig prüfen. Mehr hierzu im Kapitel Worauf es ankommt – Ihre Rechte und Pflichten beim Bauen ab Seite 66.

Kosten im Griff behalten

Bereits beim Kaufpreis der Immobilie oder des Grundstücks an sein finanzielles Limit zu gehen, wäre einer der größten Fehler, den Sie als Bauherr machen können. So wird der Traum vom eigenen Haus schnell zum unkalkulierbaren Albtraum. Denn neben dem reinen Kaufpreis kommt noch eine Reihe weiterer Kosten auf Sie zu. Und dies beginnt schon lange vor den ersten Baumaßnahmen, nämlich beim Architekten und den Planungsunterlagen.

Ohne Plan läuft nichts

Die Arbeit des Planers bzw. Architekten

Text auf CD-ROM

Einen Planer (Bauingenieur) bzw. Architekten müssen Sie beim Neubau grundsätzlich einschalten. Sein Honorar bemisst sich nach der HOAI (Honorarordnung für Architekten und Ingenieure, →CD-ROM). Mit ihm stimmen Sie nicht nur Ihre Vorstellungen ab, sondern lassen auch die für eine Baugenehmigung notwendigen Planunterlagen erstellen. Er reicht auch in Ihrem Namen alle Unterlagen bei der zuständigen Baubehörde bis zur Genehmigung ein. Sein Aufgabenbereich ist neben der Planung auch die Koordinierung aller am Bau beteiligten Firmen und Personen während der Bauphase sowie die Bauüberwachung. Die drei Aufgabenbereiche müssen im Architektenvertrag (Planervertrag, →CD-ROM) detailliert geregelt sein.

Reibungsloser Ablauf

Besondere Bedeutung kommt dabei der Koordination zu. Denn hier sorgt der Architekt dafür, dass in zeitlicher, technischer und wirtschaftlicher Hinsicht ein reibungsloser und kontinuierlicher Ablauf des Baugeschehens stattfindet. Darunter fallen auch die terminliche Abstimmung mit einzelnen Handwerkern und deren Kontrolle sowie die Einhaltung des vertraglich fixierten Fertigstellungstermins.

n-tv TIPP

Kostengünstige Bauausführung vertraglich festlegen

Die Aufgaben des Architekten

Zu den Aufgaben von Architekten und Planern zählt die Erstellung aller notwendigen Bauunterlagen in Abstimmung mit den geltenden Normen, Gesetzen und regionalen Vorschriften, damit eine Baugenehmigung erteilt werden kann. (Man spricht auch von der genehmigungsfähigen Planung.)
Zu den Bauunterlagen zählen auch die Statikpläne (Statiker) sowie im Einzelfall besondere Planunterlagen, z. B. für Heizanlage, Flüssiggastank, Solarenergie usw., wie Sie von sogenannten Sonderfachleuten erstellt werden. Deren Koordination fällt auch in das Aufgabengebiet des Planers.
Alle für die Baugenehmigung notwendigen Unterlagen müssen den Regeln der Baukunst und den neuesten Bauvorschriften entsprechen und vollständig sein.
In technischer und wirtschaftlicher Hinsicht müssen sämtliche Bauunterlagen mit dem übereinstimmen, was Sie als Planungsziel dem Architekten vorgegeben haben. Hier empfiehlt es sich, im Architektenvertrag den Hinweis auf eine besonders kostengünstige Bauausführung festzuhalten.

Die Kontrolle ist entscheidend

Überwachen Sie die Arbeiten

Für den Bauherren bedeutsam ist die Überwachungstätigkeit (verantwortliche Bauleitung). Die verantwortliche Bauleitung kann allerdings auch von einem externen Bauleiter (Bauingenieur) im Planerauftrag oder in Ihrem Auftrag durchgeführt werden. In diesen Bereich fallen folgende wichtige Tätigkeiten, die die Grundlage dafür sind, dass die Kosten am Bau nicht aus dem Ruder laufen:

Der Bauleiter

❶ Der verantwortliche Bauleiter kontrolliert und haftet dafür, dass die ausgeführten Arbeiten am Bau mit der Baugenehmigung, den Ausführungsplänen (im Maßstab 1:50) und der Leistungsbeschreibung (sogenanntes LV) übereinstimmen.

❷ Zusätzlich ist er dafür verantwortlich, dass die anerkannten Regeln der Technik (Normen, Vorschriften, Gesetze) eingehalten werden.
❸ Der Bauleiter muss regelmäßig und intensiv die Bautätigkeit überwachen. Bei kleineren Bauvorhaben wie z. B. beim Einfamilienhausbau muss er nicht ständig vor Ort sein.
❹ Stellt der Bauleiter Baumängel fest, muss er diese unverzüglich dem Bauherren mitteilen. Sind diese Mängel so gravierend, dass das Bauvorhaben zeitlich und finanziell in Verzug gerät, stimmt er den weiteren Ablauf mit dem Bauherren ab.

n-tv TIPP

Kosten senken durch Vergleichsangebote

Lassen Sie sich von verschiedenen Architekten bzw. Bauleitungsbüros konkrete Angebote für Ihr Objekt machen, es empfehlen sich mindestens drei. Vor der Entscheidung lassen Sie sich Bauherren benennen, die Sie nach ihren Erfahrungen befragen können. Auch können Sie ein Pauschalhonorar, abweichend von der HOAI, vereinbaren.

Das Bauvorbereitungsbuch

Erstellen Sie einen Zeitplan

Wenn Sie Zeit und Nerven sparen wollen, erstellen Sie sich, sobald Sie den festen Entschluss zum Bauen gefasst haben, einen Zeitplan. Empfehlenswert ist, nicht mit losen Blättern zu arbeiten, sondern sich ein Ringbuch mit auswechselbaren Blättern anzulegen. Parallel können Sie auch eine Datei in Ihrem Computer dafür anlegen, jedoch hat die Praxis gezeigt, dass alles, was Sie handschriftlich festhalten, intensiver im Gedächtnis haften bleibt.

Wichtige Adressen

Gut beraten sind Sie, wenn Sie in Ihrem Bauvorbereitungsbuch von Anbeginn des Bauvorhabens einige Seiten für wichtige Adressen reservieren, die Sie während der Bauphase benötigen. Dazu zählen Ämter, Dienststellen, Behörden, Banken, Bausparkassen, Makler, Architekten, Bauunternehmen, Fertighaushersteller, Handwerker, Baustoffhersteller, Baustoffhändler usw. Die Adressen sollten jeweils mit Namen, Anschrift, Telefon und E-Mail-Adresse aufgeführt sein.

Halten Sie in Ihrem Bauvorbereitungsbuch auch den Schriftverkehr und andere wichtige Vorgänge mit Datum und Kopie fest. So lassen sich im Streitfall schnell Beweise zur Begründung finden. Und legen Sie einen Zeitplan für alle zu erledigenden Maßnahmen und für den eigentlichen Bauablauf fest. Diesen erstellen Sie zunächst als Idealplan für sich selbst und passen ihn dann mit Ihrer Bank, Ihrem Architekten und dem Hausbauunternehmen bzw. den Handwerkern an. Oft wird dabei der Fehler gemacht, Termine zu setzen, die für den späteren Bauablauf zu knapp bemessen sind. Die Zeit-Kalkulation ist meist noch diffiziler als die finanzielle Planung und wirkt sich unter Umständen bei nicht eingeplanten Verzögerungen auch negativ auf die Kosten aus. Planen Sie also immer genügend Pufferzeiten und Reserven mit ein, da im Vorfeld unbekannte Faktoren den Zeitplan gehörig verändern können.

Alle Unterlagen systematisch ablegen

Vereinbaren Sie deshalb grundsätzlich immer feste Termine mit allen, die den Bau ausführen. Legen Sie in Ihrem Bauvorbereitungsbuch schon jetzt diese Termine fest und kontrollieren Sie permanent deren Einhaltung. Als Faustregel gilt, dass eine gute Vorbereitungsphase, die konkrete Planung, die Verhandlung mit Kreditgebern und Behörden und die eigentliche Bauzeit in der Regel einen Zeitraum von rund zwei Jahren oder mehr in Anspruch nehmen. Das mag Ihnen auf den ersten Blick übertrieben vorkommen, doch vor allem wenn man günstig bauen will, muss man sich dafür ausreichend Zeit nehmen.

Sprechen Sie feste Termine ab

So viel habe ich im Geldbeutel

Nur in Ausnahmefällen ist es möglich, den Hausbau zu 100 Prozent über eine Kreditaufnahme zu finanzieren. Denn solch eine Art der Finanzierung ist mit einem großen Risiko verbunden und wird meist auch nur Spitzenverdienern gewährt.

Eine Faustformel besagt, dass man mindestens 30 bis 40 Prozent der Bausumme als Eigenkapital mitbringen sollte, um eine einigermaßen solide Basis sowie einen besseren Verhandlungsrahmen bei Kreditgebern zu haben. In Abhängigkeit von Ihrer persönlichen Belastbarkeit kann dieser Wert höher oder auch niedriger ausfallen.

Nötiges Eigenkapital

Kreditangebote vergleichen

Grundsätzlich sollten Sie vor Verhandlungen mit einem Kreditgeber eine genaue Ermittlung Ihres Eigenkapitals durchführen. Und bedenken Sie vor allem eines: Holen Sie sich grundsätzlich immer von mehreren Anbietern Angebote ein, so können Sie im Einzelfall entscheiden, welcher Weg günstiger oder teurer ist.

Sicherheitsreserve

Überprüfen Sie zunächst Ihre Giro- und Sparkonten und, falls vorhanden, Tagesgeld- oder Termingeldkonten. Bis auf eine kleine Sicherheitsreserve sollten diese Mittel zur Finanzierung Ihres Bauvorhabens eingesetzt werden. Um Zinsverluste zu vermeiden, achten Sie frühzeitig auf die vereinbarten Kündigungsfristen.

Ist-Situation ermitteln

Bedenken Sie unter Beteiligung aller Familienmitglieder, welche Mittel vorhanden sind und wie eine zusätzliche Finanzierung – mit einer Laufzeit zwischen 10 und 30 Jahren müssen Sie rechnen – von der Einnahmenseite gedeckt ist. Mit Ruhe und System gilt es, zunächst zu ermitteln,

1. wie viel der Hauskauf oder ein Neubau insgesamt kosten wird,
2. welche Nebenkosten anfallen werden,
3. wie hoch das vorhandene Eigenkapital ist,
4. wie viel sie darüber hinaus noch zusätzlich an Fremdkapital benötigen,
5. ob die dadurch auf Sie zukommenden Belastungen mit dem vorhandenen Einkommen über einen längeren Zeitraum zu tragen sind.

Geben Sie nichts aus der Hand

Zwar werden Ihnen Banken und Finanzvermittler im Rahmen eines Beratungsgesprächs anbieten, diese mühsame Rechnerei für Sie zu übernehmen, doch dabei ist Vorsicht geboten. Wenn Sie überhaupt keine oder nur geringe Ahnung von Ihren eigenen finanziellen Möglichkeiten haben, sind Sie auch nicht in der Lage, solch weit reichende Entscheidungen zu treffen. Ferner haben Marktuntersuchungen, die z. B. die Stiftung Warentest durchführte, gezeigt, dass die Qualität und der Wissensstand der Berater leider häufig zu wünschen übrig lässt. Zu oft wird vergessen, den Kunden darauf aufmerksam zu machen, dass die Berechnung nur auf die Zinsbindungsphase eines Darlehens bezogen ist. Nach der genannten Laufzeit erhöhen sich gegebenenfalls die Zinsen, was später zu massiven finanziellen Problemen führen kann.

Aus diesem Grund sollten Sie sich auch immer darüber im Klaren sein, wie Sie finanzielle Mehrbelastungen künftig ausgleichen können. Sollten Sie unsicher sein, nehmen Sie die kostenpflichtige Beratung einer unabhängigen Finanzberatung, wie sie z. B. von den Verbraucherzentralen angeboten wird, in Anspruch.

Unabhängige Finanzberatung

Egal ob Neubau oder beim Kauf eines Altbaus: Die Kosten für die Baumaßnahmen sollten immer von einem Bausachverständigen im Vorfeld ermittelt werden.

Auf der Suche nach den Kosten

Die Ermittlung der Gesamtkosten ist in Art und Höhe unter anderem davon abhängig, ob Sie sich ein gebrauchtes Haus (Altbau) kaufen wollen oder lieber neu bauen.

Bei gebrauchten Immobilien müssen Sie fast immer damit rechnen, dass zum normalen Kaufpreis noch Sanierungs- oder Reparaturkosten – z. B. für die Modernisierung der Heizungsanlage, den nachträglichen Einbau hochdämmender Fenster oder einer Dachsanierung – auf Sie zukommen können. Hier ist es ratsam, das Objekt von einem Bausachverständigen überprüfen und von diesem die möglichen Modernisierungskosten ermitteln zu lassen.

Bedenken Sie die weiteren Kosten

Auch das Finanzamt kassiert mit. Bei jedem Eigentumserwerb wird eine Grunderwerbsteuer von 3,5 Prozent fällig. Das kann schnell einige tausend Euro ausmachen.
Zudem ist bei Altbauten meist ein Makler, das kann auch die Immobilienabteilung Ihrer Bank sein, am Verkauf beteiligt. Hier wird dann eine Vermittlungsgebühr, eine Courtage fällig. Sie ist nicht bundesweit einheitlich geregelt und beträgt z. B. in NRW 3,48 Prozent und in Berlin 6,96 Prozent des Kaufpreises.

Nebenkosten hinzurechnen

Zu den Gesamtkosten müssen Sie auch die Notargebühren sowie die Gebühr für die Grundbucheintragung hinzuaddieren. Der Notar berechnet anhand festgelegter Gebührensätze, die sich an der Höhe des Kaufpreises orientieren, seine Leistungen für die Beurkundung des Kaufvertrages und die Gesamtabwicklung an Sie weiter. Zusätzlich verlangen die Grundbuchämter eine Gebühr für die Eigentumsübertragung. Zwar sind diese Kosten regional unterschiedlich, man sollte aber mindestens 1,5 Prozent des Kaufpreises dafür ansetzen.
Ein entscheidender Kostenpunkt bei Neubauten betrifft das Grundstück. Neben den reinen Grundstückskosten kommen hier ebenfalls noch weitere Kosten auf Sie zu: Maklergebühren, Grundbuch- und Notarkosten sowie die Grunderwerbsteuer.

n-tv TIPP

Erschließungskosten prüfen

Überprüfen Sie im Vorfeld, ob noch Erschließungskosten für öffentliche Infrastrukturmaßnahmen fällig werden oder ob das Grundstück bereits voll erschlossen vom Verkäufer angeboten wird. Selbst in diesem Fall können noch Anschlusskosten wie z. B. für Abwasser, Strom, Erdgas oder Telefon auf Sie entfallen.

Trotzdem werden die reinen Baukosten den größten Bereich an den Gesamtkosten ausmachen. Falls Sie ein Haus zum Festpreis von einem Generalbauunternehmen oder als Fertighaus bauen, setzen Sie diesen Betrag in Ihre Kostenrechnung ein. Erbringen Sie Eigenleistungen oder führen Sie die Bauleitung selbst aus, sollten Sie nicht nur die reinen Material- und Handwerkerkosten

ansetzen, sondern für alle Fälle einen zusätzlichen Sicherheitsbetrag veranschlagen.
Auch die aufzuwendenden Ausgaben, etwa für das Architektenhonorar, die Baugenehmigung, die Erstellung und Überprüfung der Statik, und die Bauendabnahme müssen Sie in Ihrer Kalkulation berücksichtigen. Vergessen Sie auch nicht, für die Herstellung und Gestaltung der Außenanlagen einen Betrag fest einzuplanen.

Kosten der Fremdfinanzierung

Bedenken Sie ferner, dass Sie auch die Fremdfinanzierung „bezahlen" müssen. Hier fallen nicht nur Zinsen an. Kreditgeber stellen den für Sie notwendigen Kreditbetrag nicht ohne Sicherheiten zur Verfügung. Bei Immobilien sichern Kreditinstitute in der Regel durch Eintragung einer Grundschuld oder Hypothek den gewährten Kreditrahmen ab. Oft wird dabei die Gesamtschuld in mehrere kleinere Hypotheken aufgeteilt, die mit entsprechend unterschiedlicher Rangordnung im Grundbuch eingetragen werden. Eine solche Sicherheitsbereitstellung muss über einen Notar abgewickelt werden. Ebenso verlangt das Grundbuchamt eine Gebühr für den Eintrag. Notarkosten und Gebühren des Grundbuchamtes betragen etwa 0,5 Prozent des Darlehensvolumens – nicht zu verwechseln mit den Kosten für den Hausbau.
Darüber hinaus fallen Zinsen und Schätzkosten an. Diese sollen den Aufwand, den Ihr Finanzierer für die Genehmigung des Darlehens hat, abdecken. Oft werden dazu sogar externe Gutachter eingeschaltet, die Sie bezahlen müssen. Mittlerweile gibt es auch Kreditgeber, die dafür keine Extragebühren verlangen. Deshalb sollten Sie sich vor Gesprächsbeginn danach erkundigen bzw. sich vorher nach einem Institut umschauen, das keine Gebühren dafür erhebt. Trotzdem ist es ratsam, sicherheitshalber rund 0,3 Prozent der Darlehenssumme dafür anzusetzen.
In Ihrer Kostenaufstellung sollten Sie auch die für das neue Haus notwendigen Anschaffungskosten für Umzug, Möbel, Lampen, u. Ä. nicht vernachlässigen. Gehen Sie nicht zu kleinlich dabei vor.

Zinsbindung

Berücksichtigen Sie auch, dass es selbst nach Jahren noch finanziell eng werden kann. Besonders dann, wenn die aktuellen Niedrigzinsen nicht lange genug festgeschrieben wurden. Denn nach Ablauf der vereinbarten Zinsbindung werden die Anschlusskonditionen auf der Grundlage des dann vorherrschenden Zinsniveaus festgelegt. Liegt der Anschlusszinssatz später höher, steigt auch

Ihre monatliche Ratenbelastung. Abhilfe schafft in diesem Fall nur eine längere Zinsbindung.

Absicherung nicht vergessen

Verkehrssicherungspflicht

Sich gegen mögliche Schadensfälle und deren Folgen wirkungsvoll abzusichern, damit man nicht unversehens vor erheblichen finanziellen Forderungen Dritter steht, sollte für jeden Bauherren eine Selbstverständlichkeit sein. Denn egal, ob Sie beim Bau Ihres Hauses selbst mitarbeiten oder die Arbeiten voll und ganz in die Hände eines Bauträgers legen: Als Bauherr sind Sie für Schäden, die auf Ihrer Baustelle passieren und bei denen der Verursacher nicht selbst zur Verantwortung gezogen werden kann, haftbar. Entsprechend der sogenannten Verkehrssicherungspflicht sind Sie als Bauherr mit Ihrem Bauvorhaben für zahlreiche Risiken verantwortlich. Mit einer speziellen, auf die Bauzeit befristeten Bauherrenhaftpflicht-Versicherung sichern Sie sich gegen Sachschäden oder wenn auf der Baustelle Dritte zu Schaden kommen ab. Eine Bauhelferversicherung schützt alle Personen, die Ihre Baustelle besuchen bzw. Ihnen bei der Arbeit unentgeltlich helfen. Für Helfer sollten Sie auch nicht die Anmeldung bei der Berufsgenossenschaft vergessen!

Meldung bei der Berufsgenossenschaft

Falls Sie die kostenlose Hilfe von Verwandten oder Freunden in Anspruch nehmen, müssen diese bei der Berufsgenossenschaft angemeldet werden. Versichert sind diese zwar auch dann, wenn Sie es vergessen haben, sie anzumelden, jedoch sind im Nachhinein hohe Geldstrafen fällig. Rechnen Sie für jede geleistete Arbeitsstunde einen Betrag zwischen 1,50 bis 2 €. Nur Bauherr und Ehepartner sind freigestellt.

Bauleistungsversicherung

Empfehlenswert ist auch eine Bauleistungsversicherung. Mit der Bauabnahme oder der Teilabnahme einzelner Gewerke geht das Risiko, etwa wenn ein Sturm das frisch gedeckte Dach abdeckt, auf Sie über. Kommt es zu solchen Schäden auf der Baustelle (z. B. auch durch Regen oder Frost sowie durch Vandalismus oder Diebstahl) ist das Ihr persönliches Problem, es sei denn, Sie haben eine Bauleistungsversicherung abgeschlossen. Ein wichtiger Nutzen der Bauleistungsversicherung liegt unbestreitbar darin, dass der Versicherungsschutz den Bauherrn sowie alle am Bau beteiligten Firmen einschließt.

✓ SCHRITT-FÜR-SCHRITT-GUIDE

Die strategische Planung von Bauvorhaben

Vor allem die Vorbereitungsphase eines Bauvorhabens entscheidet, ob die richtigen Weichenstellungen für ein kostenoptimiertes Bauen gestellt sind. Denn mit der Planungsphase steht und fällt die kostengünstige Umsetzung. Dabei ist an viele verschiedene Aspekte zu denken.

Formular auf CD-ROM

❶ Erstellen Sie den Idealplan Ihres Traumhauses ☐

Der erste Schritt ist immer die Frage: Wie sehen meine Wunschvorstellungen an das neue Heim aus? Stimmen Sie sich hier mit der gesamten Familie ab (siehe hierzu Seite 9 ff.).

❷ Sichern Sie sich kompetente Unterstützung bei der Planung ☐

Egal, ob es sich hierbei um einen Architekten, einen Bauingenieur oder einen Bauunternehmer handelt, sichern Sie sich unabhängige Hilfe und Beratung bei Ihrem Bauvorhaben.

❸ Die Gesamtkosten gewissenhaft erfassen ☐

Welche Kosten neben den reinen Baukosten anfallen, und wie Sie Ihr tatsächlich verfügbares Eigenkapital ermitteln, sehen Sie auf Seite 29 ff.

❹ Die Wahl der passenden Haustypen und Bauformen ☐

Wie im zweiten Kapitel ab Seite 38 dargestellt, sollten Sie bei Ihrer Entscheidung für die verschiedenen Haustypen und Bauformen auch auf deren unterschiedliche Kostenaspekte achten.

❺ Die Wahl der Baustoffe ☐

Je nach Bauform können oder müssen Sie selbst mehr oder weniger bei der Auswahl der Baustoffe für Roh- und Ausbau Einfluss nehmen. Mehr hierzu erfahren Sie ab Seite 144 in diesem Buch.

❻ Die Festlegung des optimalen Baubeginns ☐

Mit Ausnahme der kalten Jahreszeit sind Sie beim Hausbau auf keine bestimmten Zeiträume angewiesen. Je nach veranschlagter Länge der Bauzeit sollten Sie den Baubeginn so wählen, dass möglichst wenig Ausfallzeiten durch schlechtes Wetter anfallen. Bis zum Baubeginn sollten Sie spätestens alle notwendigen behördlichen Genehmigungen vorliegen haben.

❼ Detaillierte Planung der Bauausführung und Auswahl qualifizierter Handwerker ☐

Definieren Sie Meilensteine der einzelnen Bauabschnitte und führen Sie Teilabnahmen durch. Berücksichtigen Sie aber immer auch einen zeitlichen Puffer. Holen Sie zu allen Arbeiten jeweils mindestens drei verschiedene Angebote ein, bevor Sie einen Auftrag vergeben.

❽ Planen Sie eine ausreichende Bauüberwachung ein ☐

Kontrollieren Sie regelmäßig den Baufortschritt und machen Sie sich selbst ein Bild von den Leistungen und der Kompetenz der Handwerker. Sprechen Sie Probleme und Mängel an und zeigen Sie sich pragmatisch mit Alternativvorschlägen.

Das müssen Sie tun:

Spielen Sie die einzelnen Phasen Ihres Bauvorhabens gedanklich durch und notieren Sie sich alle hierzu wichtigen Schritte. Sinnvoll ist es, sich bereits in der Vorbereitungsphase zu jedem Bauabschnitt zu überlegen, wo Einsparungen möglich sind und wie diese am besten zu realisieren sind.

✓ KOSTENCHECK

Ermittlung der Kosten eines Bauvorhabens

Am Anfang jedes Bauvorhabens sollte eine sorgfältige Analyse der finanziellen Möglichkeiten stehen. Hierzu ist eine detaillierte Kostenaufstellung mit sämtlichen zu erwartenden Kosten einer konsequenten Erfassung des zur Verfügung stehenden Eigenkapitals gegenüberzustellen.

Formular auf CD-ROM

1. Vorgehen bei der Ermittlung der Gesamtkosten

Dies ist bei einem Altbau zu berücksichtigen:

Kaufpreis
Informationen hierzu finden Sie in den Kaufpreissammlungen der Gutachterausschüsse (*www.gutachterausschuesse-online.de*). .... €

Grunderwerbssteuer
Die Höhe der Grunderwerbssteuer beträgt momentan 3,5 Prozent des Kaufpreises. .... €

Sanierungskosten
Informationen hierzu kann Ihnen der Bericht eines Gutachters liefern. .... €

Reparaturkosten
Informationen hierzu kann Ihnen der Bericht eines Gutachters liefern. .... €

Modernisierungskosten
Informationen hierzu kann Ihnen der Bericht eines Gutachters liefern. .... €

Maklergebühr
Hierfür gibt es keinen festgelegten Honorarrahmen, rechnen Sie aber in jedem Fall mit 3 bis 6 Prozent des Kaufpreises zzügl. Mehrwertsteuer. .... €

Notarkosten
Für Notarkosten müssen Sie rund 1 bis 2 Prozent des Kaufpreises veranschlagen. .... €

Grundbuchgebühren
Die Gebühren für die Eintragung ins Grundbuch liegen bei zirka 0,5 Prozent des Kaufpreises. .... €

Sonstige Kosten .... €

Zwischensumme Altbau .... €

Dies ist bei einem Neubau zu berücksichtigen:

Grundstückspreis
Informationen hierzu finden Sie in den Kaufpreissammlungen der Gutachterausschüsse (*www.gutachterausschuesse-online.de*). .... €

Grunderwerbssteuer
Die Höhe der Grunderwerbssteuer beträgt momentan 3,5 Prozent des Kaufpreises. .... €

Maklergebühr
Hierfür gibt es keinen festgelegten Honorarrahmen, rechnen Sie aber in jedem Fall mit 3 bis 6 Prozent des Kaufpreises zzügl. Mehrwertsteuer. .... €

Notarkosten
Für Notarkosten müssen Sie rund 1 bis 2 Prozent des Kaufpreises veranschlagen. .... €

Grundbuchgebühr
Die Gebühren für die Eintragung ins Grundbuch liegen bei zirka 0,5 Prozent des Kaufpreises. .... €

Baukosten des Hauses
Je nach Architektur müssen Sie pro qm mit mindestens 900 bis 1200 € rechnen. .... €

Kosten für Außenanlagen
Je nach Aufwand kann dieser Betrag (einschließlich der Hausanschlussgebühren) 10.000 bis 15.000 € betragen. .... €

Erschließung und Vermessung
Über geplante öffentliche Erschließungsmaßnahmen und deren Kosten kann Ihnen Ihre Gemeinde Auskunft geben. .... €

Architektenhonorar
Die Architektenhonorare können Sie der HOAI (Honorarordnung für Architekten und Ingenieure) entnehmen. .... €

Honorar für Statiker und Sonderfachleute
Das Honorar für Statiker können Sie ebenfalls der HOAI entnehmen. .... €

Gebühr für die Baugenehmigung
Die aktuellen Gebührensätze erfragen Sie am besten in Ihrem zuständigen Landratsamt oder Ihrer Gemeinde. .... €

Bereitstellungszinsen
Die Zinsen für noch nicht in Anspruch genommene Kredite betragen monatlich in der Regel 0,25 Prozent der Darlehenssumme. .... €

Zwischensumme Neubau .... €

Dies ist bei den Finanzierungskosten zu berücksichtigen:

Notarkosten
Für Notarkosten müssen Sie rund 1 bis 2 Prozent des Kaufpreises veranschlagen. .... €

Grundbuchgebühren
Die Gebühren für die Eintragung ins Grundbuch liegen bei zirka 0,5 Prozent des Kaufpreises. .... €

Gebühren Kreditgeber
Die Zinsen für Baudarlehen betragen im Moment rund 5 Prozent, zuzüglich weiterer Gebühren, die Sie bei Ihrem Kreditinstitut erfragen können. .... €

Sonstige Kosten:

Umzugskosten
Rechnen Sie bei einem Umzug im Nahbereich mit Kosten von rund 1500 € (ohne Einpacken und Montage!). .... €

Zusätzliche Anschaffungskosten .... €

Versicherungsprämien
Für die Bauherrenhaftpflicht-Versicherung müssen Sie, je nach Anbieter, zwischen 0,34 und 0,59 Prozent je 1000 € Baukosten rechnen. .... €

Berufsgenossenschaft
Informationen finden Sie unter *www.bgbau.de.* .... €

Sonstige Ausgaben .... €

Zwischensumme Finanzierungskosten .... €

Errechnen Sie nun die Gesamtkosten:

Zwischensumme Altbau oder Neubau .... €

Zwischensumme Finanzierungskosten .... €

Gesamtkosten Kauf oder Neubau .... €

Das müssen Sie tun:
Mit dieser Checkliste ermitteln Sie die für Ihren Hausbau geschätzten Kosten in Euro. Gehen Sie dabei möglichst genau vor, im Zweifelsfall besser etwas mehr einsetzen als zu wenig. Addieren Sie die jeweiligen Einzelposten zur Zwischensumme.

2. Vorgehen bei der Ermittlung des Eigenkapitals

Dies ist beim Eigenkapital zu berücksichtigen:

Girokonto .... €

Sparkonto .... €

Wertpapiervermögen
- **Anleihen**
- **Aktien**
- **Investmentzertifikate** .... €

Kunstgegenstände .... €

Edelmetallreserven .... €

Münzen .... €

Briefmarken .... €

Antiquitäten .... €

Bausparguthaben aus zuteilungsreifen Bausparverträgen .... €

Beleihungswert von Lebensversicherungen .... €

Bargeld .... €

Zwischensumme verfügbares Eigenkapital .... €

Abzüglich Sicherungsreserven für unvorhersehbare Ausgaben (= 5 bis 10 Prozent des Eigenkapitals) .... €

Tatsächlich verfügbares Eigenkapital .... €

Das müssen Sie tun:
Setzen Sie hier möglichst die genauen Summen in Euro ein, die Ihnen zur Verfügung stehen. Bei einzelnen Posten können Sie auch Schätzungen eintragen, doch bitte dann den niedrigsten Wert, nicht sich selbst überschätzen. Der Eigenkapitalanteil an den Gesamtbaukosten sollte mindestens 30 bis 40 Prozent ausmachen.

So könnte Ihr ausgefüllter Check zur Ermittlung des Eigenkapitals bei Gesamtbaukosten von 215.000 € aussehen:

Girokonto	**5000 €**
Sparkonto	**20.000 €**
Wertpapiervermögen • **Anleihen** • **Aktien** • **Investmentzertifikate**	**45.000 €**
Kunstgegenstände	**keine**
Edelmetallreserven	**keine**
Münzen	**keine**
Briefmarken	**keine**
Antiquitäten	**keine**
Bausparguthaben aus zuteilungsreifen Bausparverträgen	**20.500 €**
Beleihungswert von Lebensversicherungen	**5500 €**
Bargeld	**1500 €**

Zwischensumme verfügbares Eigenkapital	*97.500 €*
Abzüglich Sicherungsreserven für unvorhersehbare Ausgaben (= 5 bis 10 Prozent des Eigenkapitals)	- 9750 €
Tatsächlich verfügbares Eigenkapital	*87.750 €*

Die richtige Wahl bei Haustypen und Bauformen

Schon bei der Planung Ihres Hausprojekts entscheiden Sie über die grundlegenden Fragen eines kosteneffizienten Bauvorhabens. Mit der Wahl von Bauform und Haustyp legen Sie den Grundstein für die Kosten, die später auf Sie zukommen werden. Deshalb sollten Sie sich gut überlegen, für welche Möglichkeit Sie sich entscheiden, sowie Vor- und Nachteile der unterschiedlichen Bauformen sorgfältig abwägen.

Hausplanung mit Blick auf die Kosten

Die größten Kostenfaktoren entscheiden

Die gewissenhafte Planung eines Hausbaus spart Kosten und vermeidet später Ärger. Hierbei setzt man am besten bei den größten Kostenfaktoren an. Grob drei Viertel der Gesamtherstellungkosten eines Bauvorhabens entfallen auf die Erstellung des Bauwerks. Dies zeigt deutlich, dass sich hier auch am meisten einsparen lässt. Richten Sie deshalb Ihre Bemühungen auf diese

Bereiche aus. Die Erfahrung hat ebenso gezeigt, dass vor allem in den frühen Entscheidungs- und Planungsphasen die grundlegenden Weichenstellungen – auch was die Kostenentwicklung betrifft – gestellt werden. In dieser Phase lassen sich die Kosten durch richtige Entscheidungen stärker beeinflussen als in der späteren Bauphase. Die Hauptkostenblöcke fallen zwar später an, lassen sich aber dann meist nicht mehr gravierend reduzieren.

Bauformen und Haustypen

In dieser wichtigen Anfangsphase des Bauens steht die individuelle Entscheidung, welche Bauformen und Haustypen für das eigene Bauvorhaben am besten geeignet erscheinen.

Die unterschiedlichen Möglichkeiten wie etwa das freistehende Einfamilienhaus oder Doppel- und Reihenhäuser bzw. das Architektenhaus, das Bauträgerhaus oder das Fertighaus stehen als Alternativen zur Auswahl. Auch die Frage, ob man mit einem Verzicht auf einen Keller oder durch ein nicht ausgebautes Dachgeschoss entscheidend Geld sparen kann, sollten Sie sich in dieser Phase stellen.

Danach erst kann man über die Frage nachdenken, die Kosten durch gezielte Mithilfe am Bau, die sogenannten Eigenleistungen, weiter zu senken.

n-tv TIPP

Die Vorbereitung entscheidet über die Kosten

Die Kosten für den Bau eines Gebäudes können bereits in der Vorbereitungsphase, in den ersten Schritten der Planung, der Festsetzung des Bauablaufs und der richtigen Wahl von Architekten und Ingenieuren um bis zu ein Viertel verringert werden.

Fertighaus oder Architektenhaus – Wo liegen die Vorteile der einzelnen Bauformen?

Vorteile Architektenhaus

Die klassische Bauform ist wahrscheinlich das Architektenhaus. Hierunter versteht man ein Haus, das von einem Architekten nach den Vorgaben des Bauherren individuell geplant und von verschiedenen Handwerksbetrieben erstellt wird. Dem Architekten kommt dabei auch in der Bauphase ein Großteil der Baukoordination und -überwachung zu. Vorteile dieser Art des Bauens sind die individuellen Gestaltungsmöglichkeiten bei der Umsetzung der persönlichen Idealvorstellung beim Bau des Eigenheims. Zu den gravierenden Nachteilen zählen jedoch die relativ hohen Kosten, die von verschiedenen Faktoren abhängen, wie beispielsweise den Sonderwünschen des Bauherren und der Komplexität der Baurealisierung.

Bauträgerhaus

Mehr Sicherheit in puncto Kosten hat ein Bauherr, wenn er sein Haus von einem Bauträger errichten lässt. Dieser Bauunternehmer wickelt dabei die gesamte Bauphase mit durch ihn beauftragten Handwerkern ab und übergibt in der Regel je nach Vereinbarung das schlüsselfertige, einzugsbereite Haus. Bauträgerhäuser gibt es meist in einigen Standardvarianten je Anbieter, mit jeweils unterschiedlichen Ausstattungsvarianten. Individuelle Änderungswünsche sind meist jeweils gegen Aufpreis individuell verhandelbar.

Fertighaus

Beim Fertighaus dagegen handelt es sich um eine besonders standardisierte Form des Hausbaus, die durch eine Vorfertigung der Einzelteile ein preisgünstiges Bauen ermöglicht (siehe Seite 119 ff.). Weitere Vorteile von Fertighäusern sind ein hoher qualitativer Standard, die schnelle Bauzeit und damit verbunden geringere Finanzierungskosten und individuelle Wahlmöglichkeiten zwischen verschiedenen Ausstattungsvarianten sowie sehr gute Energiewerte. Durch die Bauweise bedingte Nachteile bei der Schallisolierung sind von Hersteller zu Hersteller unterschiedlich.

Richtig kalkulieren beim freistehenden Haus

Das freistehende Haus ist die Hausform, die sich die meisten Bauherren wünschen. Es ist die selbstständigste und unabhängigste, aber leider nicht die wirtschaftlichste Hausform. Wenn Sie allerdings bereits bei der Planung einige Punkte beachten, lässt sich auch hier richtig Geld sparen.

Material- und Energiekosten sparen

So kommt es bei freistehenden Eigenheimen vor allem darauf an, Material- und Energiekosten zu sparen und einen möglichst kleinen und rechtwinkligen Grundriss ohne viele Ecken und Nischen zu wählen. Einfache Grundrisse sind am wirtschaftlichsten, denn es muss weniger Material verbaut werden. So benötigt man darüber hinaus auch geringere Mengen an Putz und Farbe. Auch unter energetischen Gesichtspunkten ist diese Hausform die unwirtschaftlichste, denn es wird ein relativ hoher Energieaufwand benötigt, um es warm zu halten. Denn ein freistehendes Haus verliert je zergliederter und winkliger es geplant wird umso mehr Wärme, da auch eine größere Außenfläche (Fassade und Dach) der Witterung ausgesetzt ist. Zwar gibt es heute Energiekonzepte, mit denen viel teure Energie eingespart wird, jedoch ist auch der finanzielle Aufwand hierfür relativ hoch.

n-tv TIPP

Vermeiden Sie Sparsamkeit am falschen Platz

Bei den Kosten für einen sinnvollen Wärmeschutz sollten Sie auf keinem Fall sparen. Diese Kosteneinsparung bezahlen Sie in der Folgezeit durch hohe Betriebskosten, die sich im Laufe der Jahre und Jahrzehnte zu einem sehr beträchtlichen Aufwand summieren können, noch dazu bei steigenden Energiekosten.

Ebenerdig Bauen hat Vorteile

Vorteile nutzen

Ein ebenerdiges Haus, auch als Bungalow bekannt, ist bequem zu bewirtschaften und gestattet eine enge Verbindung aller Räume untereinander. Auch die Anbindung an den Garten unmittelbar aus allen Räumen ist in der Regel ebenfalls problemlos möglich. Ausgestattet mit großen Fenstern und beispielsweise einem Wintergarten können Sie sich die Kraft der Sonne und den Garten sozusagen ins Haus holen und dabei sogar noch Energie sparen. Kälte und aufsteigende Bodenfeuchte brauchen Sie bei ebenerdigen Räumen – auch wenn sie nicht unterkellert sind – nicht zu fürchten. Eine fachgerechte Isolierung der Bodenplatte und Wärmeschutz gemäß der EnEV (→CD-ROM) sorgen auch hier für gesunde Fußwärme.

Text auf CD-ROM

Kosten sparen durch die Wahl der Bauform

Geld sparen durch mehrgeschossige Gebäude

Zusätzlich steht man meist vor der Entscheidung, ob es eine ein- oder mehrgeschossige Bauweise sein soll. Effizienter ist es, wenn Sie über dem EG noch ein Vollgeschoss bauen, wodurch ein eingeschossiges Gebäude entsteht. In einem solchen Fall können Sie im Verhältnis mit einem relativ kleinem Grundriss Baumaterial sparen und zugleich mehr Wohnfläche gewinnen. Sie erhalten entweder mehr Haus bei gleichen Kosten oder können bei gleicher Wohnfläche Geld sparen.

Dachausbau

Eine weitere Möglichkeit, kostengünstig Wohnfläche zu gewinnen, ist der Ausbau des Steildaches. Hierbei sollte das Dach mindestens 30 Grad Neigung haben, besser sind jedoch 60 Grad. Nur so erzielen Sie Kopffreiheit und zusätzliche Stellfläche, die nicht von der Dachschräge begrenzt wird.

n-tv TIPP

Wohnfläche, die Sie nicht bauen, müssen Sie nicht bezahlen

Jeder Quadratmeter Gebäudefläche, den Sie nicht bauen, verringert Ihre Kosten. Deshalb sollten Sie sich bereits im Vorfeld bei der Ermittlung Ihres Wohnflächenbedarfs realistisch überlegen, wie viel Platz Sie benötigen, und im Zweifelsfall lieber so planen, dass man später notwendigen Wohnraum durch nachträgliche Aus- oder Anbaumaßnahmen (Dachgeschoss oder Keller) schaffen kann.

Sparsamer Grundriss

Mit einem rationell angelegten Grundriss gelingt es Ihnen, die Grundstücksfläche optimal zu nutzen. Die Grundrisskonzeption sollte dabei so wegsparend wie möglich angelegt werden. Eine optimale Raumgruppierung mit klarer Trennung in die Bereiche Wohnen, Schlafen und Arbeiten hilft, möglichst die gesamte Grundfläche des Hauses auszunutzen und keinen teuer gebauten Raum zu verschwenden.

Wohnbereich optimal nutzen

Manchmal ist man gezwungen, mehrgeschossig zu bauen, z. B. wenn das Grundstück eine Hanglage ist, der Bebauungsplan es vorschreibt oder es die Familienverhältnisse erfordern. Hier müssen zwar die einzelnen Geschosse mit Treppen verbunden werden, was eine Minderung der reinen Wohnfläche verursacht. Bei rationeller Planung lassen sich aber auch solche Häuser günstig bauen, wenn beispielsweise die Treppenräume als Wohnbereich nutzbar sind und Dielen- oder Hausflurflächen minimiert werden. Ferner kann oft bei mehrgeschossigen Häusern ein Bad oder WC eingespart werden. Dadurch müssen in der Folge auch weniger Leitungen für Kalt- und Warmwasser, Abwasser und Strom eingebaut werden. Alle Nassräume wie Küche, Bad und WC pro Etage sollten darüber hinaus so übereinander geplant werden, dass nur kurze Leitungswege notwendig sind.

Vor- und Nachteile freistehender Häuser auf einen Blick

Vor- und Nachteile abwägen

Positiv:

- Die Räume lassen sich zweckmäßig an der Himmelsrichtung, am Garten und an der Straße orientieren.
- Sowohl die Besonnung als auch die Belüftung aller Räume ist gut möglich.
- Bei großen Abstandsflächen zum Nachbarn gibt es keine Lärmbelästigung von dort.
- Keine unmittelbare Geräuschübertragung vom Nachbarhaus über die Wandflächen.
- Falls Sonnenenergie genutzt werden soll, kann das Haus gut nach der Himmelsrichtung ausgerichtet werden.
- Freie Gestaltung der umgebenden Grundstücksfläche.
- Der Anbau einer Garage ist direkt am Haus möglich.

Negativ:

- Wind und Wetter zerren an allen vier Außenwänden und dem Dach.
- Durch eine relativ große Gebäudeaußenfläche (Wände, Dach) entsteht hoher Wärmeverlust, daher ist eine besonders gute Wärmedämmung erforderlich.
- Bauen unter dem Kostenaspekt lässt hier nur einen relativ kleiner Grundriss zu; damit werden Kompromisse notwendig.

Flächen und Geld sparendes Bauen in der Reihe – welche Vorteile hat Bauen mit einem Bauträger?

Bei Bauherren ist diese Bauweise zwar am wenigsten beliebt, sie bietet jedoch die günstigste Baulösung, wenn man ein eigenes Haus besitzen möchte.

Vorteile Reihenhaus

Der stärkste Unterschied zum freistehenden Haus zeigt sich beim Grunderwerb, den Anliegerbeiträgen (Straßenbau, Müllabfuhr, Kanalgebühr usw.) und den Kosten für die Gartengestaltung, die in der Regel vertraglich alle im Gesamtpreis enthalten sind. Reihenhausgrundstücke beanspruchen sehr viel weniger Grund (etwa die Hälfte eines Einfamilienhauses), was ebenfalls zu einer Verringerung der Kosten beiträgt. Die Gärten sind entsprechend kleiner und lassen sich nur zur Straßenseite oder nach hinten als Gartenfläche nutzen. Da die Außenfläche durch die Bauweise minimiert ist, sind auch die Herstellungs- und Betriebskosten geringer, vor allem auch der Energieverbrauch. Das gängige Hausmaß ist das 6-Meter-Haus mit einer überbauten Grundfläche von 6,00 x 12,00 m.

Bauen in der Reihe ist eine der kostengünstigsten Möglichkeiten, eigenen Wohnraum zu realisieren. Trotzdem sollten auch hier individuell die Vorteile und Nachteile abgewogen werden.

Informieren lohnt sich

Ein gewisser Nachteil ist darin zu sehen, dass Sie bei Reihenhäusern meist mit einem Bauträger bauen müssen. Doch ist in den meisten Fällen, abgesehen von der Hausbreite, der Architektur und der Ausrichtung auf die Himmelsrichtung, eine individuelle Abstimmung der Grundrisse auf Ihre Bedürfnisse möglich. Nehmen Sie deshalb so früh wie möglich mit der Baugesellschaft bzw. deren Architekten Kontakt auf, um Ihre individuellen Wünsche anzumelden.

Einschränkungen Reihenhaus

Vergleichen lohnt sich auch hier. Um möglichst günstig zu bauen, sollten Sie auch bei Reihenhäusern mehrere Bauvorhaben besichtigen, bevor Sie sich festlegen. Denn auch hier gibt es qualitative Unterschiede, auch wenn heute über die Bauvorschriften und z. B. die EnEV höhere Anforderungen an die Bausubstanz gestellt werden, als es noch vor 10 Jahren der Fall war.

n-tv TIPP

Lassen Sie sich nicht blenden

Die Verkäufer eines Bauträgerhauses werden für ihre Verkaufsgespräche psychologisch geschult und wissen, wie man das eigene Objekt im besten Licht darstellt. Wenn Sie sichergehen wollen, dass alle wichtigen Kostenfaktoren in der Baubeschreibung oder den „Gesamtkosten“ enthalten sind, sollten Sie sich die Kostenbestandteile nach der Norm DIN 276 aufschlüsseln lassen. So können Sie auch die Angebote verschiedener Anbieter besser vergleichen.

Kosten nach DIN 276 aufschlüsseln lassen

Vor- und Nachteile von Reihenhäusern auf einen Blick

Positiv:

- Witterungseinflüsse wirken nur über zwei Hauswände und das Dach auf das Gebäude, dadurch geringere Unterhaltskosten.
- Einsparung von Energiekosten, da nur zwei Außenwände und das Dach Wärme nach außen abgeben.
- Gegenüber einem vergleichbaren freistehenden Haus fallen weniger Baukosten durch Fortfall zweier Außenwände an.

- Einsparungen beim Grundstück, bei den kostenpflichtigen Anliegergebühren und bei den Kosten für die Einfriedung.
- Das Haus kann in Etappen ausgebaut (Ausbauhaus) werden, so werden nicht nur Baukosten zeitlich gestreckt, sondern durch Eigenleistung auch minimiert.
- Die Erschließungskosten sind durch die vielen beteiligten Bauherren geringer.

Negativ:
- Wichtig ist ein guter Schallschutz zum Nachbarn über die sogenannte Kommunewand, die Trennwand zu den Nachbarn.
- Günstig ist, wenn jeweils bei zwei Häusern die lauteren Räume (Bad, WC, Küche, Treppenhaus) an der gleichen Haustrennwand liegen.
- Zwangsweise Anpassung der äußeren Gestaltung (Architektur).
- Durch festgelegte Ausrichtung des Hauses auf dem Grundstück oft nur schlechte Besonnung der Haupträume.
- Probleme der Entlüftung bei Innenräumen ohne Fenster, z. B. Bad, WC, Flur usw.
- Verstehen Sie sich mit den Nachbarn nicht, werden der Nutzwert von Loggia, Terrasse, Balkon und Garten gemindert.
- Geräuschübertragungen von Nachbar zu Nachbar lassen sich oft nicht vermeiden, deshalb unbedingt auf einen besseren Schallschutz dringen, als er durch die Normen (DIN 4109 Schallschutz im Hochbau) vorgeschrieben wird.

Der Standort – nicht nur eine Frage des Budgets

Traumhaus auf dem Land

Der Traum der meisten Menschen ist es, ein freistehendes Haus mit großem Garten außerhalb der Stadt, quasi „auf der grünen Wiese", zu besitzen. Dieser Bautrend bewirkte, dass im Einzugsbereich der Großstädte wie z. B. Berlin, Hamburg, Frankfurt oder München sogenannte Schlafstädte entstanden. In der Stadt wird gearbeitet, hier findet das Leben vom Morgengrauen bis zum Abend statt, zum Wohnen geht es dann hinaus an die Peripherie. Das genügt heutigen Generationen nicht mehr. Zunehmend wünschen sich die Menschen, wieder zentraler in der Stadt zu wohnen. Mit ein Motiv hierfür ist die Altersentwicklung der Bevölkerung in der Bundesrepublik. Knapp 60 Prozent der privaten Haushalte stehen am Beginn des Rentenalters. In dieser Altersphase sucht man kurze Wege zum Einkaufen, zum Arzt, zum nächsten Krankenhaus und möchte eine gute Verkehrsanbindung mit öffentlichen Verkehrsmitteln nutzen können.

Engpass Grundstücke

Dies sind nur einige Gründe dafür, dass sich eine Renaissance der Innenstädte abzeichnet. Doch in den meisten Fällen gibt es hier kaum Grundstücke, die noch die Bebauung mit einem freistehenden Einfamilienhaus zulassen. Ist man auf diese Bauform festgelegt, wird man auch weiterhin am Stadtrand bauen und weitere Wege in Kauf nehmen müssen. Zwar wird die Verkehrsanbindung des städtischen Umlandes immer besser, doch wirklich günstige Grundstückspreise findet man nur in weniger erschlossenen ländlichen Gebieten.

Wer trotzdem in der Stadt sein Ein- oder Zweifamilienhaus bauen möchte, für den wurde das sogenannte Stadthaus entwickelt. Im Jahr 2006 fand dazu ein Architektenwettbewerb „Kostengünstig qualitätsbewusst Bauen", gefördert vom Bundesministerium für Verkehr, Bauen und Stadtentwicklung, statt. Eines der in diesem Rahmen geplanten Objekte stellen wir in diesem Buch vor (siehe ab Seite 131).

n-tv TIPP

Nutzen Sie Förderprogramme

Auch von den Kommunen wird die innerstädtische Bebauung mit reinen Wohngebäuden wieder intensiver gefördert. Mit dem Bau von Stadthäusern möchte man der eingetretenen Verödung vieler Zentren oder Stadtteile aktiver begegnen. Erkundigen Sie sich nach eventuellen speziellen Förderprogrammen etwa für junge Familien in Ihrer Kommune.

Stadthaus

Der Begriff „Stadthaus" ist keine Erfindung der modernen Architektur, sondern eine Rückbesinnung auf alte Traditionen. Kleine Grundstücke, meist entstanden durch Erbteilung, und geringe Bautiefen zwangen bereits in früheren Zeiten die Baumeister dazu, in der Stadt spezielle Hausbauformen zu entwickeln. So finden Sie noch heute solche Stadthäuser in Bremen, Hamburg, Lübeck, Amsterdam, London oder im Ballungsraum des Ruhrgebietes. Der Wohnwert dieser Stadthäuser ist selbst heute noch sehr hoch. Stadthäuser zählen heute mit zu den am höchsten gehandelten Immobilien.

Stadthäuser in der Großstadt nutzen in der Regel die relativ kostspieligen Grundstücke möglichst optimal.

Das typische Stadthaus wird auf einer Grundstücksbreite von bis zu 6,00 m, gleichzeitig die Breite der Straßenfassade, in mehrgeschossiger Bauweise mit bis zu vier Etagen gebaut. Oft gibt es kleine Vorgärten mit geringer Tiefe, der Hauptgarten befindet sich auf der rückwärtigen Hausseite. Terrassen, Balkone und Dachgärten bilden auf der Gartenseite ein zusätzliches intimes Raumangebot. Im Gegensatz zum Reihenhaus, bei dem es auf die gleichförmige Bauweise ankommt, kann ein Stadthaus sich in der Architektur individuell vom Nachbarn abheben.

Gute Planung entscheidet

Stadthäuser sind nicht allein für Individualisten mit einem dicken Geldbeutel gedacht, sondern bei guter Planung durchaus eine Alternative, um günstig zu bauen. Insbesondere dann, wenn Sie beispielsweise ein kleines Stadtgrundstück geerbt haben oder es kaufen können. Denn bei Stadthäusern geht es insbesondere darum, auf geringer Grundstücksfläche möglichst viel Wohnfläche bei günstigen Kosten bauen zu können.

Mit Erbbaurecht günstiger zum eigenen Haus?

Vor allem in städtischen Regionen kann der Grundstückskauf schon einmal teurer werden als die gesamten Baukosten. In solchen Fällen ist das Erbbaurecht, auch Erbpacht genannt, eine günstige Alternative zum Grunderwerb. Es basiert auf der Verordnung über das Erbbaurecht (ErbbauVO, →CD-ROM) und soll der Förderung des Wohnungsbaus dienen. Dabei vergeben hauptsächlich Gemeinden, Stiftungen und Kirchen auf 75 bis 100 – meist sind es 99 – Jahre befristete Baurechte. Die entsprechenden Grundstücke können so genutzt werden wie bei herkömmlich erworbenen Grundstücken auch, also bebaut, aber auch vermietet, verkauft, umgebaut, abgerissen und vererbt. Eigentümer des Grundstücks bleibt jedoch der Erbbaugeber. Dafür fallen monatlich oder einmalig Erbbauzinsen an. Diese liegen jährlich bei etwa drei bis fünf Prozent des Grundstückswertes. Das Erbbaurecht wird notariell beurkundet, und der zukünftige Bauherr verpflichtet sich darin, innerhalb einer bestimmten Frist, meist sind es zwei bis drei Jahre, das Grundstück zu bebauen.

Text auf CD-ROM

Ersparnis durch Erbbaurecht

Der Vorteil dabei ist, dass der Käufer kein Eigenkapital für den Grunderwerb aufwenden muss. Vergleichsweise hohe Kreditraten, die für ein Darlehen einer Bank berechnet werden, entfallen hier. Die hierbei anfallenden Ersparnisse können erheblich sein. Bis zu 500 € pro Monat der Laufzeit können so eingespart werden. Vereinzelt ist es sogar möglich, das Grundstück nach einiger Zeit vom Erbbaugeber zu erwerben.

Vertragsklausel Heimfall

Zu bedenken ist jedoch, dass die Laufzeiten bei einem Bankdarlehen wesentlich geringer sind und der Hauseigentümer somit früher schuldenfrei ist. Die Belastung sollte daher sorgsam durchgerechnet und mit den eigenen finanziellen Möglichkeiten auf lange Sicht abgewogen werden. Außerdem halten sich die Erbbaugeber in der Regel die Möglichkeit offen, im Abstand von drei Jahren den Zinssatz der Inflationsrate anzupassen. Dabei kann mit einer Inflationsrate von zwei bis vier Prozent gerechnet werden. Eine weitere Vertragsklausel kann der sogenannte Heimfall sein. Unter bestimmten Voraussetzungen, etwa bei rückständigen Erbbauzinsen von mindestens zwei Jahresraten oder wenn das Grundstück nicht fristgerecht bebaut wird, fällt dabei das Erbbaurecht an den Erbbaugeber zurück. Nach Ende der Laufzeit des Erbbaurechts geht das Grundstück mitsamt dem darauf errichteten Gebäude an den

Erbbaugeber über. Dem Hauseigentümer oder Erben wird auch hier eine entsprechende Entschädigung gezahlt. In Einzelfällen kann der Erbbaugeber auch Anforderungen an die Bebauung festlegen.

Wann sich ein Kellergeschoss lohnt

Traditionell werden die meisten Häuser in Deutschland mit Keller gebaut. Dieser verursacht jedoch auch zusätzliche Kosten. Dass es auch anders geht, sieht man in den Niederlanden. Dort verzichtet man bei den meisten Häusern auf den Keller ohne Verlust von Komfort. Günstig bauen kann man jedoch auch mit Keller und Dachgeschoss, es kommt immer auf den Einzelfall an.

Beispiel Niederlande

Bei einem Besuch in den Niederlanden stellt man oft verblüfft fest, dass es fast keine Häuser gibt, mit Ausnahme der Altbauten in den Großstädten, die einen Keller besitzen. Ursache hierfür ist im Wesentlichen, dass sich in den vom Meer abgerungenen Flächen – den sogenannten Poldern – aufgrund des hohen Grundwasserstandes ein Keller nur mit hohem finanziellen Aufwand erstellen lässt. In Deutschland dagegen ist es schon Tradition, ein Haus mit einem Kellergeschoss zu bauen. Und doch können wir in diesem Fall von den Holländern lernen. Denn deren Häuser werden nicht nur kostengünstig hergestellt, sie haben auch einen Kellerersatz gefunden: Zu jedem Haus gehört ein Schuppen, der nicht nur als Abstellraum dient, sondern in dem sich auch die Heizung befindet. Eine andere Variante ist ein zusätzlicher Anbau an die Garage, im hinteren Grundstücksbereich. Damit haben Sie gleichzeitig einen Zugang vom Garten aus.

Verzicht auf einen Keller spart Geld

Kein Kellergeschoss auszuführen, dafür spricht zunächst der rein finanzielle Aspekt. Denn in einem solchen Fall wird lediglich eine Bodenplatte, auf der das spätere Haus steht, erstellt. Damit entfallen auch die beim Einfamilienhaus zur Gründung notwendigen Streifenfundamente. Zusätzlich erspart man sich die aufwändige Isolierung der Kellerwände gegen Bodenfeuchtigkeit. Bei hohem Grundwasserstand oder in der Nähe von Bächen oder Seen entfallen teure Abdichtungsmaßnahmen gegen „drückendes Wasser". Je nach Bodenart ist bei einer Bodenplatte sogar die Druckverteilung zum Erdreich gleichmäßiger. Notwendige Leitungen können in der Bodenplatte oder einem Hohlraum zwischen Bodenplatte und EG-Fußboden (Kriechkeller), wie bei Fertighäusern und Holzhäusern üblich, verlegt werden.

Die Vorteile einer Bodenplatte auf einen Blick

- Kosteneinsparung, da keine Baugrube erstellt, kein Bauaushub auf eine Deponie transportiert werden muss.
- Kosteneinsparung durch Wegfall sonst üblicher Fundamente (Aushub, Beton, Eisenarmierung).
- Es müssen weniger Flächen gegen Erdfeuchtigkeit abgedichtet werden, daher auch hier geringere Kosten.
- Wird auf Grundstücken mit hohem Grundwasserstand gebaut, entfallen die sonst notwendigen teuren Abdichtungsmaßnahmen gegen „drückendes Wasser".
- Bei gering tragfähigem Untergrund (leichter Boden) ist die Druckverteilung der Bodenplatte günstiger als bei Streifenfundamenten.
- Außentreppenanlagen und Kellerfenster entfallen.
- Die Überflutungsgefahr bei starkem Regen durch Rückstau in der Kanalisation des Kellerraumes entfällt.
- Kostengünstigere Ausführung der Wärmedämmung, da keine Außenwände im Erdreich vorhanden sind.
- Einsparungen bei Mauerwerk oder Beton mit Armierung, da die Kellerwände entfallen.

Die Vorteile eines Kellergeschosses auf einen Blick

Zusätzliche günstige Nutzfläche

Für ein Kellergeschoss spricht allerdings, dass man damit zusätzlichen Wohn- und Lagerraum schaffen kann. Üblicherweise sind im Keller der Heizraum und der Lagerraum für Heizöl oder andere Energieträger untergebracht. Hier ist auch meist der sogenannte Hausanschlussraum, in dem sich nicht nur die Stromleitung mit der Hauptsicherung und dem Zähler befindet, sondern auch die Leitungen für Brauchwasser und/oder Erdgas samt Zähler. Es ist der Ort im Haus, an dem der Energielieferant (das örtliche Versorgungsunternehmen) im rechtlichen Sinne seine Energielieferung übergibt. Sämtliche Leitungsstränge für das Haus können im Keller offen, z. B. unter der Decke, angeordnet werden. Aber auch noch weitere Punkte sprechen für ein Kellergeschoss:

- Mögliche Raumreserven für Wohnraum, Kleinbüro, Hobbyraum, Kellerbar oder Hauswirtschafts- und Wäschetrockenraum.
- Ausbaumöglichkeit des Kellers zu einer Einliegerwohnung.
- Unterbringung von Nassräumen wie z. B. Waschküche, Sauna u. Ä.
- Separater Zugang durch Außentreppenanlage.
- Sichere Lagerung für Wirtschaftsgüter, Abstellbereich für Fahrräder.

Ein Massivkeller aus Betonwänden und mit einer Isolierung gegen normale Erdfeuchte.

Keller günstig bauen

Fertigkeller hilft Kosten sparen

Aber nicht nur eine Bodenplatte, auch die volle Unterkellerung des Hauses lässt sich heute günstig herstellen. Neben der traditionellen kostspieligen Bauweise mit Mauersteinen oder Ortbeton (Massivbauweise) bietet sich hier ein Fertigkeller an. Dabei werden im Werk vorgefertigte Bauteile an die Baustelle geliefert und vor Ort zusammengesetzt. Das gilt auch für den Bausatzkeller, der allerdings meist nur zusammen mit einem Bausatzhaus angeboten wird.

Die passende Dachkonstruktion finden

Die Entscheidung, welche Dachform Sie für Ihr Haus wählen, wird in den meisten Fällen vom Bebauungsplan vorgegeben, in dessen Geltungsbereich das Grundstück liegt. Die in Deutschland vorherrschende Dachform ist das Schrägdach und die daraus abgeleiteten Dacharchitekturen. Das Flachdach ist dagegen bei Wohngebäuden der Nachkriegsära – besonders aus den Jahren 1950 bis 1970 – öfter anzutreffen und wird heute seltener gebaut.

Flach- oder Schrägdach

Das Flachdach – ungewöhnlich und anspruchsvoll

Das Flachdach ist in den stark der Witterung ausgesetzten Siedlungsbereichen Europas nicht sehr häufig.

Bei Wohngebäuden der Nachkriegszeit wurde diese Dacharchitektur, aus Amerika kommend, in Europa verbreiteter. Besonders durch den ebenerdigen Bungalow – eine neue Wohnarchitektur im baukonservativen Nachkriegsdeutschland – trat das Flachdach seinen Siegeszug im „gehobenen Wohnbau“ an. Übernommen wurde diese Dachform schnell für den Industrie-, Gewerbe- und Bürohausbau, besonders bei großen und hohen Gebäuden. Flachdächer sind nach deutscher Bauordnung Dächer mit einer Dachneigung von null bis zehn Grad.

Flachdächer sind die Ausnahme

Bei Neubauten werden heute Flachdächer im Wohnhausbau meist als begrünte (bepflanzte) Dächer und für begehbare Dachformen (Dachterrasse) eingesetzt. Konstruktiv bestehen sie aus einem einfachen Holztragwerk, aus Stahlträgern oder einer betonierten Platte (auch Ortbeton oder Betonfertigteile) und sind so in der Regel günstiger zu errichten als ein Steildach.

Flachdächer sparen Materialkosten

Die Vorteile eines Flachdachs auf einen Blick

- Geringes Eigengewicht der Dachhaut
- Kostengünstiges Dachtragwerk
- Schnelle – weil einfache – Montage mit vorgefertigten Teilen möglich
- Das letzte Geschoss ist immer ein Vollgeschoss ohne Dachschrägen
- Belichtungsmöglichkeit für innen liegende (gefangene) Räume

- Dachoberfläche voll nutzbar als Dachterrasse, Dachgarten, Sonnenterasse, begehbare Fläche u. Ä.
- Leichte Aufstellung technischer Geräte möglich
- Einsatz verschiedener Flachdachsysteme, wenn im Bebauungsplan vorgeschrieben
- Späterer Umbau als Steildach möglich

Das Schrägdach – sparen durch Fertigteile

Das geneigte Dach, heute in der Literatur und von Baufachleuten als Schrägdach bezeichnet, ist die ursprünglichste Dachform im europäischen Raum. Das Schrägdach ist insbesondere beim Wohnhausbau die am häufigsten ausgeführte Dacharchitektur. Mit dazu beigetragen hat, dass Bebauungspläne der deutschen Kommunen meist sehr konservativ gestaltete Bauformen vorschreiben. Zudem lassen sich unter einem Schrägdach funktionale, rechtwinklige Grundrisse bei kleinen Baugrundstücken einfacher verwirklichen, was wiederum Kosteneinsparungen zur Folge hat.

Sie sollten versuchen, die Dachneigung so groß wie möglich zu wählen. Je steiler das Dach ist, desto mehr Stehhöhe (die Stehhöhe ist in der jeweiligen Landesbauordnung festgeschrieben) steht Ihnen zur Verfügung und je geringer ist der Anteil der Dachschrägen im Raum. Die Dachneigung sollte deshalb nicht weniger als 20 Grad betragen, besser sind 45 bzw. 60 Grad geneigte Dachflächen. Nach der Bauordnung werden Dachkonstruktionen ab 10 Grad Neigung zu den Steildächern gerechnet.

Vorgefertigte Elemente – schnell und preiswert

Besonders günstig ist hierbei statt einer rein handwerklichen Dachkonstruktion, wenn Sie auf vorgefertigte Dachelemente zurückgreifen. Beim Dach lohnt sich ein hoher Vorfertigungsgrad. Dabei wird die gesamte Dachfläche in Einzelelemente aufgeteilt. Diese Dachelemente können Sie entweder bei Spezialbetrieben für Holzfertigung oder einem handwerklichen Holzbaubetrieb (Zimmerei, Schreinerei u. Ä.) in Auftrag geben.

Einfache Konstruktion

Solche Dachelemente bilden zugleich die tragende Dachkonstruktion und werden auf der Baustelle mit einem Kran montiert. Ein typisches Element besteht aus den Sparren mit Fuß- und Firstpfette. Das sind die Holzbalken, die auf dem Mauerwerk aufliegen bzw. oben gegeneinander gestützt den First bilden, in die eine entsprechend starke Wärmedämmschicht eingelegt ist. Auf der Außenseite ist bereits die Unterspannbahn mit der Konterlattung zur Verlegung der Dachziegel, auf der Raumseite ist die Wandverkleidung aus Gipskartonplatten auf den Sparren fertig montiert. Nach Montage aller Fertigteile werden die Stöße der Gipskartonplatten raumseitig verspachtelt. Generell gilt für alle Dachfertigelemente, dass sie den Anforderungen der EnEV (→CD-ROM) und anderer Bauvorschriften entsprechen.

Text auf CD-ROM

Mit vorgefertigten Dachelementen lassen sich Dächer günstig bauen.

Die Vorteile eines Schrägdachs auf einen Blick

- Sämtliche Niederschläge werden unmittelbar nach der Traufe durch eine Regenrinne abgeleitet. So können sie wenig Schaden in der Dachfläche anrichten.
- Industriell vorgefertigte Dachtragwerke und komplette, selbsttragende Dachelemente eignen sich zum günstigen Bauen.

- Selbst bei nicht sofort ausgebautem Dachboden bleibt Raum für einen späteren Ausbau zum Arbeiten oder Wohnen.
- Bei Bedarf kann der Dachausbau nachträglich besonders günstig erfolgen.
- Ein Dachausbau in Eigenleistung ist relativ einfach möglich und hilft, Kosten zu sparen.
- Gute Ausleuchtung der Dachräume durch Einbau von Dachgauben, Dachflächenfenstern und Dachbalkonen.
- Auf der schrägen Dachfläche lassen sich wirkungsvoll Elemente zur Nutzung der Solarenergie montieren.
- Auch bei enger Bebauung – z. B. bei Stadthäusern – kann der Dachraum durch indirekte Beleuchtung mit Überfirstverglasung gut ausgeleuchtet werden.
- Ein luftdichtes, gut wärmegedämmtes Dach gemäß EnEV reduziert den Energieverbrauch.
- Abhängig vom Bundesland bzw. von der Kommune kann es zusätzliche Fördergelder für den Dachausbau geben.
- Sind die Kinder einmal ausgezogen, lässt sich der Dachraum auch zur Einliegerwohnung umbauen (Einliegerwohnungen unter dem Dach sind sehr gefragt und lassen sich gut vermieten).

Kostenvergleich der einzelnen Haustypen

Kostenaufstellung nach Gewerken

Die nachfolgenden Kostenaufstellungen sind aufgegliedert nach Gewerken und sollen Ihnen bei der ersten Einschätzung Ihres Bauvorhabens und zur Erstellung eines groben Kostenrahmens helfen. Die Werte beinhalten neben den Materialkosten auch die notwendigen Lohnkosten eines durchschnittlichen Fachunternehmers sowie 19 Prozent Mehrwertsteuer.

Die genannten Kosten beziehen sich dabei auf die fertige Wohnfläche bei durchschnittlichem Ausbau (Dach = einfaches Satteldach) und einer Wohnfläche von etwa 90 qm. Je nach Grundstückslage und Ausstattung sind Ab- bzw. Zuschläge möglich. In den aufgeführten Baukosten sind nicht enthalten: Kosten für Grundstück, Erschließungskosten, Gebühren, Finanzierungskosten, Honorare für Architekten- und Ingenieurleistungen.

Der Kostenrahmen kann regional und nach Marktnachfrage etwas differieren, sowohl bei den Material- als auch bei den Lohnkosten. So gibt es ein Nord-Süd-Gefälle und ein Ost-West-Gefälle bei den

Baukosten. Die Baukosten für ein Einfamilienhaus betragen im Ballungsraum München etwa 10 bis 20 Prozent mehr als in Ostfriesland. Am höchsten sind die Baukosten für ein Einfamilienhaus in den Einzugsbereichen der Großstädte München, Frankfurt/ Main, Berlin und Hamburg zu veranschlagen. Kostengünstiger lässt es sich dagegen in den ländlichen Gebieten Ostdeutschlands wie z. B. in der Lausitz oder in Sachsen-Anhalt bauen.

Gleiche Voraussetzungen

Alle Angaben sind nach bestem Wissen und Gewissen recherchiert. Für alle Tabellen wurde ein WDVS (Wärmedämm-Verbundsystem) mit 10 cm Wärmedämmschicht angenommen, um möglichst viel Heizkosten einzusparen. Auch im Dachbereich wurden 10 cm Wärmedämmschicht zu Grunde gelegt.
Generell entspricht die angenommene Baukonstruktion den entsprechenden Normen und den neuesten Bestimmungen zur Energieeinsparung.

Einfamilienhaus

Freistehendes Einfamilienhaus

Ohne Keller, mit Dachgeschoss

Leistungsbereich	Ohne Dachausbau in Euro pro qm WFL		Mit Dachausbau in Euro pro qm WFL	
	von	bis	von	bis
Erd-, Maurer-, Beton-arbeiten	299,00	489,00	250,00	472,00
Mittelwert	394,00		361,00	
Innenausbau	121,00	149,00	121,00	149,00
Mittelwert	135,00		135,00	
Zimmerer	62,00	130,00	62,00	126,00
Mittelwert	96,00		94,00	
Dachdecker/Klempner	72,00	96,00	70,00	96,00
Mittelwert	83,00		83,00	
Fassade (z. B. WDVS)	140,00	274,00	121,00	235,00
Mittelwert	207,00		178,00	
Sanitär	51,00	94,00	51,00	92,00
Mittelwert	72,50		71,5 0	
Heizung	89,00	148,00	79,00	138,00
Mittelwert	118,50		108,50	

Elektroinstallation	27,00	58,00	28,00	48,00
Mittelwert	42,50		38,00	
Schreiner	18,00	74,00	22,00	68,00
Mittelwert	46,00		45,00	
Fenster (Glas + Rahmen)	70,00	132,00	70,00	130,00
Mittelwert	101,00		100,00	
Estrich	19,00	29,00	20,00	26,00
Mittelwert	24,00		23,00	
Bodenbeläge	24,00	56,00	22,00	48,00
Mittelwert	40,00		35,00	
Fliesenarbeiten	30,00	158,00	37,00	136,00
Mittelwert	94,00		86,50	
Maler/Tapezierer	28,00	48,00	26,00	42,00
Mittelwert	38,00		34,00	
Treppen/Metallbau	38,00	87,00	42,00	78,00
Mittelwert	62,50		60,00	
Sonstiges/Reserve	0,00	26,00	0,00	32,00
Mittelwert	13,00		16,00	
Summe	1088,00	2048,00	1021,00	1916,00
Mittelwert	1568,00		1468,50	

Freistehendes Einfamilienhaus

Mit Keller und Dachgeschoss

Leistungsbereich	Ohne Dachausbau in Euro pro qm WFL		Mit Dachausbau in Euro pro qm WFL	
	von	bis	von	bis
Erd-, Maurer-, Beton-arbeiten	370,00	712,00	350,00	612,00
Mittelwert	541,00		481,00	
Innenausbau	121,00	149,00	121,00	149,00
Mittelwert	135,00		135,00	

Zimmerer	62,00	130,00	62,00	126,00
Mittelwert	96,00		94,00	
Dachdecker/Klempner	72,00	96,00	70,00	96,00
Mittelwert	83,00		83,00	
Fassade (z. B. WDVS)	140,00	274,00	121,00	235,00
Mittelwert	207,00		178,00	
Sanitär	51,00	94,00	51,00	92,00
Mittelwert	72,50		71,5 0	
Heizung	63,00	118,00	59,00	108,00
Mittelwert	90,50		83,50	
Elektroinstallation	27,00	58,00	28,00	48,00
Mittelwert	42,50		38,00	
Schreiner	18,00	84,00	27,00	68,00
Mittelwert	51,00		47,50	
Fenster (Glas + Rahmen)	70,00	132,00	70,00	130,00
Mittelwert	101,00		100,00	
Estrich	26,00	39,00	20,00	26,00
Mittelwert	32,50		23,00	
Bodenbeläge	24,00	56,00	22,00	48,00
Mittelwert	40,00		35,00	
Fliesenarbeiten	30,00	158,00	37,00	136,00
Mittelwert	94,00		86,50	
Maler/Tapezierer	28,00	48,00	26,00	42,00
Mittelwert	38,00		34,00	
Treppen/Metallbau	48,00	92,00	42,00	82,00
Mittelwert	70,00		62,00	
Sonstiges/Reserve	0,00	26,00	0,00	32,00
Mittelwert	13,00		16,00	
Summe	1150,00	2266,00	1106,00	2030,00
Mittelwert	1708,00		1568,00	

Doppelhaus

Doppelhaus

Mit Keller und Dachgeschoss

Leistungsbereich	Ohne Dachausbau in Euro pro qm WFL		Mit Dachausbau in Euro pro qm WFL	
	von	bis	von	bis
Erd-, Maurer-, Beton-arbeiten	280,00	492,00	270,00	482,00
Mittelwert	386,00		376,00	
Innenausbau	52,00	109,00	70,00	102,00
Mittelwert	80,50		86,00	
Zimmerer	62,00	86,00	53,00	72,00
Mittelwert	74,00		62,50	
Dachdecker/Klempner	50,00	76,00	39,00	56,00
Mittelwert	63,00		47,50	
Fassade (z. B. WDVS)	97,00	207,00	81,00	195,00
Mittelwert	152,00		138,00	
Sanitär	51,00	74,00	51,00	91,00
Mittelwert	71,50		71,00	
Heizung	63,00	118,00	59,00	108,00
Mittelwert	90,50		83,50	
Elektroinstallation	27,00	40,00	28,00	38,00
Mittelwert	28,50		33,00	
Schreiner	30,00	42,00	27,00	38,00
Mittelwert	36,00		32,50	
Fenster (Glas + Rahmen)	50,00	87,00	39,00	92,00
Mittelwert	68,50		65,50	
Estrich	26,00	39,00	20,00	26,00
Mittelwert	32,50		23,00	
Bodenbeläge	24,00	28,00	22,00	26,00
Mittelwert	26,00		24,00	
Fliesenarbeiten	22,00	38,00	27,00	36,00
Mittelwert	30,00		31,50	
Maler/Tapezierer	28,00	48,00	26,00	42,00
Mittelwert	38,00		34,00	

Treppen/Metallbau	48,00	92,00	42,00	82,00
Mittelwert	70,00		62,00	
Sonstiges/Reserve	0,00	26,00	0,00	32,00
Mittelwert	13,00		16,00	
Summe	910,00	1602,00	854,00	1518,00
Mittelwert	1256,00		1186,50	

Reihen-Mittelhaus

Reihenhaus

Ohne Keller, aber mit Dachgeschoss

Leistungsbereich	Ohne Dachausbau in Euro pro qm WFL von	bis	Mit Dachausbau in Euro pro qm WFL von	bis
Erd-, Maurer-, Beton-arbeiten	270,00	489,00	260,00	402,00
Mittelwert	379,50		331,00	
Innenausbau	51,00	107,00	66,00	105,00
Mittelwert	79,00		85,50	
Zimmerer	58,00	80,00	49,00	71,00
Mittelwert	69,00		60,00	
Dachdecker/Klempner	32,00	56,00	42,00	52,00
Mittelwert	44,00		47,00	
Fassade (z. B. WDVS)	47,00	107,00	37,00	99,00
Mittelwert	77,00		68,00	
Sanitär	51,00	84,00	67,00	100,00
Mittelwert	67,50		83,50	
Heizung	69,00	118,00	69,00	102,00
Mittelwert	93,50		85,50	
Elektroinstallation	30,00	42,00	30,00	39,00
Mittelwert	36,00		34,50	
Schreiner	30,00	42,00	27,00	38,00
Mittelwert	36,00		32,50	

Fenster (Glas + Rahmen)	47,00	84,00	39,00	82,00
Mittelwert	66,50		60,50	
Estrich	26,00	39,00	23,00	36,00
Mittelwert	32,50		29,50	
Bodenbeläge	24,00	28,00	22,00	26,00
Mittelwert	26,00		24,00	
Fliesenarbeiten	22,00	38,00	27,00	36,00
Mittelwert	30,00		31,50	
Maler/Tapezierer	28,00	38,00	31,00	36,00
Mittelwert	33,00		33,50	
Treppen/Metallbau	48,00	92,00	42,00	82,00
Mittelwert	70,00		62,00	
Sonstiges/Reserve	0,00	26,00	0,00	32,00
Mittelwert	13,00		16,00	
Summe	833,00	1470,00	831,00	1338,00
Mittelwert	1151,50		1084,50	

Reihen-Mittelhaus

Mit Keller und Dachgeschoss

Der Keller ist als reiner Lagerraum (Nutzkeller) angenommen und kann nachträglich noch ausgebaut werden (Zusatzkosten!).

Leistungsbereich	**Ohne Dachausbau in Euro pro qm WFL**		**Mit Dachausbau in Euro pro qm WFL**	
	von	**bis**	**von**	**bis**
Erd-, Maurer-, Beton-arbeiten	285,00	502,00	287,00	442,00
Mittelwert	393,50		364,50	
Innenausbau	49,00	118,00	64,00	115,00
Mittelwert	83,50		89,50	
Zimmerer	53,00	84,00	49,00	75,00
Mittelwert	68,50		62,00	

Dachdecker/Klempner	32,00	56,00	42,00	52,00
Mittelwert	44,00		47,00	
Fassade (z. B. WDVS)	47,00	107,00	37,00	99,00
Mittelwert	77,00		68,00	
Sanitär	51,00	84,00	67,00	106,00
Mittelwert	67,50		86,50	
Heizung	64,00	108,00	59,00	92,00
Mittelwert	86,00		75,50	
Elektroinstallation	32,00	46,00	30,00	42,00
Mittelwert	39,00		36,00	
Schreiner	33,00	46,00	29,00	42,00
Mittelwert	39,50		35,50	
Fenster (Glas + Rahmen)	47,00	84,00	39,00	82,00
Mittelwert	66,50		60,50	
Estrich	26,00	38,00	22,00	32,00
Mittelwert	32,00		27,00	
Bodenbeläge	24,00	28,00	22,00	26,00
Mittelwert	26,00		24,00	
Fliesenarbeiten	22,00	38,00	27,00	36,00
Mittelwert	30,00		31,50	
Maler/Tapezierer	28,00	38,00	31,00	36,00
Mittelwert	33,00		33,50	
Treppen/Metallbau	48,00	92,00	42,00	82,00
Mittelwert	70,00		62,00	
Sonstiges/Reserve	0,00	26,00	0,00	32,00
Mittelwert	13,00		16,00	
Summe	841,00	1495,00	847,00	1391,00
Mittelwert	1168,00		1119,00	

✓ KOSTENCHECK

Kriterien für Kostensparmöglichkeiten

Formular auf CD-ROM

Eine Reduzierung der Baukosten ist, wenn sie bei der Planung ansetzt, keineswegs gleichbedeutend mit Abstrichen am Komfort und an den eigenen Wunschvorstellungen. Die Bereiche, in denen Kosteneinsparungen möglich sind, sind vielfältig.

Hier einige Positionen, auf die Sie achten sollten:

Planung

1. Fläche sparen, kleine Grundstücke sind in der Regel kostengünstiger als größere ☐
2. Optimale Nutzung des Grundstücks, möglichst keine größere Grundstücksfläche wählen als durch den Bebauungsplan notwendig ☐
3. Regelmäßige und kompakte Gebäudeformen sparen Material- und Energiekosten ☐
4. Offene Grundrisse mit wenigen, dafür großen Zimmern verringern ebenfalls die verwendeten Materialien, dafür fallen aber höhere Heizkosten an ☐
5. Verkehrsflächen (Treppen, Flure ...) möglichst klein halten ☐
6. Verzicht auf Balkone oder kostengünstige Ausführung durch Holz- oder Metallständer ☐
7. Verzicht auf eine vollständige Unterkellerung oder Ausführung der Unterkellerung mit Fertigteilelementen ☐
8. Wahl einer einfachen Dachform (z. B. Satteldach) ☐
9. Die Nutzung von alternativen Energien (z.B. durch eine Solaranlage für die Erwärmung des Wassers) reduziert die laufenden Energiekosten ☐
10. Mehrfachnutzung der Räume spart Heiz- und Baukosten (z. B. Ess-Wohnküche) ☐

Rohbau

1. Hohe Räume vermeiden, das spart Material- und Energiekosten ☐
2. Eine vertretbare Verringerung der Wandstärken spart Material und ermöglicht bei gleichen Maßen mehr Nutzfläche ☐

❸ Verwendung von standardisierten einfachen Dachziegeln ☐

❹ Errichtung der Decken aus Fertigteilen ☐

❺ Beschränkung auf einheitliche Fenstermaße und reduzierter Einsatz von aufwändigen Fenstern (z. B. Kippfenstern) ☐

❻ Raumhohe Fenster erübrigen Fensterstürze ☐

❼ Vorgefertigte und genormte Kellerfenster und Lichtschächte verwenden ☐

❽ Verzicht auf Heizkörpernischen ☐

❾ Kostengünstigere, ortsübliche Baumaterialien verwenden ☐

❿ Verzicht auf den Bau einer Garage oder Bau eines günstigen Carports ☐

Ausbau

❶ Standardisierte Ausstattung des Gebäudes senkt die Kosten für die verwendeten Elemente ☐

❷ Keller oder Dachgeschoss später ausbauen, wenn man finanziell flexibler ist ☐

❸ Errichtung nichttragender Innenwände in Leichtbauweise ☐

❹ Nur den Nassbereich verfliesen ☐

❺ Reduzierung der Stromkreise und Verwendung von Mehrfachsteckdosen ☐

❻ Sinnvolle Anordnung der Räume und optimale Ausrichtung des Hauses und der Fenster ermöglichen eine optimale Lichtausbeute und die passive Nutzung der Sonnenwärme ☐

❼ Verzicht auf Sanitäranlagen unterhalb der Rückstauebene des Abwassersystems ☐

❽ Versorgungsleitungen möglichst platzsparend planen (Zu- und Ableitung in einem Schacht, Gruppierung von Küche, Bad, Toilette) ☐

❾ Überlegter Selbstausbau spart Lohnkosten (siehe hierzu Seite 104 ff.) ☐

Das müssen Sie tun:
Anhand der aufgeführten Kriterien in dieser Übersicht können Sie sich selbst ein Bild von den wesentlichen Einflussfaktoren bei der Reduzierung der Baukosten machen. Viele dieser Punkte sind nur in Zusammenarbeit mit fachmännischer Hilfe durch einen Architekten, Planer oder Bauunternehmer im Einzelnen auf ihre Umsetzbarkeit bei Ihrem Bauvorhaben zu prüfen.

Worauf es ankommt – Ihre Rechte und Pflichten beim Bauen

Damit Sie Ihr Haus möglichst günstig bauen können, sollten Sie sich nicht allein auf Materialpreise und technische Details beschränken, sondern auch die rechtlichen Seiten des Bauens kennen. In diesem Kapitel machen wir Sie mit den wichtigsten Bestimmungen des deutschen Baurechts bekannt.

Informieren Sie sich umfassend

Um unerwünschten Überraschungen vorzubeugen, gibt es nur einen Weg: Informieren Sie sich umfassend und mit Ruhe über die nach dem Baurecht für Sie wichtigen Vorschriften und Gesetze. Dann stehen Sie bei anstehenden Verhandlungen auf Augenhöhe mit Ihren Partnern: Architekt, Bauunternehmer, Handwerker, Baustofflieferant, Fertighaushersteller, Bank, Grundstücksmakler usw. Dazu bedarf es keineswegs eines langen Studiums, sondern allein das Wissen, wo Sie sich für den konkreten Fall Informationen besorgen können, ist bereits in den meisten Situationen hilfreich.

Die häufigsten Fehler passieren dadurch, dass Sie sich in das Abenteuer Bauen stürzen, ohne sich vorab in Ruhe über alles zu informieren. Die meisten Entscheidungen werden dadurch zu schnell getroffen. Gehen Sie deshalb Ihr Bauvorhaben langsam und mit einer konkreten und nicht zu engen Zeitplanung an. Lassen Sie sich von keinem Ihrer Geschäftspartner unter Druck setzen, auch wenn Sie bereits in der aktiven Bauphase stecken. Bemühen Sie sich, aktiv am Baugeschehen teilzunehmen, und lassen Sie den Dingen nicht einfach freien Lauf. Nur so erfahren Sie schnell, wo es Probleme geben könnte, und haben dann frühzeitig die Möglichkeit einzugreifen. Doch überschätzen Sie nie Ihre eigene Leistungsmöglichkeit bzw. Ihr fachliches Wissen. Im Zweifelsfall gilt immer: Informationen von neutraler Seite einholen und damit Unklarheiten beseitigen.

So vermindern Sie Ihr Risiko

Bauen ist immer mit einem gewissen Risiko verbunden. Bestimmt haben Sie in Ihrem Freundeskreis oder in der Zeitung von Fällen gelesen, bei denen Bauvorhaben eingestellt werden mussten. Lassen Sie sich davon nicht beirren.

Finanzielle Risiken bedenken

Das größte Risiko besteht darin, dass einer der beiden Baupartner finanziell in Bedrängnis gerät. Bei Ihnen als Bauherr kann dies durch eine unzureichend vorbereitete Finanzierung oder die Überschreitung der Baukosten durch immer wieder vorgenommene Veränderungen während der Bauphase bzw. eine abweichende Ausstattung beim bestellten Fertighaus passieren. Beim Bauunternehmer oder Handwerker dann, wenn dieser Insolvenz vor Abschluss der vereinbarten Bauleistungen anmelden muss. Das Risiko bleibt auch während der anschließenden Gewährleistungsfrist bestehen. Doch gibt es Möglichkeiten, diese Gefahren zu begrenzen.

Architekt

Planen Sie Ihr Haus mit einem Architekten, der auch die Ausschreibung der Bauleistungen und die Bauleitung übernimmt? Dann bedenken Sie, dass sämtliche am Bau beteiligte Unternehmen und Handwerker von Ihnen direkt beauftragt werden müssen. Der Architekt steht Ihnen bei der Auswahl sowie bei deren Beauftragung allerdings unterstützend zur Seite.

Generalunternehmer

Diesen immensen organisatorischen Aufwand können Sie reduzieren, indem Sie einem Generalunternehmer den Bau Ihres Hauses übergeben. Dieser Bauunternehmer oder Handwerker erbringt einen Teil der notwendigen Leistungen im eigenen Betrieb und kann bei Bedarf auf Dritte (Subunternehmer) zurückgreifen, die er in seinem Namen beauftragt. Der Vorteil liegt darin, dass Sie nur eine vertragliche Bindung eingehen und der Generalunternehmer Ihnen gegenüber für die ordnungsgemäße Erfüllung der gesamten vereinbarten Leistungen haftet. Der geschlossene Vertrag wird rechtlich als Werkvertrag eingestuft.

Bei Baumängeln muss der Generalunternehmer demzufolge auch für die Mängel der von ihm beauftragten Subunternehmen haften. Dies ist für Sie einerseits ein gewisser Vorteil, andererseits gibt es durch die vom Generalunternehmer zu erbringende höhere Leistung für Sie bei einer Insolvenz auch ein höheres finanzielles Risiko. Überprüfen Sie deshalb immer vor Beauftragung eines Generalunternehmers dessen Solidität und Bonität. Hören Sie sich um, und sprechen Sie mit Bauherren, die bereits mit dem Generalunternehmer gearbeitet haben.

Generalübernehmer

Im Gegensatz dazu erbringt ein Generalübernehmer keine Leistungen im eigenen Unternehmen, sondern vergibt sämtliche Gewerke an andere Unternehmen, die er dann koordiniert. Seine Leistung beschränkt sich auf die Steuerung und Überwachung der Baustelle. Eine vertragliche Vereinbarung besteht nur zwischen Ihnen und dem Generalübernehmer. Auch in diesem Fall schließen Sie rechtlich einen Werkvertrag.

Generalunterunternehmer und Generalübernehmer werden meist dann vom Bauherren beauftragt, wenn ein Haus schlüsselfertig zum Festpreis gebaut werden soll. Das große Plus dieser beiden Varianten liegt für Sie als Bauherr eindeutig darin, dass Sie von Beginn an wissen, welche finanziellen Aufwendungen auf Sie zukommen, und im Normalfall keine zusätzlichen Rechnungen fällig werden.

Vergütung nach Leistungs- bzw. Pauschalvertrag

Wenn Sie ein Bauunternehmen mit Ihrem Hausbau beauftragen, müssen Sie bei der Vergütung des Bauvertrages zwischen einem Leistungsvertrag und einem Pauschalvertrag unterscheiden. Wird von beiden Partnern ein Leistungsvertrag geschlossen, bezahlen Sie grundsätzlich die tatsächlich erbrachten Leistungen.

PRAXISBEISPIEL

Vergütung beim Leistungsvertrag

Sie haben für den Innenausbau mit einem Trockenbauer vereinbart, dass ein bestimmter Betrag pro Quadratmeter Wandfläche zu zahlen ist. Was Sie nach Fertigstellung der Innenwände dann real zahlen müssen, ergibt sich aus dem gemeinsam zu erstellenden Aufmaß. Dabei prüfen Sie, wie viel Quadratmeter Wandfläche tatsächlich im Trockenbau erstellt wurde. Aus der Multiplikation Quadratmeterzahl mal vereinbartem Quadratmeterpreis ergibt sich dann die Summe, die Sie zahlen müssen.

Leistungs-vertrag

Ganz anders verhält es sich dagegen beim Pauschalvertrag. In diesem Fall vereinbaren Sie mit dem Handwerker für eine konkret definierte Leistung die Zahlung einer festgelegten Summe. Allerdings sollten Sie am Leistungsprofil keine Änderungen mehr vornehmen, da Sie die ursprüngliche Basis des Pauschalvertrages damit ändern würden. Denken Sie deshalb in diesem Fall immer daran, wie Sie Sonderwünsche oder Änderungen, die vorher nicht vereinbart wurden, abrechnen. Zu Ihrer Sicherheit sollten Sie alle Vereinbarungen fixieren und in einem schriftlichen Auftrag festlegen. Ansonsten kann aus einem zunächst preisgünstigen Angebot schnell ein teures Unterfangen werden.

Pauschal-vertrag

PRAXISBEISPIEL

Vergütung beim Pauschalvertrag

Mit Ihrem Trockenbauer handeln Sie einen Pauschalpreis für Ihren Innenausbau aus. Ein späteres Aufmaß ist in diesem Fall nicht erforderlich. Das Risiko, für die vereinbarte Pauschalsumme tatsächlich mehr Fläche zu erstellen, als angenommen wurde, liegt beim Handwerker. Allerdings können Sie auch keine Minderung verlangen, wenn die Fläche dann kleiner ist.

Für Sie liegt der Vorteil von Pauschalverträgen darin, dass Sie mehr Planungssicherheit für Ihre Finanzen erhalten. Allerdings ist dieser Vertrag meist teurer als ein Leistungsvertrag, da der Unter-

Vorteil Planungs-sicherheit

nehmer das Risiko eines höheren Arbeitsaufwands abzufedern versucht.

Bauträgervertrag

Ein Bauträgervertrag beinhaltet wiederum ganz andere Leistungsmerkmale. Denn hier erwerben Sie ein Haus mit Grundstück. Der Bauträger ist nicht nur allein für die Planung und Bauleistung verantwortlich, sondern auch für die Beschaffung des Grundstücks. Sie erhalten Ihr Haus damit komplett aus einer Hand.

Fertighausvertrag

Wieder anders sieht es beim Kauf eines Fertighauses aus. Hier ist zunächst Voraussetzung, dass Sie ein bebaubares Grundstück besitzen oder es sich vom Fertighaushersteller über einen Maklervertrag besorgen lassen. Es gibt in Deutschland viele Hersteller, die eine solche Komplettleistung anbieten. Oft sind hier auch Architekten mit tätig.

Ausbauhäuser

Für das kleine Budget werden von Fertighausherstellern, Bauträgern oder Systembaukastenanbietern oft sogenannte Ausbauhäuser angeboten. In diesem Fall wird ein vertraglich vereinbarter Teil der Bauleistung vom Bauherren erbracht. Oft helfen die Unternehmen den Bauherren durch Schulungen oder fachliche Begleitung während der Ausbauphase. Achten Sie bei der Vertragsgestaltung in diesem Fall unbedingt darauf, dass Sie fachlich und körperlich auch in der Lage sind, die vereinbarten Leistungen zu erbringen. Ansonsten kann sich nachträglich durch vom Hersteller zu erbringende Leistungen – dafür sollten Sie im Vertrag gleich Preise festschreiben – der günstige Hausbau schnell verteuern.

Gerade hinsichtlich der Budgetsicherheit ist es für Sie als Bauherr wichtig, die Unterschiede der beschriebenen Möglichkeiten zu kennen. Beim Architektenhaus haben Sie weit gehende Gestaltungsfreiheit – soweit es der Bebauungsplan des Grundstücks zulässt – dafür eine Vielzahl unterschiedlicher Vertragspartner. Das können Sie beim Bauen mit einem Generalübernehmer bzw. Generalunternehmer einschränken. Den geringsten Aufwand haben Sie dann, wenn Sie mit einem Bauträger bauen wollen. Hier erwerben Sie normalerweise eine vereinbarte Leistung zum Festpreis und können die Zahlungsmodalitäten festschreiben. Eine erschwingliche Variante stellt auch der Bau eines Fertighauses dar. Denn in diesem Fall erhalten Sie, ebenfalls zu einem Festpreis, ein fertiges Haus auf Ihrem Grundstück. Beim Bauträger oder beim Fertighaus müssen Sie sich vertraglich auf eine bestimmte Leistung und Ausstattung festlegen. Änderungen können

Sie nur in begrenztem Rahmen und mit höherem finanziellen Aufwand durchführen.

Informationen zum Grundstück

Nachdem Sie Ihren Bauentschluss gefasst haben, müssen Sie nach einem geeigneten Grundstück Ausschau halten. Achten Sie aber unbedingt schon bei der Auswahl darauf, ob Auflagen vorhanden und Belastungen im Grundbuch eingetragen sind.
Ob der Preis der Immobilie angemessen ist, hängt zunächst von der Lage und Beschaffenheit ab. Auch spielen die Nähe zur City und die Umgebung eine gewisse Rolle. Damit Sie einschätzen können, ob das Grundstück den geforderten Preis rechtfertigt, müssen Sie wissen, welche Anforderungen Sie daran stellen.

Verborgene Kosten vermeiden

Achten Sie bei der Ortsbesichtigung – die immer vor Verhandlungsbeginn stattfinden sollte – zunächst auf Altlasten. Neben alten Gebäudeteilen zählen dazu besonders im Boden versteckte Probleme. Verunreinigungen oder vergiftete Böden können Sie möglicherweise am unterschiedlichen Pflanzbewuchs oder an Verfärbungen erkennen. Eine Beseitigung oder Sanierung ist nur mit erheblichem finanziellen Aufwand möglich. Sobald Sie Eigentümer eines belasteten Grundstücks sind, sind allein Sie für die von den Behörden vorgeschriebenen Sanierungsmaßnahmen zuständig und haftbar. Nach dem Gesetz ist die Behörde berechtigt, den jeweiligen Grundstückseigentümer zur Verantwortung zu ziehen. Schauen Sie in Bergbaugebieten unbedingt beim zuständigen Bergbauamt vorbei, und erkundigen Sie sich, ob das Grundstück in einem gefährdeten Bereich (dann sind höhere Bauauflagen zu beachten) oder einem aufgelassenen Bergbaugebiet liegt. Ist das der Fall, kann es nach der Bebauung durchaus zu Senkungsschäden kommen. Gefährdet sind auch Grundstücke, die auf dem Gelände von ehemaligen Schuttabladeplätzen oder Müllkippen liegen. Hier kann es später zu Ausgasungen kommen.

Schriftliche Garantie

Lassen Sie sich vom Verkäufer, am sichersten im Kaufvertrag festgeschrieben, eine schriftliche Garantie geben, dass Ihr Grundstück nicht belastet ist oder auf dem Gelände einer aufgeschütteten Deponie liegt. Auch ein Blick ins Grundbuch gibt Aufschluss darüber, ob es Vorbesitzer gab (Industrie, Gewerbe), die Altlasten hinterlassen haben könnten. Es gibt ein Altlastenverzeichnis für bestimmte Gebiete. Hier können Sie einsehen, ob Ihr Grundstück dort verzeichnet ist.

n-tv TIPP

Grundstücksbesichtigung

Wenn Sie sich für ein Grundstück interessieren und es besichtigen, verlassen Sie sich niemals allein auf die Angaben des Verkäufers oder Maklers. Holen Sie auf jeden Fall zusätzliche Informationen bei der zuständigen Gemeinde oder beim zuständigen Bauamt ein.

Ist das Grundstück bebaubar?

Achten Sie unbedingt auch darauf, in welcher Kategorie das „bebaubare Grundstück" angesiedelt ist. Auf dem Immobilienmarkt wird nach drei Merkmalen unterschieden.

Unterschiedliche Kosten je nach Art des Baulandes

Als Bauland bezeichnet man ein Grundstück, das, nachdem eine Baugenehmigung vorliegt, sofort bebaubar ist. Sind also die Voraussetzungen nach dem Baugesetzbuch erfüllt, wird es z. B. in einem Bebauungsplan als bebaubar geführt.

Beim Rohbauland handelt es sich um ein Grundstück, das die Voraussetzungen nach dem Baugesetzbuch erfüllt und bebaubar ist. Jedoch sind hier die Erschließungsmaßnahmen noch nicht so weit fortgeschritten, dass eine Baugenehmigung erteilt werden kann.

Im Gegensatz dazu kann es beim Bauerwartungsland noch sehr lange dauern, bis Sie bauen dürfen. Unter diesen Begriff werden Grundstücke genannt, die bisher noch nicht von einem Bebauungsplan erfasst sind. Allerdings können Sie bereits Teil eines Flächennutzungsplans sein, sodass nach Fertigstellung eines Bebauungsplanes eine spätere Bebauung möglich ist. Ob und wann das der Fall sein wird, ist schwer vorherzusagen. Deshalb ist es wichtig, dass Sie sich vorher gut über den Status Ihres Grundstücks informieren, um nicht anschließend eine Menge Geld für Ackerland ausgegeben zu haben.

Informationen aus dem Grundbuch

Ein Grundbuch wird beim jeweiligen Amtsgericht geführt und kann dann eingesehen werden, wenn Sie ein „rechtliches Interesse" belegen können. Lassen Sie sich entweder vom Verkäufer eine kurze schriftliche Bestätigung zur Berechtigung geben oder verlangen Sie vom Verkäufer einen Grundbuchauszug.
Für jedes Grundstück wird ein Grundbuchblatt geführt, in dem folgende Inhalte stehen:

- Aufschrift,
- Bestandsverzeichnis,
- Abteilung I,
- Abteilung II und
- Abteilung III.

Aufschrift

Bei der Aufschrift handelt es sich um das Titelblatt. Dort sind das zuständige Amtsgericht, der Grundbuchbezirk und die Nummer des Grundbuchblatts eingetragen.

Bestandsverzeichnis

Im Bestandsverzeichnis ist das Grundstück nach Wirtschaftsart, Lage und Größe beschrieben.

Abteilung I

In der Abteilung I sind die Eigentümer des Grundstücks angegeben. Falls es mehrere Eigentümer gibt, sind deren Miteigentümeranteile genannt. Zusätzlich ist derjenige rechtliche Vorgang mit Datum der Grundbucheintragung verzeichnet, der Basis der Eintragung des Voreigentümers war. So können Sie feststellen, wie lange der Verkäufer bereits Eigentümer ist.

Abteilung II

Wichtig ist auch die Abteilung II. Hier stehen alle Belastungen, mit Ausnahme der in Abteilung III vermerkten. Grunddienstbarkeiten und beschränkte persönliche Dienstbarkeiten, insbesondere auch Vormerkungen, sind in Abteilung II eingetragen. Diese können zu einer erheblichen Nutzungseinschränkung für den Käufer führen wie z. B. ein Wegerecht für Dritte.

Abteilung III

In Abteilung III finden Sie schließlich Hypotheken, Grundschulden und Rentenschulden eingetragen. Sie können daraus entnehmen, in welcher Höhe das Grundstück mit Grundpfandrechten (Banken, Bausparkassen, Finanzgeber) belastet ist. Dabei besagt die jeweilige Nummer den Rang des jeweiligen Rechts, z. B. 1. Hypothek, 2. Hypothek usw. Doch alle Eintragungen sagen nichts darüber aus, in welcher Höhe Sie noch valutiert sind.

Der Kaufvertrag für ein Grundstück

Rechtliche Schritte beachten

Sobald Sie sich für ein Grundstück entschieden haben und mit dem Verkäufer einig sind, wird ein Kaufvertrag abgeschlossen. Grundsätzlich gilt dafür: Der Grundstückskaufvertrag ist nur dann rechtlich wirksam, wenn er von einem Notar beurkundet wurde. Erst wenn der Kaufvertrag von Ihnen, dem Verkäufer und dem Notar unterzeichnet ist, können Sie Eigentümer werden. Aber Vorsicht: Durch diesen Vertrag wird der bisherige Eigentümer lediglich verpflichtet, Ihnen das Recht auf Übertragung des Eigentums am Grundstück einzuräumen. Sie sind erst dann auch rechtlich Eigentümer des Grundstücks, wenn dies beim zuständigen Grundbuchamt eingetragen wurde. Bis dahin bleibt das Grundstück im Besitz des bisherigen Eigentümers und dieser könnte bis zu diesem Augenblick das Grundstück nochmals verkaufen.

Auflassungsvormerkung

Dagegen sollten Sie sich durch eine Auflassungsvormerkung unbedingt schützen. Sie wirkt rechtlich wie eine Sperre im Grundbuch. Im Verhältnis zu Ihnen sind alle nach Eintragung der Auflassungsvormerkung vorgenommenen Verfügungen unwirksam. Sollten zwischenzeitlich andere Eintragungen vorgenommen werden, haben Sie damit die Möglichkeit, diese aus dem Grundbuch löschen zu lassen. Als Käufer sind Sie damit vor denjenigen geschützt, die einen lastenfreien Erwerb vereiteln würden.

n-tv TIPP

Auflassungsvormerkung

Lassen Sie sich nicht aus Kostengründen davon abhalten, auf eine Auflassungsvormerkung zu verzichten. Die Kosten stehen in keinem Verhältnis zu Ihrem Schutz, den Sie damit erlangen.

Der Abschluss des Kaufvertrages

Üblich ist, dass der Kaufvertrag für Ihr Grundstück von dem beurkundenden Notar entworfen und Ihnen vorgelegt wird. Bestehen Sie unbedingt darauf, dass er Ihnen rechtzeitig (mindestens zwei Wochen) vor dem Notartermin zugestellt wird. Lassen Sie sich nicht durch angebliche Terminnöte des Verkäufers oder Notars unter Druck setzen. Stellen Sie bei Ihrer Überprüfung fest, dass einige Punkte nicht in Ihrem Sinne geregelt oder wie vereinbart eingetragen sind, sprechen Sie dies umgehend an.

Vorkaufsrecht der Gemeinde

Selbst wenn der Notarvertrag von allen Parteien unterschrieben ist, können Sie immer noch nicht sicher sein, dass Sie auch endlich Eigentümer sind. Grund dafür ist das gesetzliche Vorkaufsrecht der Gemeinde, das diese grundsätzlich an jedem verkauften Grundstück besitzt. Das Recht ist auf zwei Monate befristet, nachdem die Gemeinde vom Verkauf Kenntnis bekommen hat. Deshalb stellen Sie der Gemeinde, so schnell es Ihnen möglich ist, eine Kopie des Kaufvertrages zu. Normalerweise übernimmt das der Notar, doch sollten Sie dies besser kontrollieren.

Über das Vorkaufsrecht kann die Gemeinde Zugriff auf das Grundstück nehmen, um Ihre Planungsziele zu verwirklichen. Verzichtet die Gemeinde auf Ihr Vorkaufsrecht, meist erklärt sie dies nach Bekanntwerden des Vertrags, steht der Eintragung des neuen Eigentümers nichts mehr im Wege.

n-tv TIPP

Grunderwerbssteuer

Verweigerung der Eintragung im Grundbuchamt

Bezahlen Sie die Grunderwerbssteuer sofort nach Erhalt des Bescheides, um Ihre Eintragung im Grundbuch nicht unnötig zu verzögern. Die Grundbuchämter können eine Eintragung so lange verweigern, bis eine Bescheinigung des zuständigen Finanzamtes vorliegt. Deshalb sollten Sie sofort nach Erhalt des Bescheides bezahlen.

Im Kaufvertrag werden die genaue Höhe des Kaufpreises und seine Fälligkeit vereinbart. Im Fall nicht rechtzeitiger Zahlung durch den Käufer wird meist die Höhe der Verzugszinsen vereinbart. Eine solche Regelung wird immer „unbeschadet weitergehender Rechte des Verkäufers" getroffen. In diesem Fall können Sie nicht darauf vertrauen, dass Sie nach verspäteter Zahlung der Verzugszinsen keine weiteren Nachteile haben. Denn der Verkäufer kann durchaus Ansprüche geltend machen wie z. B. Schadensersatz oder Rücktritt vom Verkauf.

Eine besonders wichtige Klausel für Sie ist die Gewährleistung (Haftung). Meist werden Grundstücke unter Ausschluss der gesetzlichen Gewährleistungsansprüche verkauft. Damit haftet der Vorbesitzer nicht für Mängel am Grundstück bzw. nur dann, wenn er Sie arglistig verschwiegen hat. Und das können Sie in der Regel selten nachweisen. Deshalb müssen Sie unbedingt vor Vertragsabschluss alle Risiken geklärt haben oder sich wenn möglich zusichern lassen: „Der Verkäufer versichert, dass das Grundstück frei von Altlasten ist.“

n-tv TIPP

Baulastenverzeichnis

Bei den Bauämtern wird ein Baulastenverzeichnis geführt. Eingetragen sind dort Belastungen des Grundstücks aus dem öffentlichen Baurecht, die z. B. zu Gunsten des Nachbarn bewilligt wurden (Zufahrtsrecht). Falls Baulasten eingetragen sind, prüfen Sie unbedingt, ob Sie Ihr Bauvorhaben beeinträchtigen oder gar unmöglich erscheinen lassen.

Rechte und Pflichten der Bauordnung

Ein Verstoß gegen die Bauordnung kann teuer werden

Im Baugesetzbuch sind die bundeseinheitlich geltenden Bestimmungen enthalten, die für die Bauplanung gelten. Dazu wird im Städtebaurecht beispielsweise geregelt, wie der Flächennutzungsplan und ein Bebauungsplan aufgestellt werden und welche Inhalte darin zu finden sind. Im Gegensatz dazu wird das Bauordnungsrecht von jedem Bundesland, also nicht vom Bund, definiert. Dort nennt man die Gesetze Bauordnung oder Landesbauordnung (LBO). Es handelt sich aber nicht nur um Verordnungen, sondern um richtige Gesetze, die vom jeweiligen Landesparlament erlassen werden. Ein Verstoß dagegen kann rechtlich verfolgt werden.

Nach diesen Landesbauordnungen (LBO) müssen Sie, um Ihr Haus bauen zu dürfen, bei der Baubehörde eine Baugenehmigung einholen. So wird u. a. in den LBO geregelt,

- wann Sie eine Baugenehmigung einholen müssen und wann nicht,
- wann Sie einen rechtlichen Anspruch auf eine Baugenehmigung haben,
- wer für die Zusage dieser Genehmigung zuständig ist,
- wie das Verwaltungsverfahren zur Erteilung der Baugenehmigung verlaufen muss,
- was eine Behörde unternehmen kann, wenn ohne Baugenehmigung gebaut wird oder baurechtswidrig gebaut wird (Schwarzbau, unerlaubtes Bauen in geschützten Gebieten, größeres Bauen als in der Baugenehmigung angegeben usw.).

Pflichten der Bauordnung beachten

Nicht nur die Genehmigungserfordernisse und das Genehmigungsverfahren werden in den LBO geregelt, sondern auch zahlreiche Pflichten, die beim Bauen zu beachten sind. Neben technischen Vorschriften und Anforderungen sind dabei auch allgemeine Regelungen bei der Baudurchführung zu berücksichtigen, wie beispielsweise welcher Abstand zum Nachbarn eingehalten werden muss oder welche Anforderungen an die Dacheindeckung gestellt werden, wenn Sie am Waldrand bauen. Die Trennung zwischen Planungs- und Ordnungsrecht ist nicht immer einfach. So darf demnach in einem als „reines Wohngebiet" ausgewiesenen Baugebiet nicht einfach eine Autoreparaturwerkstatt gebaut werden. Denn Sie als Bürger dürfen erwarten, dass man sich an den einmal aufgestellten Bebauungsplan hält und dann in einem reinen Wohngebiet nicht plötzlich Gewerbe ansiedelt. Dagegen haben Sie ein Klagerecht.

Verweigerung der Baugenehmigung

Ist Ihr geplantes Haus rechtmäßig, entspricht es also dem öffentlichen Baurecht, muss es genehmigt werden. Halten Sie sich dagegen nicht an den Bebauungsplan, kann Ihnen die Baugenehmigung verweigert werden. Dies ist z. B. der Fall, wenn Sie zu nahe an der Grundstücksgrenze bauen, obwohl ein größerer Abstand im Bebauungsplan ausgewiesen ist oder einen „Schwarzbau" errichten, der rechtlich verfolgt werden kann bzw. komplett abgerissen werden muss. Das Bauordnungsrecht regelt auch die Rechtsfolgen bei Verstößen gegen Bauplanungsrecht.

Diese Behörde ist für Sie zuständig

Bauaufsichtsbehörden

Welche Behörde für Sie zuständig ist, regelt die für Ihr Bauvorhaben zuständige LBO. Informationen dazu finden Sie auf der Webseite *www.bauordnungen.de*. In einigen Bereichen müssen Sie zusätzlich die Gemeindeordnung zurate ziehen. Es gibt folgende Bauaufsichtsbehörden:

- die oberste Bauaufsichtsbehörde bei den Landesministerien,
- die mittlere Bauaufsichtsbehörde (auch höherer Behörde oder obere Behörde) bei den Bezirksregierungen,
- die untere Bauaufsichtsbehörde bei Ihrer Gemeinde oder Ihrem Landkreis.

Ausnahmen bilden die Stadtstaaten wie Berlin, Hamburg oder Bremen. Hier sind die jeweiligen Städte zuständig nach der erwähnten Unterteilung.

Mit oder ohne Genehmigung ein Haus bauen

Was muss genehmigt werden?

Der Begriff der „baulichen Anlage" ist in den LBO geregelt, wobei Sie in allen Bundesländern leicht abweichend, aber ähnlich definiert sind. Demnach werden bauliche Anlagen aus Bauprodukten hergestellt und sind mit dem Erdboden verbunden oder auf ihm ruhend. Bauprodukte sind in diesem Sinne Baustoffe, Bauteile und Anlagen, die hergestellt werden, um dauerhaft in bauliche Anlagen eingebaut zu werden. Es zählen aber auch Bauprodukte, wie aus Baustoffen und Bauteilen vorgefertigte Anlagen (z. B. Ihr Haus) dazu, die hergestellt werden, um mit dem Erdboden verbunden zu werden, wie Fertighäuser, Fertiggaragen und Silos.
Als bauliche Anlagen gelten aber auch ortsfeste Feuerstätten, Werbeanlagen und Warenautomaten, in weiterem Sinne auch Zelte und – je nach Bundesland – auch ortsfest aufgestellte Wohnwagen.
Es gibt Ausnahmen und Erleichterungen, die in den Bundesländern unterschiedlich gehandhabt werden. So besteht durchaus die Möglichkeit, eine Genehmigungsfreistellung zu erwirken. Das geht einmal mit einem sogenannten Anzeigeverfahren. Man braucht für bestimmte Wohngebäude keine Baugenehmigung, muss aber der Bauaufsichtsbehörde mitteilen, was man baut

(Mecklenburg-Vorpommern, Saarland). Nach diesem Anzeigeverfahren kann aber auch die Genehmigung verweigert werden. Allerdings fehlt in den LBO die genaue Definition, was nun genehmigungsfreie Wohngebäude sind.

Anzeigeverfahren

In Baden-Württemberg kann man alle Wohngebäude – mit Ausnahme von Hochhäusern – im Anzeigeverfahren errichten.

In Niedersachsen gibt es das Anzeigeverfahren mit Bestätigung der Genehmigungsfreiheit. Hier erteilt die zuständige Behörde eine Bestätigung, dass das Bauvorhaben genehmigungsfrei ist.

Anzeigeverfahren mit Genehmigungsoption

Das Anzeigeverfahren mit Genehmigungsoption gibt es in den Bundesländern Bayern, Berlin, Bremen, Hessen, Nordrhein-Westfalen, Rheinland-Pfalz, Sachsen-Anhalt und Thüringen. Das bezieht sich immer auf genehmigungsfreie Wohngebäude. Hier müssen Sie als Bauherr Ihr Bauvorhaben anzeigen, und die zuständige Gemeinde kann binnen eines Monats erklären, ob Sie dennoch ein Genehmigungsverfahren wünscht.

PRAXISBEISPIEL

Nordrhein-Westfalen § 67 BauO NW

Im Geltungsbereich eines Bebauungsplanes in Sinne von § 30 Abs. 1 oder § 30 Abs. 2 des Baugesetzbuches bedürfen die Errichtung oder Änderung von Wohngebäuden mittlerer und geringer Höhe einschließlich ihrer Nebengebäude und Nebenanlagen keiner Baugenehmigung, wenn

- das Vorhaben den Festsetzungen des Bebauungsplanes nicht widerspricht,
- die Erschließung im Sinne des Baugesetzbuches gesichert ist,
- die Gemeinde nicht innerhalb eines Monates nach Eingang der Bauvorlage erklärt, dass das Genehmigungsverfahren durchgeführt werden soll.

Anzeigeverfahren mit Untersagungsoption

Eine andere Variante in den LBO ist das Anzeigeverfahren mit Untersagungsoption. Dieses gibt es in den Ländern Baden-Württemberg, Brandenburg, Hamburg, Sachsen und Schleswig-Holstein. Im Gegensatz zu den anderen Ländern muss man hier nicht eine Bestätigung der zuständigen Behörde abwarten, sondern nur eine bestimmte Frist einhalten – in Brandenburg beispielsweise einen Monat nach Eingang der Bauanzeige – und darf bauen, fall sich die Behörde fristgemäß meldet.

Vereinfachtes Genehmigungsverfahren

Es gibt aber auch ein vereinfachtes Genehmigungsverfahren. Dabei muss man immer eine Baugenehmigung einholen, allerdings wird bei der zuständigen Behörde nur eine vereinfachte Prüfung durchgeführt. Im Gegensatz zu normalen Verfahren, bei denen sämtliche baurechtlichen Vorschriften kontrolliert werden, werden hier nur einige Normen überprüft. Doch können Sie deshalb nicht einfach die „dem Stand der Technik" entsprechenden Vorschriften und Normen umgehen, sondern diese wortgetreu einhalten, z. B. EnEV, DIN u. a. Ihr Bauvorhaben muss in diesen Fällen grundsätzlich dem gesamten Baurecht entsprechen.

Ihre Rechte aus der Bauleitplanung

Ob und in welcher Art Sie ein Haus bauen dürfen, hängt von den Angaben auf dem Bebauungsplan ab. Die dort genannten Angaben müssen Sie verbindlich umsetzen, um eine Baugenehmigung zu erhalten. Generell geprüft werden muss, ob Ihr geplanter Hausbau im Sinne des § 29 Baugesetzbuch (BauGB, →CD-ROM) eine „bauliche Anlage" ist.

Die Eintragungen im Bebauungsplan sind wichtig

Bebauungsplan beachten

Gibt es einen Bebauungsplan für Ihr Grundstück, ist grundsätzlich nur das zulässig, was in diesem festgeschrieben ist. Zusätzlich muss die Erschließung des Grundstücks gesichert sein. Doch gibt es nach § 30 BauGB verschiedene Arten eines Bebauungsplans, wobei immer mindestens folgende Angaben enthalten sein müssen:

- Art der baulichen Nutzung,
- Maß der baulichen Nutzung,
- überbaubare Grundstücksfläche,
- örtliche Verkehrsfläche.

Ihr beantragtes Bauvorhaben muss jeder einzelnen dieser vier Angaben entsprechen.

Die Art der baulichen Nutzung wird nach der Baunutzungsverordnung (BauNVO, →CD-ROM) – eine vom Bundesbauminister entsprechend dem BauGB erlassene einheitliche Rechtsverordnung – in verschiedene Baugebietstypen festgelegt. Diese für die Bebauung vorgesehenen Flächen können nach der Art ihrer baulichen Nutzung ausgewiesen werden als

Text auf CD-ROM

- Kleinsiedlungsgebiet (WS),
- reine Wohngebiete (WS),
- allgemeine Wohngebiete (WA),
- Mischgebiete (MI),
- besondere Wohngebiete (WB),
- Dorfgebiete (MD),
- Kerngebiete (MK),
- Gewerbegebiete (GE),
- Industriegebiete (GI),
- Sondergebiete (SO).

Einsicht in den Bebauungsplan

Für Sie ist wichtig, dass Sie sich vor dem Kauf über die Ausweisung durch Einsicht in den Bebauungsplan bei der zuständigen Gemeinde informieren, damit Sie nicht später unliebsame Überraschungen erleben. So kaufen Sie in einem Neubaugebiet beispielsweise ein freies Grundstück mit toller Aussicht und bekommen nach Jahren einen Gewerbebetrieb als Nachbarn, weil Sie beim Kauf nicht darauf geachtet haben, dass Ihr Grundstück in einem allgemeinen Wohngebiet oder sogar Mischgebiet ausgewiesen war.
Bei reinen Wohngebieten dürfen nach der BauNVO dagegen nur Wohngebäude gebaut werden. Doch können auch als Ausnahme Läden und nicht störende Handwerksbetriebe sowie kleinere Betriebe des Beherbergungsgewerbes (Hotel, Pension) sowie Anlagen für soziale Zwecke (kirchlich, kulturell, gesundheitlich, sportlich) und Wohngebäude, die ganz oder teilweise der Betreuung und Pflege Ihrer Bewohner dienen, zugelassen werden. Dagegen sind bei allgemeinen Wohngebieten neben Wohngebäuden grundsätzlich die im WR als Ausnahme genannten Bauvorhaben zulässig. Als zusätzliche Ausnahmen gelten hier zudem Beherbergungsbetriebe (große Hotels), sonstige nicht störende Gewerbe-

betriebe, Anlagen für die Verwaltung, Gartenbaubetrieb und Tankstellen.
So richtet sich der Kaufpreis für ein Grundstück auch nach der im Bebauungsplan ausgewiesenen Nutzung bzw. Ihren Ansprüchen, die Sie an Ihr künftiges Grundstück stellen.

Grundflächenzahl und Geschossflächenzahl

Obergrenzen werden festgeschrieben

Die Grundflächenzahl (GRZ) gibt gemäß BauNVO an, wie viel Quadratmeter Ihres Grundstücks insgesamt überbaut werden dürfen. Nach der Formel Grundfläche (bebaute oder überbaubare Fläche) geteilt durch Grundstücksfläche ergibt sich die Grundflächenzahl GRZ. Diese Zahl kann niemals größer als eins sein. Denn eins würde bedeuten, das alles in einem Baugebiet zugebaut werden darf. Dürfen beispielsweise lediglich 45 Prozent bebaut werden, so beträgt die ausgewiesene GRZ 0,45. Nach der BauNVO sind für bestimmte Baugebiete Obergrenzen festgeschrieben wie z. B. für das Kerngebiet 1,0, für das reine und das allgemeine Wohngebiet ein Wert von maximal 0,4. Der Bebauungsplan darf niedrigere, aber nie höhere Werte festlegen.

Geschossflächenzahl

Die Geschossflächenzahl (GFZ) ist nach den Ausmaßen der Gebäude in allen Vollgeschossen zu errechnen. Sie ermitteln eine Fläche, die im Eingabeplan mit seinen äußeren Maßen angegeben sein muss. Beispielsweise hat Ihr Erdgeschoss die inneren Maße von 12,00 x 8,00 m, also eine Wohnfläche von 96 qm. Die Außenwanddicke beträgt 40 cm, so sind die Außenmaße 12,40 x 8,40 m, demnach haben Sie ein Vollgeschoss mit einer Fläche von 104,16 qm. Nun haben Sie noch ein ausgebautes Dachgeschoss, das hinzugerechnet werden muss.
Nach den meisten LBOs gelten als Vollgeschosse solche, die über mindestens der Hälfte ihrer Grundfläche eine lichte Höhe (Maß von Oberkante fertigem Fußboden bis Unterkante fertiger Decke) von 2,20 m oder mehr haben und deren Deckenunterseite im Mittel mindestens 1,40 m über Geländeoberfläche liegt.

Ausgebautes Dachgeschoss

Ein ausgebautes Dachgeschoss gilt nur dann als Vollgeschoss, wenn es die genannte lichte Höhe über mehr als zwei Drittel der Grundfläche des darunterliegenden Geschosses hat. In unserem Rechenbeispiel wären das dann zwei Drittel von 104,16 gleich 69,44 qm. Somit ergeben sich insgesamt rechnerisch 173,60 qm

Geschossfläche. Die BauNVO nennt in § 17 Obergrenzen für die GRZ, GFZ und Baumassenzahl (BMZ). So betragen z. B. im reinen und allgemeinen Wohngebiet die GRZ gleich 0,4, die GFZ gleich 1,2.

Raumhöhe und Geländeoberfläche

Beim Dach bleiben alle Hohlräume zwischen oberster Decke und Dachhaut unberücksichtigt, bei denen Aufenthaltsräume wegen der erforderlichen lichten Höhe nicht möglich sind. Bestimmte unbewohnbare Räume unter dem Dach (Spitzboden) gelten nicht als oberstes Geschoss. Ist eine Kellerdecke komplett tiefer als 1,40 m unter der Geländeoberfläche, gilt der Keller nicht als Vollgeschoss im Sinne der BauNVO, auch wenn seine Räume eine lichte Höhe von 2,20 m haben.

PRAXISBEISPIEL

Berechnung GRZ und GFZ

Ihr Grundstück ist 624,50 qm groß, die GRZ ist 0,4. So ergibt sich eine bebaubare Fläche von 624,50 * 0,4 = 256,20 qm.

Sie bauen darauf ein Haus mit zwei Vollgeschossen mit insgesamt 173,60 qm. Die GFZ beträgt 1,2. So ergibt sich daraus 624,50 * 1,20 : 2 Geschosse = max. 374,70 qm pro Geschoss. Sie liegen daher mit Ihrem Haus im zulässigen Bereich.

Die genannten Werte für GRZ und GFZ sind jedoch nicht zwingend in einem Bebauungsplan vorgeschrieben. So kann durchaus statt dieser Zahlen auch nur die Begrenzung der Firsthöhe für Häuser festgeschrieben sein.

Befreiung vom Bebauungsplan

Gemäß BauGB dürfen Ausnahmen zugelassen werden, die im Bebauungsplan nach Art und Umfang ausdrücklich vorgesehen sind. In besonderen Fällen kann aber auch eine Befreiung vom Bebauungsplan erfolgen, was im Ermessen der Behörde liegt.

Grenzabstände

In allen LBO werden die zulässigen Grenzabstände zwischen Gebäuden geregelt. Grundsätzlich gilt, dass Gebäude mit allen ihren Außenflächen oberhalb der Geländeoberfläche gelegenen Punkten von Grenzen des Baugrundstücks Abstand halten müssen. Die genauen Angaben müssen Sie der für Sie zuständigen Landesbauordnung entnehmen bzw. bei Ihrer Baubehörde erfragen. Da Angaben und Berechnungen dafür oft sehr kompliziert sind, kann hier nicht näher darauf eingegangen werden. Lassen Sie sich diese Werte von Ihrem Architekten berechnen, die er übrigens im Eingabeplansatz eintragen wird.

So erlangen Sie Ihre Baugenehmigung

Bauvorlageberechtigte

Die genauen Einzelheiten für das Baugenehmigungsverfahren sind in den jeweiligen Landesbauordnungen (LBO) geregelt. Hier können Sie auch nachlesen, welche Behörde Ihren Bauantrag bearbeiten wird. Um eine Genehmigung zu erhalten, müssen Sie bzw. Ihr Architekt einen Bauantrag stellen. Dieser darf in den meisten Fällen nur von einem Bauvorlageberechtigten – Architekt, Bauingenieur – eingereicht werden.

Umfang Bauvorlage

Für einen Bauantrag gibt es je nach Bundesland und Gemeinde unterschiedliche Formulare. Gemeinsam mit den ausgefüllten Formularen werden die Bauvorlagen – in der Regel von Ihrem Architekten – direkt beim Bauamt eingereicht. Zu diesen Bauvorlagen zählen

- der Lageplan (katasteramtlicher Lageplan, meist ein Auszug aus der Liegenschaftskarte im Maßstab 1:1000 bzw. 1:500), den Sie je nach Bundesland beim Katasteramt, bei einem öffentlich bestellten Vermessungsingenieur oder einem Sachverständigen für das Vermessungswesen erhalten,
- die Bauzeichnungen im Maßstab 1:100 für alle Geschosse und mindestens einen Schnitt (meist durch das Treppenhaus),
- eine ausführliche Baubeschreibung mit Angabe der zu verwendenden Baustoffe und Bauteile sowie die Ausstattung in seinen technischen Einzelheiten,
- Nachweise der Baustatik, des Wärmeschutzes, evtl. auch des Schallschutzes,
- der Entwässerungsplan mit einer zeichnerischen Darstellung der Abwasserleitungen für Schmutz- und Regenwasser (in manchen Gemeinden ist das auch nur ein gemeinsamer Kanal).

Den Antrag müssen Planverfasser und Bauherr unterschreiben.

n-tv TIPP

Verzögerungen vermeiden

Achten Sie unbedingt darauf, dass Ihr Antrag vollständig und komplett abgegeben wird. Ist das nicht der Fall, müssen Sie mit Verzögerungen und möglichen Nachfragen bei der Antragszusage rechnen. Zwar sind alle Ämter gehalten, die Anträge schnell zu bearbeiten, doch kann das je nach Bundesland und Gemeinde sehr unterschiedlich sein. Normalerweise sollte es aber nicht länger als sechs Wochen dauern.

Die Baugenehmigung

Hat die Behörde den Bauantrag geprüft und bewilligt, erhalten Sie eine Baugenehmigung. Dieser Verwaltungsakt wird nach Ablauf einer bestimmten Zeit (Rechtsbehelfsfrist) bestandswirksam. Sie haben dann keine Möglichkeit mehr, dagegen Einspruch zu erheben. Deshalb prüfen Sie umgehend den Bescheid, um Fristen zu wahren.

Abweichungen überprüfen

Dies ist für Sie von Bedeutung, wenn die erteilte Genehmigung in einem oder mehreren Punkten von Ihrem Bauantrag abweicht. In solchen Fällen müssen Sie vor Fristablauf prüfen und entscheiden, ob Sie Einspruch dagegen einlegen wollen. Denn es kommt nicht selten vor, dass die Baugenehmigung nicht ganz in Ihrem Sinne mit Auflagen erteilt wird. Sie haben dann die Möglichkeit, noch nachträglich Änderungen in Ihren Unterlagen vorzunehmen und diese nachzureichen.

Geltungsdauer

Wichtig zu wissen ist aber auch, dass eine Baugenehmigung immer nur für einen bestimmten Zeitraum Gültigkeit besitzt. Diese Geltungsdauer ist in der LBO verankert und gilt meist für drei Jahre. Sollte innerhalb dieser Zeitspanne nicht mit dem Bau begonnen werden oder die begonnene Bauausführung für längere Zeit – meist bis zu einem Jahr – eingestellt werden, erlischt die komplette Baugenehmigung.

Verlängerung beantragen

In solchen Fällen, unabhängig wer für den Baustillstand zuständig ist, sollten Sie umgehend eine Verlängerung der Baugenehmigung beantragen. Dieser Antrag ist jedoch nur dann wirksam, wenn er vor Ablauf der Frist bei der Behörde eingegangen ist. In den meisten Bundesländern wird dann eine Verlängerung von einem Jahr gewährt.

Bauvoranfrage oder Bauvorbescheid einreichen

Um eine zügige Bearbeitung Ihres Bauantrages zu gewährleisten, empfiehlt es sich, bei Planungsunsicherheiten eine Bauvoranfrage oder einen Bauvorbescheid einzureichen. Sie und Ihr Architekt lassen damit meist einzelne kritische Punkte Ihres Bauvorhabens von der zuständigen Behörde vorab verbindlich prüfen. So können Sie beispielsweise durch eine Bauvoranfrage klären lassen, ob Sie abweichend zu den Vorgaben im Bebauungsplan eine andere Dachneigung als die eingetragene ausführen dürfen, um mehr Wohnraum im Dachgeschoss zu erhalten. Wird diese Frage von der Behörde in Ihrem Sinne beantwortet, können Sie sich darauf verlassen, dass im späteren Baugenehmigungsverfahren zu diesen Punkten nicht zu Ihren Ungunsten entschieden wird.

Denn ein Bauvorbescheid bindet die Behörde an ihre gemachte Zusage. Die dafür notwendigen Kosten sind meist deutlich geringer als die nachträglichen Änderungen durch die Auflagen der Behörde. Deshalb empfiehlt es sich, dass Sie immer dann eine Bauvoranfrage starten, wenn einzelne Punkte Ihrer Planung risikobehaftet erscheinen.

n-tv TIPP

Bauvoranfrage

Widerspruch einlegen

Eine Bauvoranfrage gilt wie eine Baugenehmigung nur für einen begrenzten Zeitraum. Doch Sie haben die Möglichkeit, auch hier eine Verlängerung zu beantragen. Die Voranfrage ersetzt aber in keinem Fall die Baugenehmigung.

Sollte die zuständige Behörde eine Baugenehmigung zu Unrecht verweigern, können Sie vor dem zuständigen Verwaltungsgericht auf Erteilung einer Baugenehmigung klagen. Vor der Klage müssen Sie bei der Behörde gegen den Ablehnungsbescheid innerhalb einer Frist von einem Monat Widerspruch einlegen. Erhalten Sie dann den Widerspruchsbescheid, müssen Sie wiederum innerhalb eines Monats eine Verpflichtungsklage vor dem Verwaltungsgericht erheben. Bei Erfolg wird das Gericht die Genehmigungsbehörde zur

Erteilung einer Baugenehmigung verurteilen. Ihr Grundstücksnachbar kann unter bestimmten Voraussetzungen die erteilte Baugenehmigung anfechten. Dabei muss er nachweisen, dass eine Verletzung öffentlicher Vorschriften vorliegt, die gerade darauf abzielen, den Nachbarn individuell zu schützen. Solche Klagen sind häufig bei Streitereien zur Einhaltung von Grenzabständen anzutreffen.

Der Architektenvertrag

Zwar ist ein Architektenvertrag gesetzlich nicht vorgeschrieben, empfehlenswert ist es jedoch, einen solchen schriftlich abzuschließen. Denn im Streitfall können Sie so jederzeit Auftrag und Auftragsumfang belegen.

Vertragsvorlagen

In den meisten Fällen wird Ihnen der Architekt einen ausformulierten Vertragstext vorlegen. Diese Verträge sind meist von den Interessenvertretungen der Architekten verfasst und auf derren Belange ausgerichtet. Deshalb sollten Sie diesen grundsätzlich vor Unterzeichnung in Ruhe durchsehen und, falls Sie Zweifel haben, von einem Dritten (Rechtsanwalt, Verbraucherzentrale) prüfen lassen. Bei den Vordrucken handelt es sich um Allgemeine Geschäftsbedingungen (AGB), bei denen nicht immer alle aufgeführten Punkte für Ihr Bauvorhaben unzutreffend und oft auch nicht wirksam sind. Beim Architektenvertrag handelt es sich um einen Werkvertrag im Sinne des § 631 BGB.

Missverständnissen bezüglich der Honorierung vorbeugen

Besonders wenn Sie noch nicht sicher wissen, ob und welchen Architekten Sie beauftragen möchten, kommt es oft zu Missverständnissen bezüglich der Honorierung. Insbesondere dann, wenn Sie der Architekt hinsichtlich Ihrer Baumöglichkeiten berät und eine grobe Skizze für die weitere Zusammenarbeit vorlegt. Beide Parteien gehen dabei oft davon aus, dass solche Vorgespräche kostenlos wären. Der Architekt, weil er sich einen Auftrag erhofft, und Sie, weil Sie Ihre Entscheidung noch nicht getroffen haben. Es zeigt sich im Alltag immer wieder, dass die Abgrenzung zwischen honorarfreier Akquisition und honorarpflichtiger Leistung fließend ist und daher schnell zu Problemen führt. Insbesondere dann, wenn Sie sich als Bauherr später doch für einen anderen Architekten entscheiden. Vermeiden Sie solche Missverständnisse – die allzu häufig vor Gericht enden – indem Sie zunächst nur einen Teil

der Architektenleistung in Auftrag geben. Sie können anschließend immer noch entscheiden, ob dieser Architekt auch die restlichen Leistungen erbringen soll.
Der Architekt kann nur dann Honorar von Ihnen verlangen, wenn ein von beiden Parteien unterschriebener Architektenvertrag vorliegt. Problematisch wird es immer dann, wenn es nur eine mündliche Absprache zwischen Ihnen und dem Architekten oder seinem Beauftragten gibt. Lassen Sie sich auf so etwas grundsätzlich nicht ein.

Leistungsbild der Honorarordnung HOAI

Im Werkvertragrecht nach BGB ist geregelt, dass sich Ihr Architekt verpflichtet, einen bestimmten Erfolg zu erreichen. So genügt es beispielsweise nicht, einen Bauantrag einzureichen. Dieser muss vielmehr so gestaltet sein, dass er genehmigungsfähig ist. Bei Ablehnung des Antrages, weil die geltenden Bauvorschriften nicht eingehalten wurden, hat der Architekt seine vertraglich geschuldete Leistung noch nicht erbracht und hat deshalb auch noch keinen kompletten Honoraranspruch.

Text auf CD-ROM

In den meisten Verträgen orientiert sich der Architekt an den Leistungsphasen des § 15 der Honorarordnung für Architekten und Ingenieure (HOAI, →CD-ROM). Die HOAI stellt lediglich eine Preisregelung dar, die keine Aussage über geschuldete Leistungen macht. Laut § 15 Absatz 2 HOAI gibt es neun Leistungsphasen:

Leistungsphasen

1. Grundlagenermittlung
   Ermitteln der Voraussetzungen zur Lösung der Bauaufgabe durch Planung
2. Vorplanung (Projekt- und Planungsvorbereitung)
   Erarbeitung der wesentlichen Teile einer Lösung der Planungsaufgabe
3. Entwurfsplanung (System- und Integrationsplanung)
   Erarbeitung der endgültigen Lösung der Planungsaufgabe
4. Genehmigungsplanung
   Erarbeiten und Einreichen der Vorlagen für die erforderlichen Genehmigungen oder Zustimmungen
5. Ausführungsplanung

Erarbeiten und Darstellen der ausführungsreifen Planungslösung

❻ Vorbereitung der Vergabe
Ermitteln der Mengen und Aufstellungen von Leistungsverzeichnissen (LV)

❼ Mitwirkung bei der Vergabe
Ermitteln der Kosten und Mitwirkung bei der Auftragsvergabe

❽ Objektüberwachung (Bauüberwachung)
Überwachen der Ausführung des Objekts

❾ Objektbetreuung und Dokumentation
Überwachen der Beseitigung von Mängeln und Dokumentation des Gesamtergebnisses.

Neben diesen Grundleistungen können in jeder Phase noch besondere Leistungen hinzukommen. Es bleibt Ihnen aber auch vorbehalten, mit dem Architekten eine Pauschalsumme zu vereinbaren. Achten Sie aber in diesem Fall darauf, dass der Leistungsumfang exakt beschrieben wird.

Der Inhalt eines Architektenvertrages

Die Vertragsparteien eines Architektenvertrages sind der Bauherr und der Architekt. Achten Sie darauf, dass Sie als Bauherr – bei Ehepaaren beide namentlich genannt – richtig eingetragen sind. Gibt es mehrere Bauherren, z. B. bei Geschwistern, müssen diese jeweils einzeln genannt werden. Auch sollten Sie mit angeben, wer Sie vertreten kann.

Leistungen im Einzelnen beschreiben

Beschreiben Sie so detailliert wie möglich, welche Leistungen im Einzelnen vom Architekten erbracht werden sollen, nicht z. B. nur „Bau eines Einfamilien-Wohnhauses“. Bei den Formverträgen werden hier fast nur die Phasen der HOAI genannt. Zusätzlich sollten Sie mit aufnehmen, dass der Architekt Sie über alle wichtigen Angelegenheiten frühzeitig informiert und Sie bei drohender Überschreitung der Baukosten frühzeitig darauf aufmerksam macht. Sie können auch eine zusätzliche freiwillige Honorierung vereinbaren, wenn der Architekt dank seiner guten Planung und Bauleitung die Kosten um mehr als 10 Prozent unterschreitet. Auch die Vollmacht des Architekten sowie deren Umfang müssen hier definiert werden.

Um Ihr Haus ordnungsgemäß bauen zu können, braucht der Architekt Ihre Unterstützung. Dazu gehört auch, dass er in Ihrem Namen Sonderfachleute beauftragen darf, mit den Handwerkern verhandelt, deren Leistungen überwacht und die Rechnungen prüft. Die Abnahme der Leistungen sollten Sie so vereinbaren, dass diese nur in Ihrem oder Ihres Vertreters Beisein durch den Architekten vorgenommen werden dürfen.

Honorar nach der HOAI

Regeln Sie das Honorar genau nach den Einzelheiten der HOAI. Beliebt ist die Vereinbarung von Zuschlägen für besondere Leistungen. Listen Sie hier genau auf, um welche Leistungen es sich dabei handelt und welches Honorar dafür fällig wird. Es können höherer Prozentsätze, als in der HOAI genannt, vereinbart werden. Eine exakte Ermittlung der Honorarsumme ergibt sich aus der HOAI nach Maßgabe der jeweiligen Kostenermittlungsarten nach DIN 276.

Nebenkosten

Zusätzlich legen Sie die Höhe der Nebenkosten, z. B. für Telefon, Porto, Fahrkosten, Tagesgeldpauschale usw. fest. Sie können aber auch dafür eine feste Pauschale vereinbaren.

Regelung der Zahlungen

Ein wichtiger Aspekt ist die Regelung der Zahlungen. Nach HOAI § 8 Abs. 1 wird das Architektenhonorar erst dann fällig, wenn nach vertragsmäßiger Erbringung einer Leistung dem Bauherren eine prüffähige Honorarschlussrechnung zugestellt wird. Allerdings können Abschlagzahlungen nach Leistungsstand vereinbart werden.

Urheberrecht

Wert legt der Architekt darauf, dass sein Urheberrecht am Werk nach Gesetz bei ihm bleibt. Das bedeutet, dass Sie rein rechtlich bei einer späteren Änderung an Ihrem Haus den Architekten darüber informieren müssen.

Haftung und Gewährleistung

Für die Haftung und Gewährleistung schreiben Sie die gesetzlichen Regelungen nach BGB fest. Einer Kürzung der gesetzlichen Haftung von fünf Jahren sollten Sie nicht zustimmen. Die Verjährung beginnt mit Abnahme der Architektenleistung.

Haftpflichtversicherung

Achten Sie darauf, dass Ihnen eine gültige Haftpflichtversicherung, die für Architekten vorgeschrieben ist, vorgelegt wird und dies auch im Vertrag verankert ist.

Kündigung

Hinsichtlich einer möglichen vorzeitigen Kündigung schreiben Sie fest, wie sich die Honorierung in diesem Fall berechnet. Akzeptieren Sie dann keine pauschale Aufwandsentschädigung, sondern regeln Sie dies nach den gesetzlichen Bestimmungen.

Verpflichten Sie den Architekt, die von ihm erstellten Unterlagen mindestens fünf Jahre aufzubewahren und die Herausgabe nicht von einer Vergütung abhängig zu machen. Zudem muss er Ihnen die Akten vor einer Vernichtung anbieten.

Der Bauvertrag

Mit Bauvertrag bezeichnet man den Vertrag, der zwischen einem Auftraggeber (dem Bauherren) und einem Auftragnehmer (Unternehmer, Handwerker) über die Erbringung von Bauleistungen geschlossen wird. Es ist kein eigenständiger Vertragstyp. Genau wie beim Architektenvertrag handelt es sich dabei rechtlich um einen Werkvertrag im Sinne von §§ 631 ff. BGB. Demnach schulden der Bauunternehmer oder Handwerker die fachgerechte Errichtung einer Leistung (Kellerbau, Rohbau, Ausbau, Dacheindeckung u. Ä.) unter Einhaltung der anerkannten Regeln der Technik. Nach den vertraglichen Einzelheiten werden zwei verschiedene Vertragstypen unterschieden: der BGB-Vertrag und der VOB-Vertrag.

Kein eigenständiger Vertragstyp

Der Vertrag nach dem BGB

Beim Werkvertrag nach §§ 631 BGB schuldet der Unternehmer dem Besteller die Herstellung eines Werkes durch Herbeiführung eines bestimmten Erfolges körperlicher oder nicht körperlicher Art. Der Besteller (in diesem Fall Sie als Auftraggeber) schuldet als Gegenleistung dem Unternehmer den Werklohn. Der Unternehmer ist in diesem Fall, im Gegensatz zum üblichen Begriff im Werkvertragsrecht, derjenige, der das Werk erstellt. Die Fälligkeit der Vergütung des Werkvertrags tritt mit der Abnahme des Werkes ein. Soweit nicht anders vereinbart – üblich sind Abschlagszahlungen nach Baufortschritt – tritt der Unternehmer mit der Erstellung des Werkes in Vorleistung.

Für den Abschluss eines Bauvertrages bestehen nach deutschen Recht keine Formvorschriften. So können Sie ihn nur mündlich oder durch schlüssiges Verhalten (Konkludenz) abschließen. Anders ist es, wenn der Bauvertrag mit dem Verkauf eines Grundstücks eine Einheit bildet. Dann muss eine notarielle Beurkundung erfolgen.

Keine Formvorschriften

Liegt ein Mangel vor, haben Sie folgende Rechte:

- Sie können Nacherfüllung,
- nach Wahl des Unternehmers Mangelbeseitigung oder
- Neuherstellung verlangen.

Reagiert der Unternehmer nicht nach Ablauf einer schriftlich gesetzten Frist, dürfen Sie den Mangel selbst vornehmen (oder ausführen lassen) und Ersatz für den dafür notwendigen Aufwand verlangen. Unter bestimmten Voraussetzungen können Sie aber auch vom Vertrag zurücktreten, die Vergütung mindern bzw. Schadensersatz oder den Ersatz vergeblicher Aufwendungen verlangen.

Sicherheit für geschuldeten Werklohn

Nach dem Gesetz kann der Unternehmer aber auch von Ihnen als Besteller eine Sicherheit für geschuldeten Werklohn verlangen. Dies steht Ihnen umgekehrt ebenso für die vertragsgerechte oder termingerechte Ausführung der vereinbarten Leistung zu. Denkbar ist, dass ein Teil des Werklohnes für die Dauer der Verjährungsfrist für Mängelansprüche einbehalten oder durch eine Bankbürgschaft abgedeckt wird.

Der Vertrag nach der Vergabe- und Vertragsordnung für Bauleistungen (VOB)

Text auf CD-ROM

Etwas anders sieht es dagegen aus, wenn die VOB (→CD-ROM) vereinbart wird. In diesem Fall werden die Vorschriften des Werkvertragsrechts in vielen Bereichen durch die in der VOB enthaltenen Regelungen ersetzt. Ursprünglich war sie für den öffentlichen Baubereich gedacht, doch auch Sie als privater Bauherr haben die Möglichkeit, mit Ihren Auftragnehmern die Bestimmungen der VOB zu vereinbaren. Wichtig zu wissen ist aber, dass ein Vertrag nach VOB nur durch ausdrückliche Vereinbarung zu Stande kommt.
Die VOB Ausgabe 2006 besteht aus drei Teilen:

Bestimmungen der VOB

Teil A „Allgemeine Bestimmungen für die Vergabe von Bauleistungen“ (VOB/ A): Diese sind bei der Ausschreibung von Bauaufträgen durch öffentliche Auftraggeber zu beachten.

Teil B „Allgemeine Vertragsbedingungen für die Ausführung von Bauleistungen" (VOB/ B): Es handelt sich um allgemeine Vertragsbedingungen für Bauverträge. Sie wurden für die Regelung spezifischer Probleme, die im BGB nicht definiert sind, geschaffen. Von öffentlichen Auftraggebern wird die VOB/ B Betragsbestandteil, für private Vertragsparteien kann Sie vereinbart werden.

Teil C „Allgemeine Technische Vertragsbedingungen für Bauleistungen" (VOB/ C): Diese enthält eine Sammlung von Allgemeinen Technischen Vertragsbedingungen (ATV), die gleichzeitig als DIN-Norm herausgegeben sind. Es gibt dazu die DIN 18299 (Allgemeine Regelungen für Bauarbeiten jeder Art) als allgemeine Norm und eine Vielzahl spezieller Regelungen für einzelne Gewerke, die sowohl als DIN wie auch als europäische Norm DIN EN oder EN geführt werden. Schwerpunkt der einzelnen ATV sind technische Vorschriften, wie einzelne Gewerke auszuführen sind. Weiter sind Regelungen über die Art und Weise der Leistungsabrechnung enthalten.

Vereinbaren Sie bei privaten Bauvorhaben einen VOB-Vertrag, wird damit verdeutlicht, dass kein BGB-Vertrag geschlossen wird. Sicher stellen Sie sich jetzt die Frage, ob ein BGB- oder VOB-Vertrag für Sie günstiger ist? Eine sichere Antwort ist nicht möglich. Denn zum einen stellt die VOB ein Regelwerk dar, das auf die besonderen Verhältnisse am Bau besser zugeschnitten ist als die Bestimmungen des BGB. Zum anderen werden mit der VOB höhere Anforderungen gestellt.

Kürzere Fristen

Für Sie als privaten Bauherren stellt die VOB einen gewissen Nachteil durch kürzere Gewährleistungsfristen als nach dem BGB dar. Denn nach VOB verjähren diese bereits nach vier Jahren, beim BGB nach fünf Jahren. Achten Sie auch darauf, dass die nach VOB „fiktive Abnahme" eingehalten wird. Danach gilt die Abnahme in bestimmten Fällen als erfolgt, wenn der Bauherr zwölf Werktage verstreichen lässt, nachdem ihm vom Unternehmer die Fertigstellung der Arbeiten schriftlich mitgeteilt wurde. Hier liegt für Sie wegen der weit reichenden rechtlichen Konsequenzen der Abnahme ein gewisses Risiko.

n-tv TIPP

Achtung Fallstrick Frist

Wenn der Auftragnehmer bei VOB-Vertragsrecht Ihnen schriftlich die Fertigstellung seiner Leistung mitteilt, haben Sie nur zwölf Werktage Zeit, um mögliche Mängel geltend zu machen.
Grundsätzlich müssen Sie als Bauherr sich entscheiden, welches Vertragsrecht Sie vereinbaren möchten. Haben Sie einen Berater oder Architekten, der sich in der VOB gut auskennt, ist das sicher kein Problem. Lassen Sie sich grundsätzlich immer, bevor Sie eine Entscheidung treffen, von neutraler Seite beraten.
Lassen Sie sich auch nicht von der Behauptung irritieren, die VOB wäre Gewohnheitsrecht am Bau. Das ist für Sie als privater Bauherr unzutreffend. Die VOB kommt grundsätzlich erst dann zur Anwendung, wenn beide Parteien sich dafür ausdrücklich entscheiden. Daraus ergibt sich aber auch, dass immer dann, wenn die VOB nicht vereinbart wurde, das Recht nach BGB gilt.

Nehmen Sie Ihren Bau ab

Unterstützung eines Bausachverständigen

Die Bauabnahme ist ein vielfach unterschätzter Bestandteil des Bauvertrages. Nehmen Sie sich dafür viel Zeit und – falls Sie unsicher sind – die Unterstützung eines Bausachverständigen zu Hilfe. Denn durch die förmliche Abnahme erklären Sie gegenüber Ihrem Bauunternehmer oder Handwerker, dass Sie mit der erbrachten Leistung einverstanden sind.
Haben Sie einmal das Abnahmeprotokoll unterzeichnet und sind darin keine Mängel festgestellt, haben Sie bei späteren Problemen in rechtlicher Hinsicht schlechte Karten. Als Bauherr sind Sie zwar zur Abnahme verpflichtet, allerdings müssen dazu die vereinbarten Bauleistungen komplett und ordnungsgemäß erbracht worden sein. Sie müssen auch dann die Bauabnahme durchführen, wenn noch geringfügige Mängel vorliegen. Anders bei wesentlichen Mängeln – wenn beispielsweise ein Fenster an der falschen Stelle eingebaut oder Bedenken zu statisch tragenden

Bauteilen bestehen. Dann können Sie die förmliche Abnahme verweigern, bis die Mängel behoben sind.

n-tv TIPP

Abnahme verweigern

Rechtlich zählt die Abnahme zu einer Hauptpflicht des Bauherren. Verweigern Sie diese unberechtigt, kann man Sie auf Abnahme oder Zahlung einer Vergütung verklagen.

Verjährung der Gewährleistungsansprüche

Wie wichtig die Bauabnahme für alle am Bau beteiligten ist, wird durch ihre rechtliche Wirkung deutlich. Ist die Abnahme erfolgt, wird die noch ausstehende Vergütung fällig. Wurden Abschlagszahlungen geleistet, wird mit erfolgter Abnahme die Schlussrechnung fällig. Als Bauherr verlieren Sie mit der Abnahme Ihren ursprünglichen Erfüllungsanspruch aus dem Bauvertrag und Ihnen stehen jetzt nur noch Nachbesserungs- und Gewährleistungsansprüche zu. Doch dafür müssen bestimmte Voraussetzungen erfüllt sein. Insofern ist Ihre Rechtsposition ab jetzt vermindert. Eine Verjährung der Gewährleistungsansprüche beginnt mit Unterzeichnung der Abnahme. Dazu müssen Sie wissen, dass es nicht darauf ankommt, ob die Mängel zum Zeitpunkt der Abnahme bereits erkennbar waren. Mit der Abnahme findet auch der Gefahrenübergang statt. Bisher hatten der ausführende Unternehmer, Ihr Architekt oder der Fertighaushersteller die Gefahr des sogenannten zufälligen Untergangs oder die Verschlechterung des Bauwerks zu tragen. Nach der Abnahme geht das Risiko an Sie als Bauherr über.

Umkehr der Beweislast

Ein für Sie sehr wichtiger Punkt ist die Umkehr der Beweislast. Bis zur Abnahme hat der ausführende Unternehmer zu beweisen, dass seine vereinbarten Leistungen vertragsgemäß erbracht wurden. Die Beweislast der ordnungsgemäßen Ausführung lag damit beim Unternehmer. Nach erfolgter Abnahme hingegen ist es Ihre Aufgabe nachzuweisen, dass eine Leistung nicht vertragsgemäß erbracht wurde. Das kann in der Praxis für Sie nicht immer einfach sein. Bei einer rechtlichen Auseinandersetzung kann für Sie als Bauherr, sollte es Ihnen nicht gelingen, den Beweis für einen

Baumangel zu erbringen, aufgrund dieser Regelung die Klage abgewiesen werden.

Verlust des Gewährleistungsanspruchs

Vorsicht ist auch dann geboten, wenn Ihnen bei der Abnahme ein Baumangel bekannt war und Sie trotzdem die Abnahme vorgenommen haben. Denn Sie verlieren Ihren Gewährleistungsanspruch dann, wenn Sie nicht einen Rechtsbehalt angemeldet haben. Das gilt auch sinngemäß für vereinbarte Vertragsstrafen.

Das Abnahmeprotokoll

Gründliche Vorbereitung

Bereiten Sie sich für eine Bauabnahme gründlich vor und überhasten Sie nichts. Da Sie Ihren Hausbau bisher immer schon begleitet haben, wissen Sie genau, wo eventuelle Mängel sein könnten. Nehmen Sie trotzdem vor dem vereinbarten Abnahmetermin Ihre Baustelle noch einmal gründlich in Augenschein. Vergleichen Sie dabei das Leistungsverzeichnis und andere Vereinbarungen mit den fertig gestellten Leistungen. Zum Abnahmetermin lassen Sie sich von Ihrem Architekten, einer Person Ihres Vertrauens als Zeugen oder einem Sachverständigen begleiten. Damit gehen Sie sicher, auch keine Schwachstelle zu übersehen. Führen Sie eine Abnahme immer nur bei Tageslicht durch und nehmen Sie vorsichtshalber immer eine stark leuchtende Taschenlampe mit.

Abnahmeform

Die eigentliche Abnahme kann in unterschiedlicher Form erfolgen. Zu Ihrer Sicherheit sollte dies aber in jedem Fall eine förmliche Abnahme sein. Bei dieser findet eine gemeinsame Begehung mit dem Bauunternehmer (Fertighaushersteller) oder seinem offiziellen Vertreter und Ihnen als Bauherren statt. In einem Protokoll werden dazu alle festgestellten oder von Ihnen gerügten Mängel schriftlich festgehalten. Es wird abschließend von allen Beteiligten unterschrieben.

Abnahmeprotokoll

Ihr Abnahmeprotokoll sollte formal folgende Punkte enthalten:

- Ort, Datum und Uhrzeit des Abnahmetermins,
- Name und Vorname aller anwesenden Personen mit Angabe deren Funktion (Bauleiter, Architekt, Bauherr usw.),
- genaue Bezeichnung und Lage der entdeckten Mängel mit Angabe in welchem Geschoss und Raum,
- eine Erklärung, ob die Abnahme vom Bauherren erklärt oder verweigert wird (Sie können aber auch eine Abnahme unter

Vorbehalt der im Protokoll festgehaltenen Mängel vereinbaren, aber immer nur schriftlich),
- falls Sie es als Notwendigkeit betrachten und der Fall eingetreten ist, erklären Sie in der Abnahme, dass Sie sich Ihre Rechte aus der vereinbarten Vertragsstrafe vorbehalten,
- zuletzt noch die Unterschrift aller Beteiligten.

Gewährleistung

Stellen Sie fest, dass einzelne Bereiche oder die gesamte Arbeit nicht wie im Vertrag vereinbart erbracht wurde, stehen Ihnen Gewährleistungsrechte zu. Zur Durchsetzung benötigen Sie dafür eine Rechtsberatung bzw. einen Rechtsanwalt für Baurecht.

Anspruch auf Nacherfüllung

Hat der Unternehmer mangelhaft gearbeitet, steht Ihnen als Bauherrn zunächst ein Anspruch auf Nacherfüllung zu. Wie diese Nacherfüllung vorgenommen wird, ist Sache des Unternehmers. Er selbst kann hier frei zwischen einer Nachbesserung oder einer Neuherstellung wählen. Sollten dafür Kosten anfallen, sind diese allein vom Unternehmer zu tragen.

Falls der Unternehmer seiner Verpflichtung zur Nacherfüllung nicht nachkommt, können Sie weitergehende Ansprüche nach Ablauf einer vorher schriftlich mitgeteilten Frist stellen. Diese schriftliche Mitteilung übergeben Sie nicht einfach, sondern senden Sie förmlich per Einschreiben mit Rückschein an die Adresse des Unternehmers. So haben Sie im Streitfall immer den Beleg der Zustellung, was bei einfachen Einschreiben oder E-Mails nicht der Fall ist.

Ist die angesetzte Frist ohne Ergebnis abgelaufen, haben Sie die Wahl zwischen folgenden Ansprüchen:

Selbstvornahme mit Aufwendungsersatz

Bei einer Selbstvornahme mit Aufwendungsersatz dürfen Sie einen anderen Unternehmer, der die entsprechende fachliche Voraussetzung mitbringt, mit der Mängelbeseitigung beauftragen. Seine Kosten kann dieser dann im Wege des Aufwendungsersatzes vom ursprünglichen Unternehmer ersetzt verlangen. Um nicht in Vorleistung zu treten, können Sie sogar einen Vorschuss der voraussichtlich entstehenden Kosten fordern.

Sie können aber auch, sind die Mängel unerheblich, vom Vertrag zurücktreten. Das hat eine Rückabwicklung des Vertrages zur Folge.

Minderung

Vom ausführenden Unternehmer können Sie aber auch eine Minderung einfordern. Es handelt sich dabei um den Betrag, der dem durch den festgestellten Mangel verursachten Minderwert des Bauwerks entspricht.

Diese drei Ansprüche setzen kein Verschulden des Auftragnehmers voraus. Geltend machen können Sie diese, wenn Sie den Nachweis eines Baumangels erbringen. Im Gewährleistungsfall kommt es nicht darauf an, wie und warum ein Fehler festgestellt wurde, sondern es genügt allein der Nachweis eines Fehlers.

Achtung Fertighauskeller

Dieser Zusammenhang ist im umgekehrten Sinne wichtig für Sie, wenn Sie ein Fertighaus bauen. Da die meisten Fertighaushersteller grundsätzlich Ihren Lieferumfang ab Oberkante Kellerdecke bzw. Bodenplatte definieren, sind Sie als Bauherr für die zeitliche und fachliche Fertigstellung verantwortlich. Dazu übergibt Ihnen der Fertighaushersteller nach Vertragsabschluss einen Plan, der genau vermaßt alle Aussparungen und Anschlussdetails zur Montage seines zu liefernden Haustyps enthält. Werden diese Angaben nicht eingehalten oder wird der Keller bzw. die Bodenplatte nicht zum vereinbarten Termin fertig (Beton muss z. B. noch abbinden, bis er belastet werden kann), kann der Fertighaushersteller auf die vorher im Vertrag festgelegten Maßnahmen zurückgreifen. Selbst dann, wenn Sie einen vom Haushersteller empfohlenen Kellerbauer beauftragt haben, liegt hier das Risiko bei Ihnen.

n-tv TIPP

Schadenersatz

Sie hatten in Ihrem Leistungsverzeichnis festgelegt, dass Ihr Haus als Niedrigenergiehaus gemäß der EnEV ausgeführt werden soll. Nun stellen Sie fest, dass die eingebaute Wärmedämmung nicht ausreicht, um die festgelegten Werte erreichen zu können. Aus diesem Grund sind die Raumtemperaturen zu niedrig. Sie können den Bauunternehmer nicht nur zur Beseitigung des Mangels auffordern, sondern auch Schadenersatz verlangen.

Anspruch auf Schadenersatz

Sie haben aber auch in bestimmten Fällen Anspruch auf Schadenersatz. Dieser reicht inhaltlich weiter als die anderen Gewährleistungsansprüche. Er unterscheidet sich aber auch in seinen Anforderungen wesentlich von den anderen Ansprüchen. Denn um Schadenersatz geltend zu machen, müssen Sie ein Verschulden des Unternehmers nachweisen können. Es reicht nicht aus, lediglich einen Mangelnachweis zu führen, Sie müssen auch die daraus entstandenen Folgen belegen können.

Verjährung

Alle Gewährleistungsansprüche aus einem BGB-Vertrag verjähren nach fünf Jahren ab dem Zeitpunkt der Bauabnahme. Vermerken Sie sich deshalb unbedingt diesen Termin, am besten in Ihrem Terminkalender oder PC und Ihren Vertragsunterlagen. Rund vier Wochen vor Ablauf dieser Verjährungsfrist nehmen Sie eine Begehung mit Ihrem Architekten oder einem Sachverständigen vor. Stellen Sie Mängel fest, fotografieren Sie diese und halten Sie sie in einem Begehungsprotokoll fest. Senden Sie einen eingeschriebenen Brief mit Rückschein mit der Protokollkopie und einer Aufforderung zur Nachbesserung mit Fristsetzung dem seinerzeit ausführenden Unternehmen zu.

Hatten Sie einen Vertrag nach VOB vereinbart, verjähren Ihre Gewährleistungsansprüche früher, nämlich innerhalb von vier Jahren. Nach der VOB gibt es nur die Mängelbeseitigung (§ 13 VOB), die Minderung und den Schadenersatz als Gewährleistungsanspruch. Minderung können Sie hier nur verlangen, wenn die Schadensbeseitigung im konkreten Einzelfall nicht möglich oder nur mit unverhältnismäßig hohem Aufwand durchführbar ist.

✓ RECHTSCHECK

Was sollte ein Bauvertrag beinhalten?

Formular auf CD-ROM

Interessenvertretungen der Bauindustrie bzw. des Bauhandwerks stellen ihren Mitgliedern häufig vorgedruckte Musterverträge zur Verfügung. Sie können davon ausgehen, dass diese rechtlich einwandfrei sind, jedoch kaum zu Ihren Gunsten verfasst wurden. Auf nachfolgende Punkte sollten Sie beim Abschluss von Bauverträgen achten, damit Sie nicht benachteiligt werden.

Darauf sollten Sie beim Vertrag achten:

❶ Der Vertragsgegenstand muss genau beschrieben und eindeutig bezeichnet werden ☐

- Beispielsweise: „Ausführung des Erdaushubs mit Lagerung und Abtransport sowie Verfüllung der Baugrube nach Fertigstellung des Rohbaues für ein Einfamilienhaus“

❷ Nennung der wichtigsten Vertragsbestandteile in der Reihenfolge ihrer Anwendung ☐

- Genaue Leistungsbeschreibung mit entsprechend zugehörigen Plänen, Zeichnungen (evtl. Detailzeichnungen), statische Berechnungen und dem Nachweis nach der EnEV
- Angebot des Bauunternehmers
- Festlegen der Vertragsbasis BGB oder VOB

❸ Festlegen der Vertragsart Leistungs- oder Pauschalvertrag ☐

- Die im Leistungsverzeichnis des Unternehmers genannten Preise für Material und Lohn sollten Festpreise sein.
- Prüfen Sie, ob nicht eine sogenannte Preisgleitklausel eingebaut ist.

❹ Vergütungsbestimmungen sollten die Abrechnung der erbrachten Leistungen regeln ☐

- Der Unternehmer sollte vergütungspflichtige zusätzliche Leistungen nur nach vorheriger schriftlicher Anmeldung ausführen dürfen. Für einen solchen Fall sollte unbedingt ein Nachtragsangebot vorgelegt werden müssen.
- Alle Maßnahmen, die den vereinbarten Leistungsumfang ändern, sollten nur mit schriftlicher Genehmigung des Bauherren durchgeführt werden dürfen.
- Für nachträglich veranlasste Maßnahmen bzw. Änderungen sollten die im Bauvertrag vereinbarten Preise für Material und Lohn zu Grunde gelegt werden.

❺ Verpflichten Sie den Auftragnehmer, nur Baustoffe und Bauteile einzubauen, die er vollständig bezahlt hat und nicht durch Rechte Dritter belastet sind ☐

- Sonst kann es passieren, dass Sie bei Insolvenz des Auftragnehmers diese Teile nochmals zahlen müssen.

❻ Die Einrichtung der Baustelle sollte im Gesamtpreis enthalten sein oder Sie sollten dafür einen Festbetrag fixieren ☐

- Alle notwendigen und vorgeschriebenen Sicherheitsvorkehrungen gegen Sach- und Personenschäden sollten vom Auftragnehmer eingehalten werden.
- Dies umfasst auch alle Maßnahmen, die zur Verkehrssicherung notwendig sind, wie Absperrungen, Beleuchtung, Gerüste, Geländer, Sicherheitsschalung für die Baugrube usw.

❼ Legen Sie eine Ausführungsfrist fest, der Zeitraum in dem die vom Auftragnehmer zu erbringenden Leistungen erbracht werden müssen, sollte schriftlich fixiert sein. ☐

- Sie können dabei ein bestimmtes Datum festschreiben oder eine bestimmte Zeitdauer in Werktagen. Nehmen Sie keine ungenauen Formulierungen vor, sondern beispielsweise Baubeginn soundsoviele Werktage nach Vorlage der Baugenehmigung.
- Sinnvoll ist zudem, eine Vertragsstrafe zu vereinbaren, die fällig wird, wenn die Frist nicht eingehalten wird.

❽ Förmliche Abnahme vereinbaren ☐

- Für die Abnahme einzelner Leistungen oder der Gesamtleistung sollte ein Protokoll erstellt werden, das von beiden Vertragspartnern abzuzeichnen ist.
- Verpflichten Sie den Auftragnehmer dazu, Sie frühzeitig über eine vorläufige Abnahme zu informieren. Denn werden z. B. Leitungsrohre in der Wand verlegt, sind diese im eingebauten Zustand fast nicht zu kontrollieren.

❾ Gewährleistung nach den gesetzlichen Regeln vereinbaren und darauf achten, dass die fünfjährige Gewährleistungsfrist nicht ausgehebelt wird ☐

- Auch wenn Sie einen Vertrag nach VOB/ B vereinbaren, lässt sich die dort kürzere Verjährungsfrist von vier Jahren unproblematisch auf fünf Jahre verlängern, wenn beide Parteien sich darauf einigen.

❿ Bestehen Sie bei zusätzlichen Stundenlohnarbeiten darauf, dass diese nur mit einem schriftlichen Auftrag durchgeführt werden dürfen. ☐

- Dabei legt der Ausführende Ihrem Architekten oder Bauleiter täglich Nachweiszettel zur Abzeichnung vor, aus denen die geleisteten Stunden und die ausgeführten Arbeiten hervorgehen.
- Haben Sie einen Leistungsvertrag abgeschlossen, werden bei Abschluss die Einzelheiten des Aufmaßes im Vertrag mit geregelt. Wichtig ist, dass verdeckt eingebaute Teile rechtzeitig aufgemessen werden.

⓫ Zahlungen regeln ☐

- Normalerweise wird entsprechend den gesetzlichen Regelungen bei Bauverträgen vereinbart, dass der Bauherr bestimmte Abschlagszahlungen zu leisten hat.
- Wichtig ist, dass diese Zahlungen nur entsprechend dem Baufortschritt fällig werden.
- Es kommt darauf an, dass Ihre Zahlungen dem tatsächlich erbrachten Leistungsstand entsprechen.
- Zahlen Sie sicherheitshalber nie mehr, als an Leistungen erbracht wurde.

⓬ Vereinbaren Sie unbedingt einen Sicherheitseinbehalt vom jeweiligen Rechnungsbetrag ☐

- Üblich sind etwa fünf Prozent.
- Mit diesem Einbehalt sichern Sie sich den Ausgleich für etwaige Ansprüche aus dem Bauvertrag. Das bezieht sich in erster Linie auf Gewährleistungsansprüche, die zumindest in der Höhe des Einbehalts gesichert sind.
- Der eingehaltene Betrag wird nach Ablauf der Gewährleistungsfrist und entsprechender Aufforderung durch den Handwerker an ihn ausbezahlt.

Das müssen Sie tun:
Prüfen Sie jeden Vertragstext vor Unterzeichnung sorgfältig oder lassen Sie sich von unabhängigen Dritten dazu beraten. Empfehlenswert ist es, einen in Bauangelegenheiten erfahrenen Rechtsanwalt damit zu beauftragen, denn seine Kosten sind niedriger als eventuell im Bauvertrag versteckte Risiken, die Sie als Laie nicht erkennen können.

Bauen oder Basteln? – Kosten sparen durch Eigenleistung

Die Mithilfe von Familienangehörigen, Freunden oder Arbeitskollegen sowie die Leistungen des Bauherren beim Hausbau können zu einer spürbaren Entlastung des Finanzrahmens führen. Doch prüfen Sie frühzeitig, ob alle Beteiligten im Stande sind, die Leistungen auch wirklich zu erbringen.

Entlastung des Baubudgets durch Selbsthilfe

Selbsthilfe

Unter Eigenleistungen versteht man im rechtlichen Sinne Arbeiten, die durch den Bauherrn oder dessen Familienangehörige und Freunde erbracht werden und deshalb nicht zum Aufgabenbereich des Bauunternehmers bzw. Bauträgers gehören. Die auch als Selbsthilfe bezeichnete Eigenleistung kann zu einer spürbaren Entlastung des Baubudgets führen.

Wert der Eigenleistung

Da der Wert der Eigenleistung als Eigenmittel im Rahmen der Finanzierung anerkannt wird, sind diese häufig im Finanzplan ein bedeutender Faktor. Deshalb ist es wichtig, sollten Sie bei Ihrer Finanzierung einen Posten Eigenleistung festgeschrieben haben, diese Leistung auch wirklich auszuführen bzw. ausführen zu können. Leider ist es so, dass viele Bauherren bezüglich der von ihnen übernommenen Bauleistungen zu einer gewissen Selbstüberschätzung neigen. Dabei ist die Eigenleistung für Bauherren mit einer schwachen Eigenkapitaldecke oft der einzige Weg zum persönlichen Wohneigentum. Normalerweise wird nicht das gesamte Haus in Eigenleistung gebaut. Denn Selbsthilfe sollte eigentlich nur so umfangreich sein, wie sie dem Bauherren zur Verbesserung seiner Finanzierung dient.

n-tv TIPP

Vorleistung prüfen, bevor Sie mit der Eigenleistung beginnen

Mangelhaft erbrachte Vorleistungen beachten

Eigenleistungen können nicht nur zeitlich, sondern auch in Bezug auf Mängel mit den Arbeiten anderer Handwerker in Konflikt kommen. Achten Sie deshalb unbedingt darauf, dass Sie durch Ihre Eigenleistung nicht andere Leistungen am Bau Beteiligter behindern oder verzögern. Besonders bei Bauträgern oder Fertig- bzw. Systemhauslieferanten sind Sie verpflichtet, die Arbeiten der Unternehmer, auf deren Grundlage Sie Ihre Eigenleistung ausführen, sorgfältig zu prüfen. Sollten Sie dann auf der Basis der mangelhaft erbrachten Vorleistungen Ihre Eigenleistung erstellen, liefern Sie stichhaltige Argumente, mit denen Ansprüche wegen mangelhafter Vorarbeiten abgelehnt werden können.
Rohbauarbeiten sollten nur durchgeführt werden, wenn ein Handwerker auf der Baustelle anwesend ist und dieser zur Selbsthilfegruppe gehört.

Eigenleistungen exakt fixieren

Wenn Sie mit einem Bauträger arbeiten, sich ein Fertighaus als sogenanntes Bausatzhaus kaufen oder mit einem Hausbausatz bauen, müssen Sie Ihre Eigenleistungen exakt und detailliert im Vertrag festhalten. Auch die Auswirkungen der von Ihnen erbrachten Eigenleistungen auf den Kaufpreis (Festpreis) müssen benannt werden. Sonst kann es geschehen, dass Sie bei nachträglichen

Verhandlungen bezüglich der Eigenleistung über den Wert dieser Leistungen feilschen müssen und Aufschläge auf den Festpreis riskieren. Es kommt durchaus vor, dass noch nicht ausgeführte Eigenleistungen als Vorwand gegenüber dem Bauherren benutzt werden, um Fertigstellungstermine nicht einhalten zu müssen.

Bei der Planung von Eigenleistungen am Bau sollten Sie immer versuchen, Ihre Möglichkeiten realistisch einzuschätzen, sonst besteht das Risiko, dass teure Zusatzkosten entstehen.

Gehen Sie auf Nummer sicher

Ausfall der Mithilfe

Wenn Familienangehörige oder gute Freunde Ihnen beim günstigen bauen helfen wollen, vergewissern Sie sich unbedingt vorher, dass diese Hilfe auch real erbracht werden kann und dann auch erbracht wird. Denn wenn Sie plötzlich die für Ihren Hausbau schriftlich fixierte Leistung wegen des Ausfalls der zugesagten Mithilfe nicht mehr erbringen können, sind allein Sie als Bauherr dafür verantwortlich. Deshalb gilt für Eigenleistungen: Überschätzen Sie niemals Ihre realen handwerklichen Möglichkeiten und die Ihrer Helfer.

Schwarzarbeit

Schwarzarbeit scheint dabei für manche Bauherren ein gangbarer Ausweg, um besonders günstig zu bauen. Diese Leistungsart ist verboten, Sie machen sich dadurch nach dem Gesetz strafbar und bekommen Probleme mit dem Finanzamt. Zudem haben Sie keine Möglichkeit, solche Leistungen gegenüber Ihrem Finanzgeber und dem Finanzamt zu belegen. Außerdem lassen sich Ansprüche aus fehlerhaften Leistungen, sogenannte Gewährleistungen, gerichtlich nicht durchsetzen, da Sie diese nicht belegen können.

Kosten reduzieren durch Gemeinschaftshilfe

Gemeinschaftshilfe

Normalerweise arbeitet jeder für sein eigenes Haus. Es lohnt sich aber auch, darüber nachzudenken, mit mehreren Bauherren gemeinsam – in der Nachkriegszeit Deutschlands wurden viele Eigenheime in Nachbarschaftshilfe gebaut, da Eigenkapital kaum vorhanden war – das Haus des jeweils anderen mitzubauen. Diese Art der Zusammenarbeit nennt man auch Gemeinschaftshilfe. So lassen sich in Arbeitsgruppen die meisten Bauarbeiten günstiger herstellen.

n-tv TIPP

Mithilfe unbedingt anmelden

Helfen Ihnen Familienmitglieder, Verwandte, Freunde oder Kollegen beim Hausbau, melden Sie diese unbedingt sofort bei der Berufsgenossenschaft an. Sonst gibt es bei Unfällen Probleme und Sie können mit erheblichen, nicht einkalkulierten finanziellen Forderungen konfrontiert werden.

Verrechnung der Leistung

Aber auch bei der Gemeinschaftshilfe sollten Sie nicht mündlich, sondern immer schriftlich die Leistungsverrechnung festhalten. Es empfiehlt sich, Lohnsätze zu vereinbaren – Sie müssen sich dabei nicht an den realen Löhnen orientieren –, die als Basis der zu erbringenden Leistung bei den jeweils nächsten Baumaßnahmen dienen. Diese Lohnsätze sollten niemals in Geldwert abgegolten werden können, sondern immer nur über Nachbarschaftshilfe. Die Ermittlung der Stunden, deren Kontrolle, Verbuchung und gegenseitige Abrechnung bringen oft Komplikationen mit sich, die den Gemeinschaftsgeist gefährden können. Deshalb ist diese Art des Hausbaus nur dann zu empfehlen, wenn Sie ein vertrauensvolles Team zusammenstellen können.
Diese Art des Hausbaus setzt eine gute und durchaus komplexe Organisation voraus, die von fachtechnisch versierten Kräften

geschaffen werden muss. Dies lohnt sich nur bei umfangreichen Baumaßnahmen.

Finger weg vom Basteln

Überschätzen Sie sich nicht

Wenn Sie unbedingt Eigenleistung bei Ihrem Hausbau erbringen wollen oder müssen, um günstig bauen zu können, sollten Sie sich von Anfang an über die damit verbundenen Risiken im Klaren sein. Im Basteln geübt sein – hin und wieder Reparaturen in den eigen vier Wänden durchzuführen oder einen Tisch zusammenbauen zu können – bedeutet noch lange nicht, die körperlich harte Arbeit beim Hausbau oder Ausbau erbringen zu können. Außerdem ist diese Leistung über einen längeren Zeitraum zu erbringen, wodurch der Familienurlaub meist ausfällt. Alle Mitglieder Ihrer Familie müssen sich über die Konsequenzen und Auswirkungen der Eigenleistung auf das Familienleben im Klaren sein und sollten akzeptieren, dass dies nicht alles nur als Hobby betrachtet werden kann. Im rechtlichen Sinne kann es Ihnen passieren, dass Sie im geringsten Fall eine Bauverzögerung riskieren, im schlimmsten Fall kann Ihr gesamtes Bauvorhaben als Bauruine enden. Prüfen Sie Ihr Engagement deshalb eingehend, und lassen Sie einzelne Leistungen, falls Sie Eigenleistung im geplanten Umfang nicht erbringen können, günstig von einem Handwerker ausführen.

Gefahren der Eigenleistung

Doch auch dabei ist Vorsicht geboten: Erkennt der Handwerker, dass Sie eine unsachgemäße Vorleistung erbracht haben, wird er eine Weiterarbeit ablehnen oder unter Vorbehalt und mit erhöhten Preisen die von Ihnen nicht zu erstellende Leistung ausführen. Deshalb ist es in einem solchen Fall sinnvoll, einen Handwerker früh genug zu beauftragen.

n-tv TIPP

Selbstüberschätzung kann teuer werden

Überschätzen Sie Ihre Möglichkeiten nicht. Haben Sie Zweifel, und sind diese auch noch so gering, dass Sie die geforderte Eigenleistung nicht erbringen können, lassen Sie die Finger davon. Vereinbaren Sie nur solche Eigenleistungen, bei denen Sie sich auch sicher sind, diese erbringen zu können.

✓ KOSTENCHECK

Kosten sparen durch Eigenleistungen beim Bauen

Worauf Sie bei der Planung von Eigenleistungen achten sollten

Die folgenden Voraussetzungen sollten Sie unbedingt beachten, damit Sie durch das Einbringen von Eigenleistungen auch den beabsichtigten Effekt der Kosteneinsparung erreichen und nicht durch leichtfertige Überschätzung und Planungsfehler das Gegenteil eintritt.

Formular auf CD-ROM

1. Werden Sie sich über Ihre Ausgangssituation klar:

❶ Bei kompletten Hausbausystemen (auch Hausbaukasten genannt) ist es entsprechend dem Angebot des Herstellers möglich, mehr Eigenleistung zu erbringen.

Diese Frage sollten Sie sich beantworten

Wie viele Stunden Eigenleistung sollten Sie laut Auskunft Ihres Bauunternehmers selbst übernehmen? .... **Stunden**

❷ Eigenleistungen sind vor allem auch von der verfügbaren Zeit abhängig. Deshalb stimmen Sie unbedingt vor Vertragsabschluss die verfügbare Zeit mit Ihrer beruflichen Arbeit ab.

Diese Fragen sollten Sie sich beantworten

Wie viele Stunden Eigenleistung plane ich, selbst in den Hausbau einzubringen? .... **Stunden**

Wie viele Stunden können andere Personen (Freunde, Familienangehörige, Nachbarn etc.) mir beim Hausbau helfen? .... **Stunden**

❸ Normalerweise sollte nicht das gesamte Haus in Eigenleistung gebaut werden. Denn Eigenleistungen sollten nur so umfangreich sein, wie sie dem Bauherren zur Verbesserung seiner Finanzierung dienen.

Diese Frage sollten Sie sich beantworten

Wie viele Stunden Eigenleistung habe ich bei meiner Finanzierung eingeplant? .... **Stunden**

❹ Denken Sie auch an Ihre Gesundheit. Diese kann durch ungewohnte körperliche Arbeiten leicht beeinträchtigt werden. Überschätzen Sie nicht ihre Möglichkeiten, sind Sie oder einer Ihrer Helfer gesundheitlich angeschlagen, müssen Sie im Zweifelsfall die angedachte Leistung reduzieren oder ganz darauf verzichten.

Diese Frage sollten Sie sich beantworten

Wie viele Stunden Eigenleistung kann ich insgesamt höchstens in das Bauprojekt einbringen? .... **Stunden**

Wie viele Stunden müssen von mir insgesamt mindestens in das Bauprojekt eingebracht werden? .... **Stunden**

Wie viele Stunden Eigenleistung können Sie Ihrer Meinung nach realistisch für das Bauprojekt insgesamt einbringen? .... **Stunden**

Das müssen Sie tun:

Wenn Sie diese Checkliste gewissenhaft ausgefüllt haben, können Sie abschätzen, wie viele Stunden Eigenleistung Sie in Ihr Bauprojekt einzubringen planen. Um Baukosten in Höhe von 10.000 € durch Eigenleistung einzusparen, müssen in der Regel 1500 bis 2000 Stunden eingebracht werden. Das bedeutet, mindestens ein Jahr lang werktags 3 bis 4 Stunden und am Wochenende nochmals 10 Stunden für den Hausbau erübrigen zu können.

2. Folgendes sollten Sie bei der Planung Ihrer Eigenleistungen beachten:

❶ Beratung und Planung müssen in den Händen eines erfahrenen Architekten liegen. Gemeinsam mit ihm stellen Sie einen genauen Selbsthilfeplan auf.

Was ist zu tun:

Mit welchem Architekten planen Sie die Selbsthilfe? ....

Wurde ein Selbsthilfeplan erstellt? **nein** ☐ **ja** ☐

❷ Die Ausführungszeichnungen müssen unbedingt auf das Leistungsniveau der Selbsthilfegruppe zugeschnitten sein. Nur festgelegte Typenpläne sollten verwendet werden.

Was ist zu tun:

Sind die Ausführungszeichnungen erstellt? **nein** ☐ **ja** ☐

❸ Auch die anderen Unterlagen wie Massenermittlung und Kostenberechnung, Materialauszüge, Bauteilpläne usw. müssen auf die Eigenleistung zugeschnitten sein.

Was ist zu tun:

Wurden die Baupläne an den Selbsthilfeplan angepasst? **nein** ☐ **ja** ☐

❹ Wird eine Selbsthilfegruppe von mehreren beteiligten Bauherren gebildet, muss eine Arbeitsordnung festgelegt und von allen Beteiligten anerkannt werden.

Was ist zu tun:

Ist eine Arbeitsordnung erstellt worden? **nein** ☐ **ja** ☐

Ist die Arbeitsordnung mit allen Mitwirkenden abgestimmt und von allen akzeptiert worden? **nein** ☐ **ja** ☐

❺ Zumindest eine Person der Gruppe sollte grundlegende Fachkenntnisse besitzen, um Pläne lesen zu können, Materiallisten richtig umzusetzen usw.

Was ist zu tun:
Welche Helfer mit Fachkenntnissen stehen zur Verfügung? ....

❻ Es muss eine fachmännische Beratung, Betreuung und Überwachung bei der Ausführung stattfinden.

Was ist zu tun:
Wer übernimmt die Beratung? ....

Wer übernimmt die Betreuung? ....

Wer übernimmt die Überwachung? ....

❼ Die vom Unternehmer zu erbringenden Leistungen sollten in vollem Umfang nach VOB (Verdingungsordnung für Bauleistungen) ausgeschrieben werden, wobei ein Vorbehalt gemacht wird, bestimmte Leistungen in Eigenleistung zu erbringen.

Was ist zu tun:
Der Eigenleistungsvorbehalt wurde mit dem Bauunternehmer bzw. mit den Handwerkern abgestimmt. Liegt eine schriftliche Zustimmung vor? **nein** ☐ **ja** ☐

❽ Die Nachfolgeleistungen der Handwerker bzw. des Bauunternehmers müssen klar zur Eigenleistung abgegrenzt sein.

Was ist zu tun:

Wurden die Eigenleistungen mit dem Bauunternehmer abgesprochen?	**nein ☐**	**ja ☐**

Das müssen Sie tun:
Wenn Sie diese grundsätzlichen Vorkehrungen getroffen haben, steht Ihren Eigenleistungen beim Bauen eigentlich nichts mehr im Wege. Im nächsten Schritt sollten Sie in Abstimmung mit Ihrem Bauunternehmer bzw. Architekten festhalten, welche Eigenleistungen im Einzelnen von Ihnen geleistet werden können und wie sie sich auf die Gewerke verteilen.

3. Verschaffen Sie sich einen detaillierten Überblick, welche Einsparungen bei Ihrem Bauprojekt möglich sind?

Durch das Einbringen von eigenen Arbeitsstunden lassen sich teilweise erheblich Kosten sparen. Die nachfolgende Analyse zeigt Ihnen, in welchen Bereichen Sie einsparen können. Gleichzeitig können Sie in den beiden rechten Spalten Ihre persönlichen Eigenleistungen und die erzielte Einsparung individuell planen.

Arbeiten / Gewerke	Eigenanteil möglich	Fremdleistung Fachbetrieb, Architekt	Geplante Eigenleistung	Erzielte Einsparung
Planung, Baugenehmigung	nein	ja	....	....
Bauleitung	nein	ja	....	....
Bauaushub, Baugrube	ja	ja	....	....
Betonarbeiten	ja	ja	....	....
Tragende Betonteile	nein	ja	....	....
Maurerarbeiten	ja	ja	....	....

Abdichtung im Erdreich	ja	ja	....	....
Gerüstbau	nein	ja	....	....
Putz, Trockenbau	ja	ja	....	....
Innenausbau	ja	ja	....	....
Abwasserleitungen im Erdreich und Gebäude	ja	ja	....	....
Druckleitungen (Gas, Wasser)	nein	ja	....	....
Elektroinstallation	nein	ja	....	....
Zimmererarbeiten, Dachstuhl	nein	ja	....	....
Dacheindeckung mit Dachsteinen, Dachziegeln	ja	ja	....	....
Dacheindeckung mit Schweißbahnen, Kunststoffdachbahnen	nein	ja	....	....
Dacheindeckung Schiefer, Reet, Stroh, Holzschindeln	nein	ja	....	....
Dachbegrünung	nein	ja	....	....
Blitzschutz	nein	ja	....	....
Abdichtung im Erdreich gegen Druckwasser	nein	ja	....	....
Fotovoltaik	nein	ja	....	....

Einbau Wärmedämmung	ja	ja	....	....
Wärmedämm-Verbundsysteme	nein	ja	....	....
Vorhangfassade	nein	ja	....	....
Verblendmauerwerk	ja	ja	....	....
Sanitäreinrichtungen	ja	ja	....	....
Heizungsanlage einschl. Tanklagerraum bzw. Erdtank	nein	ja	....	....
Fenster (inkl. Glas und Rollladen)	nein	ja	....	....
Sonnenschutz	nein	ja	....	....
Schreinerarbeiten	ja	ja	....	....
Einbau Türen, Tore	ja	ja	....	....
Estrichverlegung	nein	ja	....	....
Bodenbeläge	ja	ja	....	....
Fliesenarbeiten	ja	ja	....	....
Malerarbeiten	ja	ja	....	....
Treppenbau	nein	ja	....	....
Schlosserarbeiten	ja	ja	....	....

Klempnerarbeiten	nein	ja	....	....
Dachrinnenverlegung	ja	ja	....	....
Verlegung von Abluftleitungen	ja	ja	....	....
Verlegung von Fertigteilen	nein	ja	....	....
Nachträglicher Dachausbau	ja	ja	....	....

Summe der in Eigenleistung zu erbringenden Arbeiten insgesamt ....

Das müssen Sie tun:
Mit Eigenleistungen lassen sich Kosten in der Größenordnung zwischen 10 und bis zu 70 Prozent bei den einzelnen Gewerken einsparen. Bedingung dafür ist, dass Sie ein gewisses Maß an Fachkenntnis und das notwendige Handwerkszeug mitbringen. Die Tabelle zeigt Ihnen, welche Leistungen nur durch einen Fachmann erbracht werden dürfen/ sollen und wo Sie selbst mit Hand anlegen und bares Geld sparen können.

So könnte Ihre Aufstellung über die Eigenleistungen, die Sie erbringen wollen, aussehen:

Arbeiten / Gewerke	Eigenanteil möglich	Fremdleistung Fachbetrieb, Architekt	Geplante Eigenleistung	Erzielte Einsparung
Bauaushub, Baugrube	ja	ja	20 Std.	ca. 230 €
Maurerarbeiten	ja	ja	100 Std.	ca. 1150 €
Putz, Trockenbau	ja	ja	200 Std.	ca. 2000 €

Innenausbau	ja	ja	50 Std.	ca. 575 €
Einbau Wärmedämmung	ja	ja	50 Std.	ca. 570 €
Sanitäreinrichtung	ja	ja	40 Std.	ca. 460 €
Schreinerarbeiten	ja	ja	35 Std.	ca. 325 €
Einbau Türen, Tore	ja	ja	15 Std.	ca. 172 €
Bodenbeläge	ja	ja	25 Std.	ca. 250 €
Fliesenarbeiten	ja	ja	100 Std.	ca. 750 €
Malerarbeiten	ja	ja	120 Std.	ca. 800 €
Dachrinnenverlegung	ja	ja	20 Std.	ca. 230 €

Summe der in Eigenleistung zu erbringenden Arbeiten insgesamt 775 Std./7512 €

Häuser aus dem Katalog – Träume, die man sich leisten kann

In diesem Kapitel erfahren Sie, welche unterschiedlichen Möglichkeiten es gibt, mit einem Haus aus dem Katalog kostengünstig und modern zu bauen, und welche Besonderheiten es dabei zu beachten gilt.

Wer die Wahl hat, hat die Qual

Die Art und Weise, wie Sie Ihr Haus günstig bauen wollen, hängt nicht allein von Ihren finanziellen Möglichkeiten ab, sondern auch von Ihrem persönlichen Geschmack. Neben Ihrem individuellen Lebens- und Wohngefühl ist es natürlich auch ausschlaggebend, ob Sie Ihr Haus auch als gut verzinsliche Kapitalanlage betrachten.

Massivhaus oder Fertigbauweise

Nachdem Sie sich in den vorhergehenden Kapiteln in diesem Buch mit der richtigen Vorbereitung und den notwendigen Vorüberlegungen beschäftigt haben, werden Sie spätestens jetzt beginnen, systematisch Hausangebote und deren Grundrisse zu prüfen und zu sammeln, Ihre Fragen und kritischen Anmerkungen zu notieren und mit Ihren Familienmitgliedern zu diskutieren. Nur so können

Sie die Angebote von Maklern, die Vorschläge Ihres Architekten oder die vielfältigen Offerten der Fertighaus- bzw. Typenhauskataloge prüfen. Damit stehen Sie sehr schnell vor der alles entscheidenden Frage, ob Ihr Haus ein günstiges individuell gebautes Massivhaus sein soll oder Sie mit einem Fertighaus besser bedient sind.

Häuser mit Vorfabrikation

Jedes Haus ist eine Einzelanfertigung – ein Unikat –, unabhängig von der Bauweise und Finanzierung. Doch auch Unikate lassen sich günstig bauen. Selbst bei sogenannten Massivhäusern können Sie günstig bauen, wenn Sie viele im Werk vorgefertigte Bauteile und großformatige Baustoffe einsetzen. noch günstiger kann es werden, wenn Sie mit Großbauteilen arbeiten oder ein Haus mit Vorfabrikation aus dem Fertigteilwerk oder dem Fertighauswerk kaufen.

Ein Haus aus der Fabrik – das Fertighaus

Echte Fertighäuser

Ein echtes Fertighaus ist in Deutschland eher unüblich. In Amerika, Australien und anderen Ländern ist es gang und gäbe, ein solches Haus komplett fertig – vom eigentlichen Hauskörper bis hin zu den Gardinen an den bereits verglasten Fenstern – auf einem Transportfahrzeug anzuliefern und vor Ort aufzustellen. Es ist sofort bezugsfertig.

In Deutschland wird dagegen ein meist industriemäßig im Fertighauswerk hergestelltes Gebäude, das beim Hersteller weit gehend vorproduziert wird, als Fertighaus bezeichnet. Auf der Baustelle findet dann der Zusammenbau der vorproduzierten Einzelteile statt. In Größe und Ausstattung gibt es bei Fertighäusern keine Beschränkung, es kommt nur darauf an, welchen Geldbetrag Sie einsetzen wollen.

Vorteile der Fertigbauweise

Solche Häuser bieten Ihnen zwei wesentliche Vorteile:

1. In verhältnismäßig kurzer Zeit können Sie aufgestellt und bezogen werden.
2. Wegen der Liefer- und Festpreisgarantie haben Sie mehr Sicherheit bei der Finanzierung.

Die Baustoffe, die für ein solches Haus verwendet werden, entsprechen in der Regel denen, die auch für ein individuell gebautes

Haus verwendet werden: Holz, Stahl, Beton, Leichtbeton, Aluminium, Kunststoffe, Dämmstoffe, Mauersteine, Glas u. Ä. Auch Fertighäuser müssen baulich genehmigt werden. Den kompletten Eingabeplansatz und die dazugehörige Statik – hier meist eine Typenstatik des jeweiligen Haustyps – liefert Ihnen der Architekt des Herstellers und ist meist im Festpreis enthalten.

Fertighäuser gibt es heute in den unterschiedlichsten Formen und Ausführungen, auch angelehnt an typisch skandinavische Hausformen. In Musterhausausstellungen können Sie sich Ihr Traumhaus aussuchen.

What you see is what you get – das Musterhaus

Auswahl im Musterhauspark

Ihr Fertighaus können Sie aus einem Katalog des Herstellers, auf dessen Internetseiten oder auf einer Musterhausaustellung vor Ort auswählen. Verteilt über ganz Deutschland gibt es zahlreiche Ausstellungsparks oder Musterhäuser bestimmter Produzenten, die besichtigt werden können. Bei den dort gezeigten Haustypen handelt es sich um die gängigsten Fertighäuser der jeweiligen Hersteller. Das passende Haus für Ihr Grundstück finden Sie durch den Vergleich mit den von Ihnen zusammengestellten Daten Ihres Idealplanes.

Vorfertigung im Werk

Von der baulichen Qualität sind heutige Fertighäuser nahezu identisch. Sie werden in einer Holzständerbauweise oder auf Basis von Einzelelementen in modernen Fertigungsanlagen im Werk vorproduziert. Dabei werden die erforderlichen Leitungen für Strom, Gas, Wasser und Abwasser in den Bauteilen installiert und an der Baustelle bei der Montage miteinander verbunden. Holzbalken bilden in der Regel das statisch tragende Gerüst dieser Häuser, ausgerüstet mit einem entsprechenden Holzschutz, der nicht nur vorgeschrieben ist, sondern auch eine lange Lebenserwartung des Hauses sichert. Für Wände werden die Holzbalken beidseitig mit Spanplatten oder Gipsbauplatten verkleidet – der Fachmann spricht von „beplankt" – und im Zwischenraum werden Dämmstoffe eingebracht. Diese sichern den notwendigen Wärme-, Schall- und Brandschutz, wie er entsprechend den Bauvorschriften (Normen, Gesetze, Verordnungen, EnEV u. Ä.) mindestens gefordert wird. Im Einzelfall können Sie mit dem Hersteller über diese Mindestforderungen hinausgehende Werte vereinbaren. Das gilt selbstverständlich auch für die Zwischendecken im Haus und das Dachgeschoss.

n-tv TIPP

Immer eine genaue Baubeschreibung verlangen

Wenn Sie ein Musterhaus besichtigen oder ein Angebot aus dem Katalog einholen, verlangen Sie immer eine exakte Baubeschreibung Ihres Angebotes. Diese Beschreibung ist Basis möglicher Reklamationen.

Die Ausstattung

Grundausstattung und Sonderwünsche

Im Katalog jedes Fertighausherstellers wird beschrieben, welche Ausstattung Ihr Haus in der Grundversion besitzt. Darüber hinaus können Sie vereinbaren, eine andere – meist werden höherwertige Bestandteile ausgesucht – Ausstattung zu erhalten. Auch andere Grundrissformen, eine unterschiedliche Fassadengestaltung, Anbauten, Dachformen u. Ä. sind bei den meisten Herstellern möglich. Bedenken Sie dabei, dass jede Abweichung vom Katalog grundsätzlich den in der Preisliste genannten Preis verändert. Das gilt zum Teil selbst dann, wenn Sie eine geringere Ausstattungsqualität wollen, um beispielsweise Teilbereiche selbst zu erstellen, oder das Dach erst später ausbauen möchten.

n-tv TIPP

Änderung der Ausstattung

Verändern Sie möglichst niemals nach Vertragsunterzeichnung die vereinbarte Ausstattung oder den Grundriss. Selbst die kleinste Veränderung wird in der Regel sehr kostspielig.

Fundament und Keller inklusive?

Alle Anbieter gehen in ihrer Preisliste davon aus, dass Ihr Fertighaus auf einem fertig gestellten Kellergeschoss oder einer fertigen Fundamentplatte vor Ort zu einem festgelegten Zeitpunkt montiert werden kann. Fragen Sie deshalb bei den Verkaufsverhandlungen vorher, ob der Haushersteller auch die Fundamentierung bzw. den Kellerbau mit anbietet. Oft wird das über ein Subunternehmen des Produzenten angeboten. Klären Sie dabei, ob der Haushersteller davon ausgeht, dass die Anschlüsse zur Montage seiner Hauskonstruktion entsprechend seinen Vorgaben fertig sind und passen. Dafür erhalten Sie einen Typenplan, in dem sämtliche für die Hausmontage notwendigen Aussparungen und Anschlüsse enthalten sind. Sollten Sie damit in Verzug geraten, sich die Montage dadurch verzögern oder unmöglich gemacht werden, haften allein Sie für die daraus resultierenden Kosten und Terminverzögerungen. Um das Risiko zu minimieren, sollten Sie deshalb darauf achten, dass der Unternehmer, der den Keller oder die Fundamentplatte in Ihrem Auftrag baut, entsprechende Garantieklauseln in seinem Vertrag hat. Arbeiten Sie niemals „nur mit Handschlag“ oder mündlicher Vereinbarung, sondern allein mit einem schriftlichen Vertrag.

Der Fertighausvertrag

Grundstückskauf abschließen

Sie sind bereits Eigentümer eines Grundstücks oder haben einen Vorvertrag darüber abgeschlossen. Erst jetzt sollten Sie mit Ihrem Fertighaushersteller eine Vereinbarung über die Lieferung eines Fertighauses (Typenhauses, Systemhauses, Hausbaukasten u. Ä.) abschließen. Da der Hauslieferant meist nicht nur die Lieferung der Gebäudeteile, sondern auch die Komplett- oder Teilerrichtung des Gebäudes zusagt, handelt es sich rechtlich um einen Werkvertrag. Im Gegensatz zum Kaufvertrag ergeben sich für Sie hieraus einige Vorteile, beispielsweise in Bezug auf Gewährleistungsansprüche oder Verjährung.

Der Fertighausvertrag muss nicht notariell beurkundet werden, da die Beschaffung des Grundstücks Sache des Bauherren ist. Eine besondere Form ist für den Abschluss eines Fertighausvertrages nicht vorgeschrieben, dennoch sollten Sie zu Ihrer Sicherheit immer auf einen schriftlichen Vertrag bestehen (siehe Seite 142).

Vertrag schriftlich fixieren

n-tv TIPP

Vertrag nur mit Hersteller

Achten Sie bei der Unterzeichnung des Kaufvertrages unbedingt darauf, dass Sie einen Vertrag mit dem Hersteller abschließen. Niemals sollten Sie einen Vermittlervertrag unterzeichnen. Um sicherzugehen, dass bei Bau- und Leistungsbeschreibungen von Bauunternehmern alles in Ordnung ist und keine versteckten Kosten auf Sie zukommen, kann es vor Vertragsunterzeichnung sinnvoll sein und im Zweifelsfall viel Geld und späteren Ärger sparen, wenn Sie die Unterlagen von einem unabhängigen Fachmann prüfen lassen.

Günstiger Bauen mit einem Ausbauhaus

Um einen noch günstigeren Hausbau zu ermöglichen, bieten viele Fertighaushersteller „abgespeckte“ Hausvarianten an, das sogenannte Ausbauhaus. Dabei sind die einzelnen Angebote hierzu sehr unterschiedlich. Sie können zum einen das Haus komplett erwerben, fixieren jedoch in Ihrem Kaufvertrag einzelne Leistungen, die Sie selbst erbringen wollen. Dazu zählt z.B. das Tapezieren, die Verlegung von Fußbodenbelägen oder der Farbanstrich der Hausfassade.

Ausbauhaus

Mehr Leistung müssen Sie erbringen, wenn Sie einzelne Gewerke aus dem Lieferumfang des Hausherstellers herausnehmen. Das kann die komplette Erstellung der Fliesenarbeiten sein, die Verklinkerung Ihrer Hausfassade, die Erstellung aller Fußböden (Unterbau und Belag), der Einbau aller Fenster und Türen oder die komplette Dacheindeckung. In diesem Fall haften Sie für die erbrachten Einzelleistungen und können auch später keine Folge-

Sparen durch Eigenleistung

schäden, die in Zusammenhang mit den von Ihnen erbrachten Gewerken entstanden sind, rechtlich gegen den Haushersteller durchsetzen.

Eigenleistung realistisch einschätzen

Bevor Sie einen Vertrag für ein solches Haus unterschreiben, prüfen Sie bitte genau, ob Sie oder Ihre Familie auch im Stande sind, die fehlende Leistung wirklich zu erbringen. Fehleinschätzungen sind bei solchen Bauvarianten leider häufig anzutreffen. Und sie können im Nachhinein sehr teuer werden, dann wird das vorher angestrebte Ziel, günstig zu bauen, schnell zum Albtraum.

„Schnäppchen" Vorführhaus

Eine wenig bekannte Variante, um günstig ein Fertighaus zu erwerben, ist, ein sogenanntes Musterhaus zu kaufen. Dabei handelt es sich um Gebäude, die in Musterhausausstellungen aufgestellt wurden und dem Publikum zur Besichtigung über einen bestimmten Zeitraum zugänglich sind. Diese Häuser entsprechen den „anerkannten Regeln der Technik", sind allerdings manchmal nicht mit den neuesten Details ausgestattet. Zudem sind sie durch die Besichtigungen einem gewissen Verschleiß ausgesetzt, wie es allerdings bei Häusern normal ist. Beispielsweise sind die Bodenbeläge oft etwas abgelaufen, Wandbeläge verschlissen oder Ausstattungsteile beschädigt wie z. B. eine Toilettenschüssel, das Waschbecken u. Ä.

Gekauft wie gesehen

Daraus ergibt sich dann ein Minderpreis gegenüber dem in der Preisliste für diesen Haustyp ausgewiesenen Neupreis. Ein solches Musterhaus wird normalerweise werkseitig entsorgt. Falls Sie es aber kaufen, wird es so demontiert, dass es sich ohne große Probleme wieder aufstellen lässt. Im Einzelfall, Sie sollten das in Ihrem Kaufvertrag schriftlich festhalten, sind Reparaturen oder Sanierungen fällig. Da Sie das Haus grundsätzlich so übernehmen, wie es als Musterhaus gezeigt wurde, lassen sich große Änderungen am Grundriss oder an der Architektur fast nie oder nur mit erheblichem finanziellem Aufwand durchführen.

Erheblicher Preisnachlass

Eines jedoch ist sicher: Der Preisabschlag für ein solches Haus kann bis zu 50 Prozent auf den ursprünglich ausgewiesenen Kaufpreis ausmachen und damit für Sie zum echten Schnäppchen werden. Manchmal lohnt sich deshalb ein solcher Hauskauf selbst dann noch, wenn Sie Umbauten vornehmen müssen oder die

Transportkosten selbst tragen. Fragen Sie deshalb auch einmal nach einem Musterhaus, wenn Sie günstig bauen wollen.

n-tv TIPP

Der Kauf eines Musterhauses

Achten Sie beim Kaufvertrag für ein bereits aufgebautes Musterhaus unbedingt darauf, dass sämtliche baulichen Maßnahmen für den Aufbau auf Ihrem Grundstück und die vereinbarte Hausausstattung schriftlich festgehalten werden. Mündliche Vereinbarungen gelten im Streitfall nicht.

Hausausstattung schriftlich festhalten

Beispiel: Wohnhaus der Familie Haug, Fertighaus mit Keller, Wärmerückgewinnung und Solaranlage

Bei diesem Fertighaus wurde nicht nur die Forderung nach günstigem Bauen erfüllt, sondern auch der Energieverbrauch mit moderner Technologie und entsprechend dem Stand der Technik weit gehend gesenkt. Zudem wurde bei der Entwicklung dieses Fertighaustyps Wert auf eine kontrollierte Lüftung mit Wärmerückgewinnung durch eine spezielle Technik des Fertighausherstellers gelegt. Damit können auch alternative Energietechniken wie z.B. Thermosolaranlage oder Wärmepumpentechnik eingesetzt werden.

Die Baubeschreibung für das Fertighaus der Familie Haug sieht folgendermaßen aus (Preisangabe Stand Januar 2007):

Baubeschreibung

Bauweise: Holzständerbauweise
Konstruktion: 240 mm massives Holzfachwerk
Dämmung: 240 mm Mineralfasermatte
Fassade: Vollwärmeschutzfassade, Putz pastellgelb in Kombination mit sägerauer Boden-Deckelschalung in Vanillegelb
U-Wert Wand: 0,17 W/ qmK (Putz) und 0,19 W/ qmK (Holzfassade)
Dach: Vollsparrendämmung mindestens 240 mm
U-Wert Dach: 0,18 W/ qmK, Eindeckung Tonziegel
Innovative Haustechnik: kontrollierte Lüftung mit Wärmerückgewinnung in Kombination mit der „Schwörer-Frischluft-Heizung“, Synergietechnik (patentierte Windsperre in der Au-

ßenwand); Thermo-Solaranlage; die Frischluft-Direktheizung macht eine konventionelle Heizung überflüssig.

Unten Wohnen – oben Schlafen

Grundrisskonzept: kompaktes Raumangebot – größtmöglicher Nutzen. Unten Wohnen – oben Schlafen, mit offenem Raumkonzept im Erdgeschoss, vielen bodentiefen Fensterelementen und einer integrierten Sonneninsel. Von der geräumigen Diele mit praktischer Garderobe gelangt man in den offenen Wohn-/ Ess- / Kochbereich. Die Sonneninsel ist dem Relaxen vorbehalten. Ein Arbeitszimmer links und ein Gäste-WC rechts von der Diele ergänzen das Raumangebot. Dank des hohen Kniestocks von 1,05 m entstehen im Dachgeschoss drei hohe lichtdurchflutete Räume und ein schön proportioniertes Familienbad. Äußere Merkmale neben der Sonneninsel sind die harmonische Fenstergliederung und die schlichte Farbgestaltung in klassischem Rot/ Weiß.

Das Fertighaus mit Sonnenterrasse.

Wohnfläche: Erdgeschoss 69,22 qm
Dachgeschoss: 57,99 qm, Dachneigung 35 Grad und Kniestock 105 cm
Gesamt Wohnfläche: 127,21 qm

Aktionspreis „Zuhause sein" (Stand Januar 2007): Erd- und Dachgeschoss schlüsselfertig:
ab Oberkante Kellerdecke: 160.906 €
Keller dazu passend: 34.167 €

Für dieses Fertighaus finden Sie den kompletten Energiesparnachweis gemäß EnEV auf der dem Buch beiliegenden CD).

Text auf CD-ROM

Günstig Bauen mit einem Hausbaukasten

Wegfall der Löhne

Hersteller von vorgefertigten Systemelementen – einem sogenannten Hausbaukasten – führen meist den augenfällig besonders niedrigen Preis als Argument an, um mit Ihnen ein Haus zu bauen. Dabei wird besonders auf die Einsparung der Löhne verwiesen, denn diese haben beim Hausbau den prozentual höchsten Anteil an den Gestehungskosten im Vergleich mit den reinen Baustoffkosten. Dieses Bausystem basiert aber auf der von Ihnen zu erbringenden Eigenleistung, die den sonst üblichen hohen Lohnanteil an den Gesamtbaukosten senkt.

Vorgefertigte Elemente

Geliefert werden werkseitig vorgefertigte Einzelteile, meist sogenannte Schalungselemente, in die Sie dann vor Ort die Eisenarmierung und den für die Standfestigkeit notwendigen Beton einfüllen müssen. Diese Schalungselemente der Wände können aus Polystyrol-Hartschaum (Handelsname z. B. Styropor), Holzwolleleichtbauplatten (Handelsname z. B. Heraklith) mit Polystyroldämmstoff, Leichtbetonformkörper mit Dämmstoffkern oder ähnlichen Baustoffen bestehen. Die Decken stellt man aus Leichtbeton- oder Ziegelhohlkörpern, die auf T-Trägern aus Beton nach Plan ausgelegt, mit Eisen armiert und dann mit Beton auf Deckenstärke verfüllt werden, her. Für den Dachstuhl – die tragende Dachkonstruktion – werden entsprechend zugeschnittene Holzbalken geliefert. Manche Hersteller überlassen selbst die Erstellung des Dachstuhls dem Bauherrn, dann sollten Sie eine Zimmerei damit beauftragen. Zum Lieferumfang vieler Systembaukästen gehören Fenster, Türen und Innentreppen sowie der Dachbaustoff, allerdings haben dies nicht alle Hersteller in Ihrem Paketpreis enthalten. Der komplette Innenausbau und die Außenfassade müssen auf jeden Fall vom Bauherren ausgeführt werden.

Gute Wärmedämmung

Vorteilhaft bei diesen Bausystemen ist, dass die Schalungskörper gleichzeitig eine gute Wärmedämmung sichern. Sie haben damit auf der Wandinnen- und auf der Wandaußenseite sofort eine Wärmedämmschicht. Um bessere Wärmedämmwerte zu erreichen, ist es möglich, außenseitig zusätzliche Dämmstoffschichten aufzubringen. Das sollte jedoch nur mit den gleichen Baustoffen, aus denen die Schalungskörper bestehen, geschehen. Verwenden Sie niemals andere Baustoffe, denn dies könnte zu Schäden durch die Unverträglichkeit der Stoffe untereinander führen.

Lieferumfang eines Systembaukastens aus Schalungskörpern

Bauplan, Terminliste, Eingabeplan und Werkplan

Neben den einzelnen Schalungselementen und Deckenträgern sollten ein umfassender Bauplan und eine Terminliste vom Bauunternehmer gestellt werden. Für die Baugenehmigung benötigen Sie einen kompletten Eingabeplansatz mit der zugelassenen Typenstatik, die vom Architekten des Systemherstellers geliefert wird. Darüber hinaus ist für Sie auf der Baustelle später der Werkplan wichtig, auf dem sämtliche Einzelelemente nummeriert in ihrer richtigen Reihenfolge der Verlegung verzeichnet sind. Dieser Verlegeplan sollte mindestens im Maßstab 1:50 sein und sämtliche Anschlüsse, Öffnungen, Aussparungen, die Leitungsführung von Strom, Gas, Wasser und Abwasser exakt vermaßt enthalten. Zu diesem Werkplan gehört eine Elementenliste, in der sämtliche Einzelelemente nummeriert und in ihrer Reihenfolge aufgelistet sind. Auch müssen alle Armierungseisen, wie sie in die Elemente eingelegt werden müssen, in einer für Sie verständlichen Weise im Verlegeplan eingezeichnet sein.

Fazit: Der Hausbau mit einem solchen Hausbaukasten setzt nicht nur technisches Verständnis, sondern auch ein gewisses Maß an Fachkönnen voraus. Außerdem ist diese Bauweise mit hohem körperlichen Einsatz verbunden.

Kaufvertrag prüfen

Diese Punkte sollten Sie prüfen, bevor Sie den Kaufvertrag für ein solches System unterschreiben:

- Vertraglich fixierte Lieferung sämtlicher für die Baugenehmigung notwendiger Unterlagen, Pläne, Typenstatik u. Ä.
- Schulung und Einweisung zur Verlegung und Ausführung des Bausystems in Werkskursen vor Baubeginn und bei Baubeginn vor Ort.
- Während der Bauausführung sollte Ihnen ein sachkundiger Bauleiter des Herstellers kostenlos oder zu vorher festgelegten Terminen zur Verfügung stehen.
- Im Notfall sollten Sie kurzfristig Hilfe vom Bauleiter anfordern können. Dafür brauchen Sie eine Notfallnummer, wo Sie ihn erreichen können.
- Schriftlich fixierter Liefertermin der Einzelelemente bzw. Bauteile.
- Schriftliche Zusage, dass alle gelieferten Baustoffe und Bauteile dem „anerkannten Stand der Technik" entsprechen und die EnEV eingehalten wird.
- Genau festgehalten werden sollte, welche Bauteile und Baustoffe vom Hersteller zu einem festgelegten Zeitpunkt geliefert werden.
- Verlegepläne der Einzelelemente, der Deckenelemente, des Dachstuhls, der Fundamentausbildung in Bild und Text.
- Anschlussdetails der Fundamente an die ersten Schalungselemente, der Eckausbildungen der Wandelemente, der Anschlüsse zwischen Wand und Decke in detaillierten Zeichnungen.
- Liste der vom Hersteller gelieferten Teile mit genauer Nummerierung einmal zur Kontrolle bei Anlieferung und zum anderen für die spätere Verarbeitung.
- Eine genaue Aufstellung der von Ihnen zu erbringenden Leistungen und deren Auswirkung bei Nichterfüllung auf den Vertrag.
- Exakte Angabe der von Ihnen zu liefernden Baustoffe und Bauteile in Menge und Ausführung.
- Bei schweren Einzelbauteilen sollte der Lieferant einen Kran zur Verfügung stellen.
- Zeitplan, in Abstimmung mit dem Hersteller, für die Ausführung anderer Gewerke wie z. B. Leitungen für Strom, Gas, Wasser, Abwasser, Fenster und Türen sowie Innenausbau.

Individuelle Gestaltung

Mit einem Baukastensystem lassen sich fast alle Grundrissvarianten und Architekturen sowie Dachformen und der Keller verwirklichen. Selbst ausgefallene Architekturen wie runde Wände oder Dachtürme sind möglich.

Die mit den Formteilen hergestellten Wände und Decken müssen abschließend verputzt (innen und außen) oder mit einer anderen Fassadenkonstruktion (Sichtmauerwerk, Holzschalung, hinterlüftete Fassadenbekleidung) außenseitig als Witterungsschutz ausgeführt werden.

Nur zugelassene Materialien verwenden

Formteile aus Kunststoffen – meist Polystyrol- oder Polyurethanschaumteile – unterliegen besonderen technischen Gesetzmäßigkeiten. So dürfen sie nicht mit lösungsmittelhaltigen Klebern, Putzen oder Isolieranstrichen in Berührung kommen. Verwenden Sie deshalb nur vom Systemhersteller zugelassene und empfohlene Beschichtungen (Innen- und Außenputze, Abdichtungen im Erdreich). Zur Abdichtung der Kelleraußenwände im Erdreich vor normaler Feuchtigkeit dürfen Sie keine lösemittelhaltigen bituminösen oder bitumenhaltigen Stoffe oder Bahnen auf den Schaumstoffflächen verwenden. Bei drückendem Wasser (hoher Grundwasserpegel, Überschwemmungsgebiet u. Ä.) bleibt nur die Erstellung einer wasserdichten „Weißen Wanne".

Mit Systemteilen bauen

Massivhaus

Nach einem ähnlichen Prinzip bieten manche Hersteller auch andere Bausysteme für den kompletten Hausbau. Hierbei werden allerdings keine Schalungselemente verwendet, sondern großformatige Mauersteine (Planelemente) oder Betonfertigteile. Deshalb spricht man hier auch vom „Massivhaus". Je nach System werden Ihnen Baustoffe und Bauteile entsprechend Ihren Grundrisswünschen zusammengestellt oder als Komplettbausatz an die Baustelle geliefert. Auch bei diesem Bausystem sollten Sie auf die im vorherigen Abschnitt genannten Punkte achten, die sinngemäß auch hier gelten. Da meist Großteile montiert werden, ist eine Hebevorrichtung – diese wird oft vom Systemanbieter zur Miete angeboten – auf der Baustelle unabdingbar. Wenn Sie sich, um günstig zu bauen, für ein solches System entschließen, bedenken Sie bitte den erforderlichen körperlichen Einsatz sowie eine praktische handwerkliche Veranlagung, die bei einem Hausbau mit diesen Systemen unabdingbar sind. Auch sollten Sie technische Baupläne lesen und umsetzen können.

n-tv TIPP

Lieferumfang schriftlich festhalten

Bei Vertragsabschluss sollten Sie darauf achten, dass der exakte Leistungsumfang des Herstellers sowie eine Liste der Einzelbauteile Bestandteil des Vertrages ist.

Kosten sparen und Bauzeit verkürzen

Die Einzelteile solcher Bausysteme werden im Prinzip wie herkömmliche Maurerarbeiten miteinander verbunden. Gearbeitet wird häufig mit kunststoffmodifizierten Klebemörteln in der Technik der Dünnbettmörtelfugen. Dabei werden die Lagerfuge (waagerechte Fuge) und die Stoßfuge (senkrechte Fuge) des großformatigen Bauteils mit einer Spezialkelle (Zahnkelle) dünn mit einem speziellen Klebemörtel bestrichen und anschließend die Teile fest aneinandergestoßen. Stürze über Fenster- und Türöffnungen werden in der gleichen Technik verlegt. Die Geschossdecken werden meist mit Deckenhohlkörpern auf T-Trägern aus Beton oder werkseitig vorgefertigten Deckenplatten gebildet. Bei dieser Bautechnik werden nicht nur Kosten gespart, sondern aufgrund der großformatigen Einzelteile kann auch der Rohbau in relativ kurzer Bauzeit komplett erstellt werden.

Ausbau in Eigenregie

Der weitere Ausbau kann dann in einzelnen Gewerken von Handwerkern ausgeführt werden. Soweit Sie über ein entsprechendes handwerkliches Geschick verfügen, können Sie auch den kompletten Ausbau – mit Ausnahme der Installation von Gas, Wasser und Strom, die ein Handwerksbetrieb nach den Bauvorschriften durchführen muss – selbst übernehmen.

Beispiel: Besonders flexibles Hauskonzept

Flexibles Hauskonzept

Im Rahmen eines Wettbewerbs zum preiswerten Bauen wurde das hier vorgestellte Haus entworfen. Bei dieser Hausvariante handelt es sich um ein Hauskonzept, das sowohl als freistehendes Einfamilienhaus wie auch als Doppel- oder Reihenhaus gebaut werden kann. In eingeschossiger Bauweise stehen ca. 120 qm Wohn- und

Nutzfläche zur Verfügung. Das von einem Aachener Planungsbüro konzipierte Haus genügt in Raumprogramm und Grundriss modernen Ansprüchen, kann in ökologischer Bauweise und mit einer Energie sparenden Heizungsanlage erstellt werden und ist durch rationelle Bautechnik günstig zu bauen.
Bei dem Gebäude handelt es sich um einen länglich gestreckten Baukörper, der auf einem mindestens 256 qm großen Grundstück errichtet werden kann.

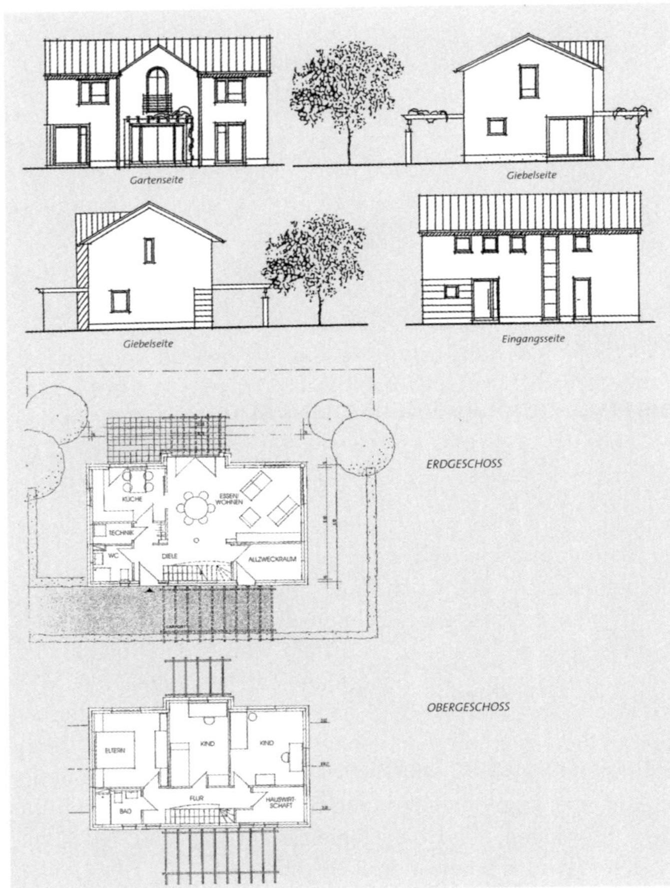

Entwurfsplansatz des freistehenden Einfamilienhauses.

An der Giebelseite ist das Haus 6,60 m breit, an der Traufseite 11,30 m. Die Grenzabstände betragen bei dem 256 qm großen Grundstück an der Vorder- und Seitenfront 3 m und an der Rückfront 6 m. Durch die geringe Gebäudebreite eignet sich das Haus auch gut zur Bebauung schmaler Grundstücke.

Dachform und Fassade variieren

Ohne den Grundriss zu verändern, lassen sich die Dachform und die Fassadengestaltung variieren. Das Haus beinhaltet ein leicht geneigtes Satteldach (Neigung 25 Grad) und einen Giebelvorbau mit Rundbogenfenster. Zum Garten hin prägt der Giebelvorbau die optische Erscheinung. Auch durch eine individuelle farbliche Gestaltung von Fassade und Fensterrahmen kann die äußere Erscheinung verändert werden. Die Hausfront schließt mit einem Carport ab.

Der günstige Preis überzeugt bei diesem Entwurf: Für 121,5 qm Wohn-/Nutzfläche beträgt der Quadratmeterpreis ab 900 €, die Bruttobausumme 109.350 €. Die genannten Kosten können regional variieren. Zu den genannten Baukosten kommen die Grundstücks- und Hausanschlusskosten hinzu, ebenso Grundbuch- und Notarkosten sowie Honorarkosten für Architekt, Statik, Baugenehmigung usw.

Ökologisch rationelle Baukonstruktion

Das vorgestellte Beispielhaus wurde aus großformatigen Kalksandstein-Planelementen mit einem Wärmedämm-Verbundsystem erstellt. Es können aber auch andere Baustoffe wie z. B. Ziegel- oder Leichtbetonsteine verwendet werden.

Fertigungsgerechte Planung

Die Rohbaukosten ließen sich durch rationelle Mauerwerkstechniken senken. Fachleute bezeichnen diese Vorgehensweise als „fertigungsgerechte Planung“. Deshalb wurde der Rohbau des Beispielhauses genau auf diese Planelemente abgestimmt. Sie haben eine Normgröße von 99,8 cm Breite und 49,8 cm Höhe. Sie werden in den Lagerfugen mit einer 2 mm starken Schicht Dünnbettmörtel vermauert. So entsteht eine jeweils 50 cm hohe Steinlage. Fünf Steinlagen ergeben eine Geschosshöhe. An den Stirnflächen (Stoßfugen) sind die Elemente mit Nut und Feder verzahnt, daher wird hier kein Mörtel eingebracht.

Der Hausgrundriss ist so konzipiert, dass sämtliche Wände mit einem einheitlichen Format von 50 x 50 cm erstellt werden konnten. Dadurch entfallen die sonst üblichen Verschnitte, wodurch die Mauerwerkskosten nochmals gesenkt werden konnten. Die Montage der Planelemente kann von nur zwei Personen ausge-

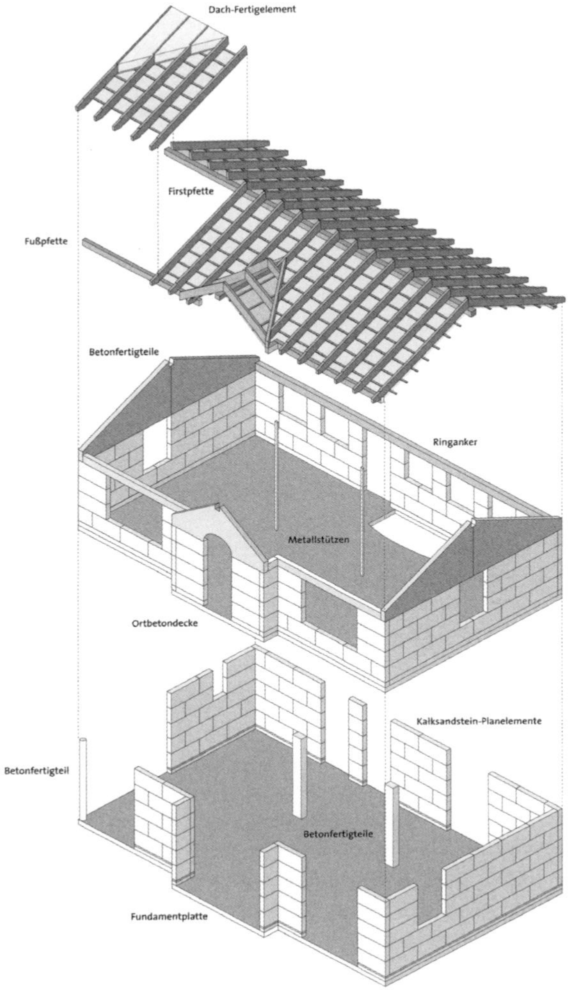

Der Rohbau ist für den Einsatz großformatiger Elemente, Betonfertigteile und Dach-Fertigelemente konzipiert.

führt werden, wobei ein Mini-Kran zum Versetzen der Elemente zum Einsatz kommt.

Die Planelemente bilden mit 15 cm Wandstärke den tragenden Teil der Außenwand. Ebenfalls 15 cm stark ist das außenseitig aufgebrachte Wärmeverbund-Dämmsystem aus Mineralfaserplatten. Sie erhalten Ihren Witterungsschutz durch einen mineralischen Außenputz. So entsteht ein lückenloser Wärmeschutz auf der gesamten Außenwandfläche. Die schweren Planelemente wirken zur Raumseite hin wie ein Wärmespeicher, wodurch sich während der Heizperiode auch die passive Nutzung der Sonneneinstrahlung bei den Energiekosten bemerkbar macht.

Lückenlose Wärmedämmung

Fertigteile sparen Kosten

Die günstige Bauweise wird sinnvoll durch den Einsatz von Betonfertigteilen und vorgefertigten Dachelementen ergänzt. Den oberen Abschluss beider Giebelwände bilden Betonfertigteile. Durch den symmetrischen Aufbau der Giebelwände lassen sich hier vier gleichartige Betonteile vorfertigen, die in Höhe der Dachtraufe auf dem Mauerwerk aufsitzen. Gleichzeitig bilden sie den Fenstersturz für die darunter liegenden Fenster. Auch der Giebelvorbau auf der Gartenseite schließt mit Betonfertigteilen ab. Zwei weitere Betonelemente bilden im Erdgeschoss die Stützpfeiler für die Geschossdecke. Die Decke selbst wird auf der Baustelle als Ortbetondecke gegossen. In diesem Fall ist Ortbeton wegen der geringen Betonmenge billiger als ein vorgefertigtes Deckenelement.

Kostengünstige Betonfertigteile

Dagegen lohnt sich beim Dach der Einsatz von Fertigelementen. Die gesamte Dachkonstruktion wurde in neun Einzelelemente aufgeteilt: Acht Elemente bilden das Satteldach, ein weiteres Element die Dachgaube über dem Giebelvorbau.

Die Dachelemente werden in einem Holzbaubetrieb so weit vorgefertigt, dass auf der Raumseite bereits die Wandverkleidungen aus Gipskartonplatten aufgebracht sind und auf den Sparren die Lattung aufgenagelt ist. Auf der Baustelle werden die Einzelelemente mit einem Kran innerhalb eines Tages montiert. Abschließend werden nur noch die Stöße der Gipskartonplatten von innen verspachtelt.

Schnelle Montage

PRAXISBEISPIEL

Finanzierungsbeispiel

Die hier dargestellte Aufstellung zeigt Ihnen beispielhaft eine denkbare Finanzierung des Beispielhauses. Es soll Ihnen in erster Linie als Orientierungshilfe dienen. Dabei wurde von folgender Ausgangssituation ausgegangen:

Neubau eines freistehenden Einfamilienhauses, das selbst genutzt wird. Die Eheleute verfügen über ein Jahreseinkommen von Brutto 46.000 €.

Gesamtkosten	
Grundstückswert	47.000 €
Angen. Baukosten inkl. Nebenkosten	158.000 €
Erwerbsnebenkosten	10.000 €
Summe	*215.250 €*
Finanzierungsmittel	
Eigenkapital	45.000 €
Eigenleistung	8250 €
Bausparguthaben	20.500 €
Summe	*73.750 €*
Fremdmittel	
Hypothek der Bank	112.000 €
Bauspardarlehen	29.500 €
Summe	*141.500 €*
Summe aller Mittel	*215.250 €*
Aufwand im ersten Jahr	
Hypothekendarlehen (Zinsen und Tilgung)	6888 €
Bauspardarlehen (Zinsen und Tilgung)	3000 €
Summe	*9888 €*
für die ersten zehn Jahre	*824 €/Monat*

Energie und Kosten sparen mit einem Holzbaukasten

Skandinavische Bauweise

Skandinavien ist bekannt für seine bunt gestrichenen, behaglichen Holzhäuser. Diese sind bei uns noch relativ selten anzutreffen, obwohl auch sie mit einem Holzbaukastenhaus günstig errichtet werden können. Hierbei brauchen Sie auch nicht auf Wohnkomfort und Wärmeschutz zu verzichten, wenn Sie diese ökologisch sinnvolle Bauweise wählen.

Beispiel: Systemhaus aus Holz

Das nachfolgend vorgestellte Systemhaus in Holzbauweise soll die Möglichkeiten der günstigen Bauweise eines Holzbausystems zeigen. Es handelt sich hierbei um ein freistehendes Einfamilienhaus mit 106 qm Wohn- und Nutzfläche mit flach geneigtem Satteldach (22,5 Grad Dachneidung). Die Baukosten des Holzsystemhauses betragen einschließlich aller Planungskosten ab ca. 1270 €/qm Wohn-/Nutzfläche, wobei es regionale Unterschiede gibt.

Holzbausystem

Der Grundtyp des freistehenden Einfamilienhauses ist für zwei bis vier Personen konzipiert. Durch das Rastersystem, in dem das Holzhaus konstruiert ist, lässt sich auf Wunsch die Grundfläche verändern. Der quaderförmige Baukörper ermöglicht zahlreiche Anbauvarianten mit einem Wintergarten, einem Carport, einem zusätzlichen Abstellraum, einer Terrasse mit Pergola usw. Diese Anbauten können auch später angefügt werden.

Für die besonders günstige Bauweise ist die kompakte Hausform mit der geringen Gebäudegröße ein besonderer Vorteil. Das vorgestellte Haus verfügt im EG über die Küche, ein WC und die Treppe, Essplatz und Sitzecke sind in einem 40 qm großen Raum zusammengefasst. Drei separate Zimmer im Dachgeschoss sowie WC und Bad ergänzen die flexible Wohnflächenaufteilung.

Individuelle Hausfassade

Als Baustoffe für die Hausfassade dienen entweder Holzschalungen, mineralische Außenputze, Verblendmauerwerk oder zementgebundene Spanplatten. Die einfache Putzfassade ist die kostengünstigste Lösung.

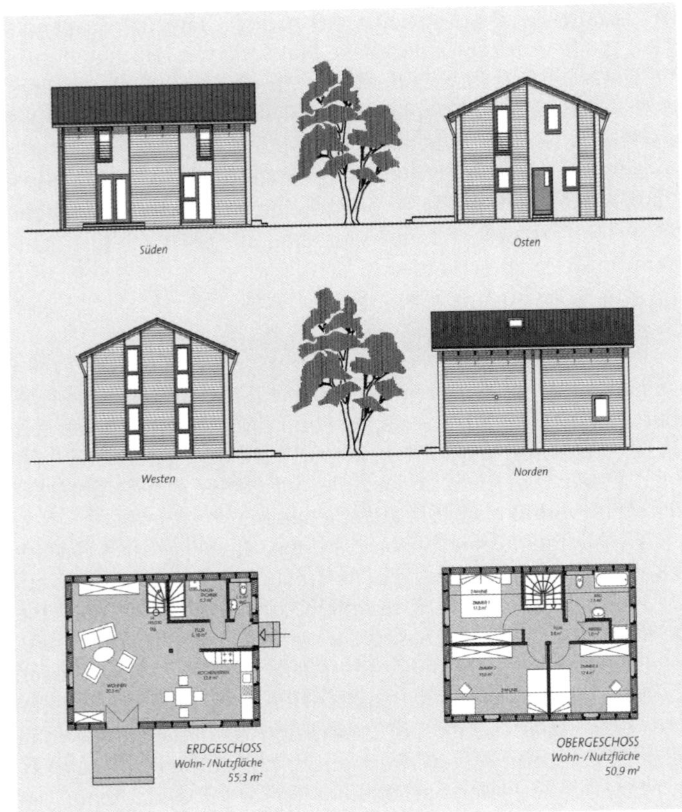

Grundriss eines freistehenden Einfamilienhauses mit 106 qm Nutzfläche in Holzsystembauweise. (Entwurf und Planung Pohlmann & Partner, Kiefen)

Rationelle Baukonstruktion

Holzbausystem 81 FÜNF

Alle Typen des hier vorgestellten Holzhauses werden nach dem patentierten „Holzbausystem 81 FÜNF" gebaut. Der Name basiert auf dem Rastermaß von 81,5 cm der Holzrahmenkonstruktion des Rohbaus. Die einzelnen Rohbauteile wie Außenwände, Decken, Dächer und Innenwände werden von den Herstellerbetrieben (es gibt in Deutschland mehrere zur Auswahl) mehr oder weniger vorgefertigt. Die meisten Betriebe der „81 FÜNF AG" fertigen komplett vor. Dadurch können Sie Ihr Haus günstig bauen.

Allen Haustypen dieser Holzbauweise liegt derselbe Grundriss von 8 x 10 Rastern zugrunde. Diese Plattform mit den Abmessungen 6,7 m x 8,7 m ist die einheitliche Konstruktionsbasis, von der aus die einzelnen Haustypen entsprechend Ihren individuellen Wünschen entwickelt werden. Diese Plattform dient gleichzeitig auch als Basis für ein ein- und zweigeschossiges Einfamilienhaus und Doppelhaus, für ein zwei- oder dreigeschossiges Reihenhaus und für einen dreigeschossigen Wohnbau, die alle nach dem Baukastenprinzip errichtet werden.

Kostenvorteile durch das Baukastenprinzip

Standardisierte Bauweise

Dieses Baukastenprinzip trägt erheblich zur Senkung der Baukosten bei. Gleichzeitig kann entsprechend Ihren Vorstellungen das Haus jeweils in Rasterschritten von 81,5 cm vergrößert oder verkleinert geplant werden, sodass Sie auf dieser standardisierten Basis immer verhältnismäßig günstig bauen.

Modulare Bausysteme

Vor allem die regionalen Holzbaubetriebe, die mit diesem System arbeiten, ermöglichen günstige Herstellungskosten. Dies ist auf das modular aufgebaute Bausystem zurückzuführen, das die Serienfertigung sämtlicher Bauteile möglich macht. Die abgestimmte Herstellungstechnik sichert dabei eine gleich bleibend hohe Qualität, was sich auch später bei Ihren Unterhaltskosten positiv bemerkbar macht. Die Produktionsbetriebe arbeiten mit möglichst geringem Materialverbrauch, z. B. durch die Verwendung von Doppel-T-Holzprofilträgern für den Wandaufbau. Der gesamte Planungs- und Herstellungsprozess ist durch die Zusammenarbeit aller beteiligten Fachleute (Planer, Fachingenieur, Werkproduktion, Montage) zu Teams optimiert, was insbesondere auch dem Bauherren zugutekommt, da er zu jedem Bauabschnitt immer den richtigen Ansprechpartner hat.

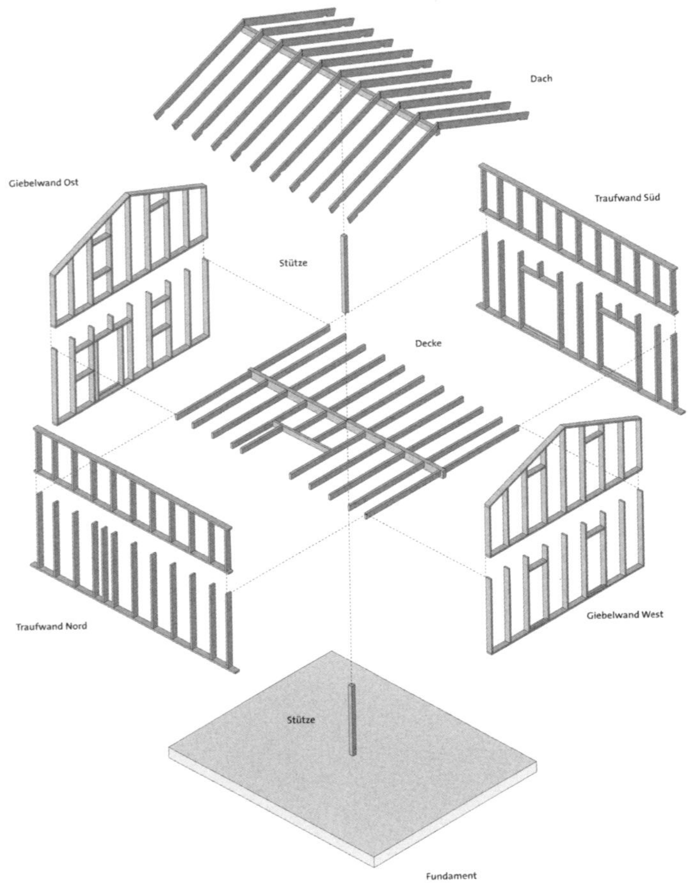

In allen Häusern dieser Bauart befindet sich in der Hausmitte nur eine Stütze. Dadurch haben Sie eine freie Raumgestaltung.

Vorteile nicht nur für die Umwelt – ökologische Niedrigenergie-Bauweise

Das vorgestellte Systemhaus in Holzbauweise verbraucht je nach Haustyp zwischen 30 und 50 kWh Heizenergie pro Quadratmeter Wohnfläche im Jahr. Für ein freistehendes Einfamilienhaus werden dafür etwa 400 bis 500 cbm Erdgas verbraucht. Damit liegt das

Text auf CD-ROM

Haus rund 40 Prozent unter den zulässigen Verbrauchswerten nach der EnEV von 2002 (→CD-ROM).
Wesentlich ist dies auf die gute Wärmedämmung zurückzuführen. Die Stärke der Dämmschicht in den Außenwänden beträgt 20 cm. Das Dach besitzt eine 24 cm starke Dämmung und der Fußboden 14 cm. Der Massivholzanteil innerhalb der Wände und des Daches ist auf ein Minimum beschränkt, in den Wänden werden Doppel-T-Holzprofilträger verarbeitet. Die Wand erreicht mit nur 20 cm Dämmstoff einen extrem niedrigen U-Wert von 0,2 W/qmK (Watt pro Quadratmeter und Kelvin). Alle Bauteilverbindungen sind von innen sorgfältig abgedichtet. Dadurch wird die Gebäudehülle fast luftdicht abgeschlossen, wodurch Wärmeverluste durch Fugen und Ritzen nahezu vermieden werden. Eine spezielle Lüftungsanlage sorgt während der Heizperiode für besonders energiesparendes Lüften. Weiter gehören zur technischen Grundausstattung: ein Gas-Brennwertgerät als Heizsystem, Wassersparamaturen in Küche, Bad und WC.

Vorinstallationen

Eine Solaranlage zur Warmwasserbereitung, eine Fotovoltaikanlage und eine Regenwasseranlage sind mögliche Ergänzungen, die im Preis der Grundvariante nicht enthalten sind. Die dafür notwendigen Leitungen und Anschlüsse werden jedoch vorinstalliert, sodass später nachgerüstet werden kann. Damit ist eine optimale Sicherheit zum Einsatz alternativer Energiegewinnung gegeben (mehr dazu ab Seite 212 ff.).

✓ RECHTSCHECK

Was sollte bei einem Fertighaus schriftlich festgehalten werden?

In der Praxis legt der Fertighausanbieter dem Erwerber ein von ihm vorgefertigtes Vertragsmuster vor. Diesen Vertrag sollten Sie unbedingt von einem unabhängigen Fachmann prüfen lassen. Das gilt umso mehr, als beim Fertighausvertrag, anders als bei einem Bauträger, eine Kontrolle durch den beurkundenden Notar entfällt. Daher versuchen manche Hersteller, einseitige Vertragsgestaltungen zu treffen.

Formular auf CD-ROM

Darauf sollten Sie beim Vertrag achten:

❶ **Genaue Beschreibung des Leistungsumfangs** ☐
Welches Haus wird geliefert und welche Arbeiten werden duchgeführt.

❷ **Beschreibung der Baukonstruktion und der Ausstattung** ☐
Eine detaillierte Baubeschreibung und Baupläne sollten vom Hersteller gestellt werden.

❸ **Finanzierungsbedarf und Finanzierungsplan** ☐
Alle anfallenden Kosten und wie sich diese zusammensetzen müssen vertraglich geregelt sein.

❹ **Mitwirkungspflicht des Erwerbers (Bauherren)** ☐
Um was sich der Bauherr im Vorfeld kümmern und was er bereitstellen muss, sollte vertraglich vereinbart werden.

❺ **Festpreisgarantie sowie Baubeginn und Fertigstellungstermin** ☐
Die im Vertrag genannten Preise sollten Festpreise sein. Zusammen mit den wichtigsten Terminen sollten sie im Vertrag schriftlich festgehalten werden.

❻ Erbringung von Eigenleistungen und deren Abrechnung
Alle Eigenleistungen und wie sie verrechnet werden, sollten eindeutig im Vertrag stehen. ☐

❼ Terminplan für Einzellieferungen (bei Hausbausatz)
Bei Einzellieferungen ist es ratsam, feste Liefertermine zu vereinbaren, damit es zu keinen Verzögerungen kommt. ☐

❽ Fachliche Betreuung und Bauleitung
In der Bauphase sollte die fachliche Betreuung sowie die Bauleitung vom Hersteller übernommen werden. ☐

❾ Zahlungsbestimmung, Abschlagszahlungen, Endzahlung
Beachten Sie, dass diese Zahlungen vom Baufortschritt abhängen und nicht zeitlich abhängig vereinbart werden. ☐

❿ Gewährleistung und Gefahrenübergang
Empfehlenswert im Vertrag ist eine fünfjährige Gewährleistungsfrist auf alle Bauteile. ☐

⓫ Eingabe der Baupläne bei der zuständigen Baubehörde
Kümmert sich der Hersteller um die Baugenehmigung, so sollten Sie eine Kopie des amtlich genehmigten Bauantrages erhalten. ☐

⓬ Im Vertrag Qualitätsstandard schriftlich fixieren ☐
Sämtliche baulichen Auflagen und Normen sowie das Haus sollten dem „neuesten Stand der Technik“ entsprechen.

Das müssen Sie tun:
Sie sollten den Fertighausvertrag erst nach dem Kauf des Grundstücks und der notariellen Beurkundung abschließen. Zu empfehlen ist auch ein vertraglich festgehaltenes kostenloses Rücktrittsrecht, falls der Grundstückskauf nicht zu Stande kommt.

Preiswerte und gute Baustoffe

Die Kosten für Gewerke und Baumaterialien sind beim Hausbau im Regelfall der größte Kostenfaktor und gleichzeitig der Bereich mit dem größten Einsparpotenzial. Daher sollten Sie diesen Faktor bei Ihren Bemühungen, die Baukosten zu senken, besonders sorgfältig im Auge behalten. Oftmals fallen hier allerdings auch mehr Kosten an als im Vorfeld geplant, dies sollten Sie bei Ihrer Kalkulation ebenfalls berücksichtigen.

Kostenvorteile bei Baustoffen nutzen

Zum Teil sind Einsparungen von mehreren hundert Prozent möglich. So kostet etwa eine günstige Raufasertapete 50 Cent/ qm, eine hochwertige Baumwolltapete kann dagegen mit bis zu 20 €/ qm zu Buche schlagen. Hier ist der Kostenvorteil recht einfach zu bestimmen. Schwieriger wird es bei der Kosteneinschätzung baulicher Konstruktionen. Eine aussagekräftige Beurteilung dieser Kosten, etwa eines Dachaufbaus oder eines Kellergeschosses erhalten Sie erst, wenn Sie die Kosten aller dafür vorgesehener und erforderlicher Baumaterialien und Leistungen pro Quadratmeter Wohnfläche vergleichen. Dabei können besonders die Kosten für die einzelnen Gewerke im Voraus nicht bis ins Kleinste geplant werden.

Pauschale Aussagen über günstige Werkstoffe sind zudem mit Vorbehalten zu betrachten: Mit der Zeit verändern sich die Preise und auch regional kann es zum Teil beträchtliche Unterscheide geben. Im Einzelfall lassen sich günstige Preise vor allem bei ortsüblichen Materialien erzielen, die in einer größeren Vielfalt angeboten werden und den Gewohnheiten der ortsansässigen Handwerker entsprechen.

Ortsübliche Materialien bevorzugen

Je besser Sie über die üblichen Marktpreise informiert und sich Ihren speziellen Bedürfnissen und finanziellen Möglichkeiten bewusst sind, desto gezielter können Sie Ihren Architekten oder Baustofflieferanten nach Alternativen fragen. Ihr Architekt sollte auch mehrere aufeinander abgestimmte Baustoffe vorschlagen, aus denen Sie wählen können.

Preisgünstige Provisorien oder langfristig sparen?

Qualität und Flexibilität zahlen sich langfristig aus

Die Kosten der einzelnen Gewerke sollten auch gegen ihren Nutzen aufgewogen werden: Je sicherer und langlebiger ein Werkstoff ist, desto günstiger ist dieser auch auf längere Zeit. Fallen immer wieder Kosten für Renovierungsarbeiten an, kann ein in der Anschaffung günstiger Werkstoff auf die Dauer recht hohe Gesamtkosten verursachen. Auch ist zu bedenken, ob sich spätere Änderungen oder Renovierungen leicht umsetzen lassen oder ob dies einen größeren Aufwand an Kosten und Arbeitszeit mit sich bringt. Berücksichtigen Sie daher, dass sich Ihre Lebensbedingungen, Wünsche und Ansprüche ändern könnten. Vielleicht wird einmal ein zusätzliches Kinderzimmer nötig werden, wobei ein geräumigeres Zimmer vielleicht in zwei Räume aufgeteilt werden soll, oder ein ehemaliges Kinderzimmer soll, wenn die Kinder erwachsen sind und ausziehen, in eine Sauna umgebaut werden können. Wer diese Entwicklungen von vornherein bedenkt, erspart sich einiges an Umbaukosten. Besonders wichtig sind dabei die Rohbaukosten. Auch in Jahrzehnten müssen solche Entscheidungen noch als richtig beurteilt werden können. Kleinere, weniger Aufwand in Anspruch nehmende Kostenpunkte, etwa Sanitäreinrichtungen, Wand- und Bodenbeläge und Innentüren, können durchaus auch später hochwertiger und damit teurer nachgerüstet werden, wenn das Geld dafür da ist und die preisgünstigeren Provisorien lang genug genutzt wurden. Vor allem gilt dies für Ausstattungsdetails, die ohnehin einer schnellen Abnutzung unterliegen, wie z. B. Wasserhähne.

Kosten-Nutzen-Analyse

Großformatige Elemente sind günstiger

Baumaterialien müssen nicht nur billig sein, sondern sollten vor allem auch bestimmte Funktionen erfüllen. Eine gute Wärmedämmung rentiert sich auf lange Sicht in Form von gesparten Energiekosten, eine optimale Schalldämmung zahlt sich langfristig in einer erhöhten Wohnqualität aus. Eine Faustregel kann lauten: Leichte Materialien haben eine gute wärmedämmende Eigenschaft, schwere stabile Materialen wirken sehr gut schalldämmend. Ein weiterer unter Umständen ausschlaggebender Entscheidungsfaktor ist der Brandschutz. Im Ernstfall kann brandbeständiges Material sein Geld mehr als wert sein. Hierbei gilt: Der Nutzen steigt nicht automatisch mit der Materialdicke. Orientieren Sie sich lieber an relevanten Normen. Ebenso sind großformatige Elemente im Regelfall günstiger als kleine Formate. Wer beim Bau auf Eigenleistung setzt, sollte zudem berücksichtigen, dass sich die einzelnen Bauteile leicht verbauen lassen. Will man ein Haus später einmal verkaufen oder vermieten, ist außerdem zu bedenken, dass Ausbaumaßnahmen wie etwa ein Dachraumausbau eine Wertsteigerung bedeuten und sich so ebenfalls finanziell auswirken können. Deshalb werden im Folgenden sowohl Anschaffungspreise wie auch langfristige Kostenfaktoren berücksichtig.

Einflussmöglichkeiten prüfen

Welchen Baustoff Sie verwenden, hängt von verschiedenen Faktoren ab. Ob Sie den jeweiligen Baustoff, mit dem Sie günstig bauen möchten selbst bestimmen können, hängt unter anderem von der gewählten Bauform ab. Wenn Sie beispielsweise konventionell mit einem Architekten und der Ausschreibung der einzelnen Leistungen arbeiten, haben Sie mehr Einflussmöglichkeiten. Wollen Sie dagegen ein Fertighaus günstig bauen, haben Sie bereits mit dem Kaufvertrag festgelegt, welche Baustoffe verwendet werden. Ausnahme ist dabei die vereinbarte Eigenleistung, dafür können

Sie Ihre Baustoffwahl selbst treffen. Bauen Sie mit einem Systembaukasten, ist auch hier der Baustoff bereits festgeschrieben. Nachfolgend werden Ihnen die wichtigsten Baustoffe und Bauteile, ihre Kosten und ihre Anwendungsbereiche vorgestellt. Bei diesen wirken sich die verwendeten Materialien auch auf Ihre Einsparmöglichkeiten am deutlichsten aus.

Der Keller

Keller ist nicht gleich Keller! Wollen Sie im Untergeschoss zusätzlichen Wohnraum schaffen und hier einen Hobbyraum bzw. ein Büro einrichten? Soll dieser Bereich nur der Lagerung und für die Hausanschlüsse dienen? Oder planen Sie sogar, ganz auf einen Keller zu verzichten? Von der Antwort auf diese Fragen hängt ganz entscheidend ab, welche Investitionen notwendig sind.

Nur zugelassene Baustoffe verwenden

Ob Keller oder Bodenplatte mit bzw. ohne Kriechkeller, immer muss eine Wärmedämmung entsprechend der DIN 4108 „Wärmeschutz im Hochbau" (DIN = Deutsches Institut für Normung e.V.) und der gültigen EnEV (Energieeinsparverordnung) ausgeführt werden. Infrage kommen alle dafür zugelassenen Baustoffe, die resistent gegen Erdfeuchtigkeit und Humussäure sind sowie entsprechende Druckfestigkeit aufweisen. (Der Statiker sagt Ihnen, welche Druckfestigkeit gefordert wird.) Als Baustoffgruppen kommen dafür infrage: Schaumglas (Platten und Schüttung), Polyurethanplatten, extrudierte Polystyrolplatten. Setzen Sie keine „Billigimporte" ein und lassen Sie sich vom ausführenden Unternehmen schriftlich die geforderten Eigenschaften bestätigen.

Bei richtiger Planung und Ausführung sind Keller hell, warm und trocken. Die auf dem Markt erhältlichen Abdichtungssysteme aus kunststoffmodifizierten Bitumendickbeschichtungen oder kaltselbstklebenden Bitumenbahnen verhindern, dass unter normalen Bedingungen Erdfeuchtigkeit ins Kellermauerwerk gelangen kann.

Keller abdichten

Bitumendickbeschichtungen werden 3 bis 4 mm dick auf den Kelleraußenwänden aufgespachtelt und bilden nach dem Aushärten eine geschlossene Haut. Kaltselbstklebende Bitumenbahnen werden direkt von der Rolle außenseitig auf den trockenen, ebenen Untergrund der Wand geklebt. Zusätzlich bringt man eine Kunststoffnoppenbahn als Schutz gegen Beschädigung durch Steine und Bauschutt aus der Baugrube auf der Abdichtungsfläche an. Bei hohem Grundwasserstand, Hanglage oder in der Nähe von Seen bzw. Flüssen sorgt zusätzlich eine Dränageleitung am Fundamentenfuß für Sicherheit.

n-tv TIPP

Erdung nicht vergessen

Egal ob Sie eine Bodenplatte oder ein Kellergeschoss bauen, lassen Sie immer beim Betonieren der Fundamente ein Flacheisen zur Erdung verlegen. Daran werden Leitungen ebenso angeschlossen wie der Blitzableiter und Dachrinnen bzw. die Dacheindeckung aus Metall.

Problemfälle erhöhen die Kosten

Abdichtung gegen Druckwasser

Ist der Grundwasserstand hoch oder muss mit wiederkehrenden Überschwemmungen, z. B. an Bach- oder Flussläufen, gerechnet werden, muss eine Abdichtung gegen „Druckwasser und stauende Nässe“ ausgeführt werden. Meist wird dann der Keller betoniert mit WU-Beton (wasserundurchlässigen Beton). Man spricht dann auch von einer „Weißen Wanne“. Durch besondere Betonmischungen und deren Verarbeitung wird der Beton wasserundurchlässig gemacht.
Wasserdichte Kunststoff- oder Betonlichtschächte verhindern bei hohem Wasserstand, dass dieses über die Fenster in den Keller gelangen kann. Vorhandene Außentüren müssen ebenfalls mit wasserdichten Türblättern und Abdichtungen ausgeführt werden.

Wärmeschutz beachten

Text auf CD-ROM

Der Wärmeschutz muss bei bewohnten Kellerräumen der Norm DIN 4108 sowie der EnEV (Energieeinsparverordnung = Verordnung über Energie sparenden Wärmeschutz und Energie sparende Anlagetechnik bei Gebäuden, →CD-ROM) entsprechen. Dafür werden Dämmstoffe unter der Bodenplatte (Kellerfußboden) und

den Außenwänden, die das Erdreich berühren bzw. frei stehen, auf der Außenseite der Wand angebracht. Diese Wärmedämmstoffe sollten entsprechend gekennzeichnet und für den Einbau im Erdreich zugelassen sein.
Die EnEV vom 1. Februar 2002 legt die Standards für den Energiebedarf bei Neubauten sowie bei bestehenden Gebäuden fest, und zwar in Bezug auf

- Wärmeschutz,
- Heiztechnik und
- Art der Wärmeerzeugung.

Einsparpotenziale bei Wandbaustoffen

Baustoffe, mit denen die Innen- und Außenwände Ihres Hauses hergestellt werden, nennt man Wandbaustoffe. Das Angebot an geeigneten Materialien ist in diesem Bereich inzwischen fast unüberschaubar groß. Als unerfahrener Bauherr ist da die Entscheidung manchmal sehr schwierig, zumal die Preisspanne der Produkte sehr weit auseinandergeht. Doch nicht immer muss teuer auch gleich besser sein. Es kommt auf die jeweiligen Anforderungen an.

Unterschiedliche Anforderungen beachten

Bei den Wänden wird unterschieden zwischen einer statisch belasteten Wand (Tragwand) oder einer nicht tragenden Trennwand. Für die Tragwand müssen die Baustoffe, entsprechend der Statik, hoch belastbar sein. Für Innenwände dagegen können leichte Baustoffe verwendet werden, die im Einzelfall den Vorschriften des Brandschutzes (DIN 4102) und/oder des Schallschutzes (DIN 4109) entsprechen müssen.

Kalksandsteine und Planelemente

Ob als Keller-, Außen- und Innenwand oder zur Erstellung von Sichtmauerwerk, ob als einzelne Steine oder als Fertigelement, Kalksandsteine sind ein universelles Baumaterial. Gerade dies macht sie finanziell gesehen für Bauherrn attraktiv.

Vorteile von Kalksandstein

Kalksandsteine werden aus den natürlichen Rohstoffen Kalk, Sand und Wasser hergestellt. Für ihre Herstellung ist ein geringer Primärenergiebedarf notwendig.

Kalksandstein sind genormte Mauersteine. Sie werden aus gemahlenem, gebranntem Feinkalk, der mit Wasser gelöscht und mit Sand (kieselsäurehaltiger Zuschlag) in Formen gepresst wird, hergestellt. Diese Rohlinge werden in Härtekesseln (Autoklaven) unter hohem Wasserdampfdruck zwischen 160 und 220° C gehärtet. Dabei erhalten sie ihre Druckfestigkeit. Nach dem Abkühlen und Aushärten können die Steine verarbeitet werden. Bereits vermauerte Kalksandsteine können bei Abbau (Abriss) von Gebäuden mit ihren anhaftenden Mörtelresten erneut dem Produktionsprozess zugeführt werden.

Nach DIN 106 unterscheidet man zwischen

- KS-Mauersteinen (Hintermauersteinen),
- frostbeständigen Vormauersteinen und KS-Verblendern und
- KS-Planelementen (KS-PE).

Planelemente mit Nut und Feder

Hintermauersteine werden als Vollsteine und Blocksteine sowie als Lochsteine und Hohlblocksteine hergestellt. Bei Vollsteinen beträgt der Lochanteil maximal 15 Prozent. Die Mauersteine und Lochsteine werden für Schichthöhen bis zu 12,5 cm verwendet. Für Schichthöhen von 12,5 cm bis 25,0 cm werden Blocksteine und Hohlblocksteine bzw. Planelemente mit Nut und Feder rationell günstig eingesetzt. Die Steine sind in Rohdichteklassen (z. B. $\gamma = 1{,}2$ kg/cdm) eingeteilt. Je kleiner dieser Wert ist, desto besser sind die Wärmedämmeigenschaften, aber desto geringer sind Druckbelastung und Schallschutz.

n-tv TIPP

Vorausschauende Planung

Die Hersteller von Kalksandsteinen bieten inzwischen die sogenannten E-Steine an. Diese besitzen im Abstand von 12,5 bzw. 25 cm durchgehende vertikale Installationskanäle. Werden die Steine im Verbund gemauert, entstehen so Leerrohre, die es Ihnen ermöglichen, bei Bedarf Kabel nachträglich und ohne Aufwand einzuziehen.

Porenbetonsteine werden nur mit einer dünnen Schicht speziellen Dünnbettmörtels aufgemauert.

Porenbetonsteine und -bauteile

Porenbeton hat eine nahezu unbegrenzte Lebensdauer, eine hervorragende Wärmedämmung und ist weder umwelt- noch gesundheitlich schädlich. All diese Aspekte machen ihn zu einem wirtschaftlich höchst interessanten Baustoff.

Porenbeton ist ein dampfgehärteter, massiver Baustoff mit einer Rohdichte von 350 bis 800 kg/cbm. Er wird aus gemahlenem, quarzhaltigem Sand unter Zugabe von Wasser mit Zement und/oder Kalk als Bindemittel gebunden. Durch Beimischung kleiner Mengen Aluminiumpulver oder -paste wird das Gemisch aufgetrieben – ähnlich einem Hefeteig. Dabei entstehen zahlreiche kleine Luftporen, die für eine gute Wärmedämmeigenschaft notwendig sind. Die abgebundenen (ausgehärteten) Rohlinge werden in Platten oder Blöcke geschnitten. Die Aushärtungszeit wird durch spezielle Härtekessel verkürzt. Bei 180° C härten unter Dampfdruck die Teile aus. Diese können bewehrt (mit Eiseneinlagen) oder unbewehrt hergestellt werden.

Gute Wärmedämmfähigkeit und hohe Tragfähigkeit

Aus unbewehrtem Porenbeton werden Plansteine, Planbauplatten und Planelemente hergestellt. Neben der guten Wärmedämmfähigkeit ist die hohe Tragfähigkeit von Plansteinmauerwerk, bezogen auf ihre niedrige Rohdichte, ein wichtiges Merkmal. Bewehrt sind dagegen Wandelemente, Deckenplatten oder Dachplatten. Günstig bauen lässt sich mit Bausystemen aus Porenbeton mit geschosshohen Wandelementen, Deckenplatten und Dachplatten. Zusätzlich gibt es aus Porenbeton Fertigstürze, L- und U-Steine für Fenster- und Türöffnungen und Randsteine zur Deckenabstellung.

n-tv TIPP

Umweltfreundlicher Baustoff

Die Herstellung von Porenbetonsteinen erfolgt abfall- und abwasserfrei, auch der Bedarf an Primärenergie ist im Vergleich zu anderen Baustoffen relativ gering. Ein weiterer positiver Aspekt ist die Rücknahmeverpflichtung von Porenbeton-Reststoffen durch die Hersteller. Die auf Ihrer Baustelle anfallenden Abfälle werden also nicht entsorgt, sondern wieder in die Produktion zurückgeführt.

Bewehrter Porenbeton

Komplettes Hausbausystem

Wandtafeln und Wandplatten aus Porenbeton (Leichtbeton) sind bewehrte Montagebauteile für wärmedämmende Konstruktionen im Wohnungsbau. Für tragende Wände werden geschosshohe Wandtafeln und für nicht tragende Wände Wandplatten hergestellt. Porenbeton-Wandbauteile ergeben in Kombination mit Dach- und Deckenplatten aus Porenbeton ein nahezu komplettes Hausbausystem, wie es von Systembauproduzenten angeboten wird. Durch die industriell vorgefertigten Teile lassen sich die Baukosten im Einzelfall senken.
Auch Dach- und Deckenplatten aus bewehrtem Porenbeton können als tragende, großformatige Montagebauteile für massive Dächer und Decken im Wohnungsbau zeitsparend eingesetzt werden.
Dachplatten aus diesem Material sind sowohl für Steildächer wie auch für Flachdächer geeignet. Sie werden auf eine Tragkonstruktion aufgelegt und dienen bei entsprechender Verbindung statisch auch zur Gebäudeaussteifung.

Porenbeton ist darüber hinaus nicht brennbar und somit ein möglicher Baustoff für einen wirtschaftlichen Brandschutz. Sonderbauteile wie Stürze und Treppen ergeben einen homogenen Baukörper aus einem Baustoff.

Bimsbetonsteine und Bauteile

Die Tradition der Bimsbetonsteine begann auf deutschen Baustellen erst Ende der 1950er-Jahre. Durch die leichte Verarbeitung und den günstigen Preis, finden diese „schwimmenden Steine" immer mehr Anhänger unter Bauherren.

Gute Wärmedämmfähigkeit

Bimsbetonsteine und -bauteile werden aus Naturbims und Zement hergestellt, geformt und an der Luft oder in Härtekesseln ausgehärtet. Bims schließt bis zu 85 Prozent an Luftanteil in feinen Poren ein. Auch Bimsbetonsteine besitzen deshalb eine poröse Struktur und eine gute Wärmedämmfähigkeit. Bimsbetonsteine gibt es als Hohlblöcke, Vollblöcke oder Vollsteine im Handel. Während Hohlblöcke und Vollblöcke eine Steinhöhe von 23,8 cm besitzen, haben Vollsteine meist eine Höhe von 11,5 cm.
Hohlblöcke werden mit drei unterschiedlich ausgebildeten Kopfseiten gefertigt

- mit Stirnseitentaschen (zur Vermörtelung),
- mit Nut- und Federausbildung (Stoßfugen werden normalerweise nicht vermörtelt) und
- mit glatten Kopfseiten (zur vollfugigen Vermörtelung).

Wärme- und schalldämmendes Mauerwerk

Hohlblöcke werden mit Rohdichten zwischen 0,5 und 2,00 kg/ cdm gefertigt. Die Blöcke mit geringer Rohdichte haben eine gute Wärmedämmeigenschaft und werden deshalb meist bei einschaligen Außenwänden verarbeitet, die später verputzt werden. Hohlblöcke mit höherer Rohdichte verwendet man für Innenwände und mehrschalige Außenwände. Zudem gibt es noch Großblockelemente für wärmedämmendes und/ oder schalldämmendes Mauerwerk.
Vollblöcke dienen vor allem als Ergänzungssteine für Hohlblock- und Vollblockmauerwerk, für tragendes oder nicht tragendes Mauerwerk. Ihre Rohdichte liegt zwischen 0,6 und 2,0 kg/ cdm. Sie setzt man hauptsächlich für schalldämmende Trennwände ein.

Wandbauplatten, auch unter dem Begriff „Bimsdielen“ bekannt, werden unter anderem für nichttragende, leichte Trennwände (nach DIN 4103) verwendet. Sie müssen keine Anforderungen an die Druckfestigkeit erfüllen, da diese Wände nicht vertikal belastet werden.

Komplettes Baukastensystem

Abhängig vom Hersteller gibt es noch zahlreiche Ergänzungssteine, sodass mit Bimsbetonbauteilen ebenfalls ein nahezu komplettes Baukastensystem für Keller, Innenwände, Haustrennwände, Wohnungstrennwände und Erker entsteht. Zusätzliche Ergänzungsprodukte aus Bimsbeton sind: Rollladenkästen, Rollladenblenden, Gurtwickelkästen, U- und L-Steine sowie tragende Stürze und bewehrte Balken-, Stein- und Plattendecken.

Bauelemente aus bewehrtem Bimsbeton

Kostengünstig vorgefertigte Bauteile

Zu den bewehrten Bauelementen (Leichtbeton) mit Bims als Zuschlagstoff zählen Wand- und Deckenplatten, Fertigteildeckenelemente sowie Tür- und Fensterstürze. Diese kostengünstig vorgefertigten tragenden Bauteile aus Bims ermöglichen einen vielseitigen Einsatz beim Bauen und können helfen teurere Baustoffe zu ersetzen.

Beispielsweise Dachplatten aus Bimsbeton eignen sich sowohl für belüftete als auch für unbelüftete Dachkonstruktionen. Die Plattenunterseite wird glatt oder in feinkörniger Kornstruktur geliefert. Diese lässt sich ohne großen Aufwand als Sichtdecke nutzen, und spart dadurch zusätzliche Kosten. Ein positiver Aspekt für Bauherren, die günstig Bauen wollen. Zudem gelten Dächer aus Bimsbeton nach DIN 4102 grundsätzlich als feuerhemmend. Feuerbeständig sind sie dann, wenn sie mindestens 10 cm dick und die Stahleinlagen 2 cm überdeckt sind.

Zwei unterschiedliche Konstruktionssysteme

Auch Fertigteildecken werden aus gefügedichtem Leichtbeton hergestellt. Diese Bimsbeton-Deckenelemente werden in zwei unterschiedlichen Konstruktionssystemen angeboten. Sie unterscheiden sich in Form, Abmessung sowie statischen und konstruktiven Eigenschaften. Gemeinsam ist allen Systemen, dass sie einen geringeren Arbeitsaufwand benötigen als herkömmliche Deckenkonstruktionen und dadurch Zeit und Geld gespart werden kann.

Bei Balkendecken mit tragenden Balken aus bewehrtem Bimsbeton bestehen die tragenden Bauglieder aus stahlbewehrten Bimsbeton-Hohlbalken. Sie werden dicht aneinander verlegt und anschließend mit Vergussbeton verfüllt. Bei dieser Deckenkonstruktion kann der Einbau in der Regel ohne Aufbeton erfolgen, was ebenfalls die Kosten senkt.
Bei der Gitterträgerdecke mit statisch nicht tragenden Hohlkörpern dagegen werden die Hohlkörper zwischen die tragenden Glieder aus vorgefertigten Stahl- oder Spannbetonbalken eingehängt. Nach ihrer Verlegung wird der verbleibende Raum im Trägerbereich bis zur Oberkante der Hohlkörper mit Ortbeton ausgefüllt, der nach Erhärtung die endgültige Tragfähigkeit herstellt.

Ziegelsteine und Ziegelbauteile

Neben Holz hat sicherlich die Ziegelbauweise auf unseren Baustellen die längste Tradition. Auch heute noch ist dieser erschwingliche Baustoff das am meisten verwendete Material zur Errichtung von Innen- und Außenmauern.

Ziegelherstellung

Die Grundstoffe zur Ziegelherstellung sind Ton, Lehm und tonhaltige Erde. Die in einer Tongrube abgebauten Stoffe werden anschließend aufbereitet, zerkleinert und intensiv durchgemischt, bei Leichtziegeln werden zusätzlich Blähtonkügelchen, Sägespäne oder Polystyrolkügelchen zugesetzt. Die so aufbereitete Rohmasse wird in Form gepresst und mit einer Schneidevorrichtung auf das geforderte Rohmaß geschnitten. Es folgt dann der Trocknungsprozess mit Heißluft. Danach werden die Ziegel in einem Tunnelofen computergesteuert gebrannt. Nach dem Ziegelbrand hat der Stein seine endgültige Form.
Im Gegensatz zu bindemittelgebundenen Baustoffen verändert sich die Steinform der Ziegel kaum mehr, denn die Restfeuchte des gebrannten Tons beträgt weniger als 0,5 Masse-Prozent. Mauerziegel werden unterschieden nach

Unterschiedliche Ziegelarten

- Vollziegeln und Hochlochziegeln,
- Leichthochlochziegeln,
- hochfesten Ziegeln und hochfesten Klinkern,
- Keramikklinkern,
- Leichtlanglochziegeln und Leichtlangloch-Ziegelplatten.

Klinker und Vormauerziegel werden oft auch als „Verblender" bezeichnet. Neben ihren Materialeigenschaften zeichnen sie sich durch ihre unterschiedlichen Oberflächenstrukturen und Farbnuancen aus. Bauphysikalisch erfüllen Verblender den Zweck eines dauerhaften und sicheren Schutzes des Hintermauerwerks vor Witterungseinflüssen. Da sie als „Sichtmauerwerk" unverputzt dem Wetter ausgesetzt sind, müssen sie frostbeständig sein. Klinker nehmen weniger Wasser auf als Vormauerziegel und besitzen eine höhere Druckfestigkeit.

Erhöhte Anforderungen an Schallschutz

Hochlochziegel werden überall dort eingesetzt, wo erhöhte Anforderungen an den Schallschutz gestellt werden, z. B. bei Reihen- oder Doppelhaustrennwänden, da sie schwer und fest sind. Ziegel mit Rohdichten ab 1,2 kg/cdm aufwärts sind nicht porosiert und deshalb weniger für den Wärmeschutz geeignet.

Leichthochlochziegel mit Rohdichten zwischen 0,6 und 1,0 kg/cdm können sowohl porosiert als auch nicht porosiert sein. Sie eignen sich für gut wärmedämmende, tragende Außenwände und tragende bzw. nicht tragende Innenwände.

Block- und Planziegel sind Leichthochlochziegel mit verbessertem Wärmeschutz. Für einschalige, geputzte Außenwände mit hohen Anforderungen an den Wärme-, Schall- und Brandschutz sowie die Diffusionsfähigkeit sind diese Ziegel in Verbindung mit Leichtmörteln gut und vorteilhaft zu verarbeiten.

Ziegel sind aufgrund ihrer guten Eigenschaften immer noch die beliebtesten Baumaterialien für Außen- und Innenwände.

Klinker und hochfeste Ziegel sind zur Herstellung hoch beanspruchter (Statik) Außen- und Innenwände geeignet. Keramikklinker dagegen besitzen eine hohe Widerstandsfähigkeit gegen aggressive Stoffe (Säuren und Laugen) und gegenüber intensiver Oberflächenbeanspruchung. Sie werden hauptsächlich im Industriebau benutzt.

n-tv TIPP

Kein Mischmauerwerk

Bauschäden vermeiden

Um Bauschäden zu vermeiden, sollten Sie niemals Mauersteine verschiedener Herstellungstechnik miteinander mischen. Aus Ton gebrannte Mauersteine und solche, die mit Dampfhärtung gefertigt werden, haben unterschiedliche Eigenfeuchte. Diese trocknet aus, durch Kriechen bzw. Schwinden entstehen Verformungen. Dabei entstehen im Mischmauerwerk Spannungen, die zu Rissbildungen führen können.

Beton

Beton ist inzwischen von keiner Baustelle mehr wegzudenken. Gerade in der Fertigung von Kellerwänden spielt er eine wichtig Rolle, denn er ist nicht nur einfach zu verarbeiten, sondern auch bezahlbar.

Grundsätzlich auf Werkbeton zurückgreifen

Beton wird aus Zement, Wasser und Zuschlägen (Sand, Kies, Splitt, chemische Zusätze u. Ä.) hergestellt. Heute wird er aus Kostengründen kaum mehr auf der Baustelle hergestellt, sondern als Transportbeton mit Mischfahrzeugen geliefert. Dieser Lieferbeton wird entsprechend den Anforderungen der Baustelle im Werk gemischt. Das Werk übernimmt auch die entsprechende Garantie. Wird auch nur ein Bestandteil mengenmäßig falsch zugesetzt, entspricht das Ergebnis nicht mehr den normierten Anforderungen. Deshalb sollten Sie für Ihr Haus grundsätzlich auf Werkbeton zurückgreifen. Nur in Ausnahmefällen können geringe Mengen selbst vor Ort gemischt werden. Auf der beiliegenden CD finden Sie eine Übersicht mit den Eigenschaften der unterschiedlichen Betonarten.

Jede Betonsorte wird in einem Sortenverzeichnis unterschieden nach Festigkeitsklasse, Konsistenzbereich und Zusammensetzung. Dieses Sortenverzeichnis oder ein Auszug davon muss dem Abnehmer auf der Baustelle spätestens bei der ersten Lieferung übergeben werden. Darin sollten folgende Angaben enthalten sein:

Wichtige Spezifikationen

- Eignung für unbewehrte Beton- oder Stahlbetonarbeiten,
- Eignung für Außenbauteile,
- Festigkeitsklasse des Betons,
- Konsistenzbereich des Frischbetons,
- Art, Festigkeitsklasse und Menge des Bindemittels,
- Wassergehalt, Wasserzementwert,
- Art, Menge, Sieblinienbereich und Größtkorn des Zuschlags sowie ggf. Abweichungen von der Regelanforderung,
- Art und Menge des zugesetzten Mehlkorns,
- Art und Menge der zugesetzten Betonzusätze,
- Festigkeitsentwicklung bei Beton für Außenbauteile entsprechend der Richtlinie zur Nachbehandlung.

Wandbaustoffe im Überblick

Material		**Kosten**
Kalksandstein	gute Wärmedämmeigenschaften	ca. 48-55 €/ qm
Porenbeton	gute Wärmedämmeigenschaften, hohe Tragfähigkeit	ca. 38-45 €/ qm
Bimsbetonstein	gute Wärme- und Schalldämmung, komplettes Baukastensystem	ca. 35-42 €/ qm
Ziegelsteine	große Formenvielfalt für unterschiedlichste Einsatzgebiete, einfache Verarbeitung	ca. 39-50 €/ qm

Beton (Werkbeton)	einfach zu verarbeiten, Eignung für die unterschiedlichsten Einsatzgebiete	je nach Einsatz ca. 21-55 €/qm

Mit Holz günstig bauen und gestalten

Vielseitiger Baustoff

Holz ist ein vielseitiger Baustoff, den man in nahezu allen Anwendungsbereichen am Bau antrifft, vom Schalungsbrett über den Holzdachstuhl bis hin zum veredelten Parkettfußboden. Bei einem überlegten Einsatz können Sie mit Holz günstig und gleichzeitig qualitativ hervorragend bauen.

Holz als Baustoff

Leichte Bearbeitbarkeit

Die leichte Bearbeitbarkeit und der damit verbundene niedrige Energiebedarf bei Gewinnung und Verarbeitung sind ein Grund, warum Holz als ökologischer Baustoff eingeordnet wird.
Als Baustoff hat Holz bei geringer Dichte eine hohe Steifigkeit und Festigkeit. Zudem ist es relativ resistent gegen Chemikalien, so wird Holz erst bei einem pH-Wert unter 2 oder über 9 angegriffen. Aufgrund seines geringen Wärmeleitvermögens besitzt Holz ein gutes Dämmverhalten. Es kann in roher oder verarbeiteter Form zur Wärmedämmung (Dämmstoff) eingesetzt werden (Faserdämmplatten, Schüttdämmstoff, Balsaholz). Als Nachteil gilt seine Anfälligkeit gegenüber biotischen Faktoren, so kann es von Insekten, Pilzen oder Bakterien angegriffen und seine Substanz nachhaltig zerstört werden.

„Lebender" Baustoff

Grundsätzlich ist Holz ein „lebender" Baustoff, der Formänderungen unterliegt. Mit zunehmendem Alter schwindet Holz und kann sich durch Spannungsabbau verwerfen. Es kann Wasser aufnehmen und abgeben und dadurch zu Verformungen durch Quellen und Schwinden führen. Dies muss bei seinem Einsatz am Bau berücksichtigt werden. Mit einem konstruktiven Holzschutz – eine über Jahrhunderte praktizierte Methode – lassen sich allerdings diese Nachteile ohne chemische Holzschutzmittel vermeiden.
Holz wurde zu allen Zeiten der Baugeschichte als Konstruktionswerkstoff eingesetzt. Neben Fenster und Türen wurden Dachstühle, Holzbrücken, Holzhäuser oder Dacheindeckungen (Holzdach-

schindeln) und Fassaden damit gebaut bzw. verkleidet. Seine gute Bearbeitbarkeit und ökologischen Eigenschaften werden in der vielfältigsten Form beim Hausbau eingesetzt, etwa als

Holzformen

Tischlerholz: Schnittholz, Bretter, Möbelbau, Fensterbau usw.
Ausgangsstoff für Holzwerkstoffe wie z. B. Leimholzplatten, Tischlerplatten, Furnier usw.
Furnierholz für Wand- und Deckenbekleidungen,
Vollholz, u.a. zur Fassadengestaltung bzw. -bekleidung, zur Herstellung von Leimbindern für Dachtragwerke.

Dachstuhlkonstruktionen werden meist mit Vollholz errichtet.

Mit Holzwerkstoffen günstig bauen

Wenn Sie mit Holz bauen wollen, müssen Sie nicht immer auf die teuren Vollholzelemente zurückgreifen. Haben Sie schon einmal über die sogenannten Holzwerkstoffe als bezahlbare und qualitativ gleichwertige Alternative nachgedacht?

Holzwerkstoffe mit vielfältigen Einsatzmöglichkeiten

Holzwerkstoffe sind Platten und Formteile, die sich in Herstellung, Eigenschaften und Anwendungsbereich erheblich vom Vollholz unterscheiden. Dazu zählt man die Produktgruppen Sperrholz, Spanplatten und Faserplatten. Allen gemeinsam ist der Aufbau aus Einzelstücken bzw. Einzelschichten, die schubfest durch Verkleben miteinander verbunden sind. Dadurch werden verschiedene Nachteile des Vollholzes ausgeglichen.

Sperrholz

Alle Plattentypen mit mindestens drei Holzlagen werden als Sperrholz bezeichnet. Jede Schicht liegt dabei mit ihrer Faserrichtung quer zur nächsten Lage. Seine positiven Eigenschaften sind: Es quillt und schwindet bei wechselnder Luftfeuchte nicht, verzieht sich nicht und kann höhere Belastungen aufnehmen. Sperrholz wird sowohl als Innensperrholz als auch als Außensperrholz hergestellt. Achten Sie deshalb beim Kauf unbedingt darauf, wo Sie es verarbeiten wollen.

Wichtige Sperrholzarten sind

- Baufurniersperrholz (BFU),
- Baufurniersperrholz aus Buche (BFU-BU),
- Baustabsperrholz (BST) – auch als Tischlerplatte bezeichnet,
- Baustäbchensperrholz (BSTAE).

Furniersperrhölzer bestehen aus mindestens drei Furnierlagen und werden in Stärken von 4 mm bis 50 mm hergestellt. Sie werden für tragende Konstruktionen im Holzbau und für die Dachschalung verwendet. Besonders widerstandsfähig ist Sternholz (SN), das aus mindestens drei Furnierlagen besteht, die sich im Winkel von 45 Grad sternförmig kreuzen.

Spanplatten

Aus Holzresten gepresste Spanplatte.

Spanplatten sind preiswert, universell einsetzbar und leicht zu bearbeiten. Spezielle Schrauben sichern haltbare Verbindungen. Deshalb eignen sich Spanplatten vor allem auch für den Eigenbau. Sie können sowohl im Innenausbau (leichte Wände, Decken- und Dachverkleidung, Fußbodenplatte u. Ä.) wie auch bei Außenbauteilen (Dachverschalung, Fassadenplatten u. Ä.) eingesetzt werden. Die Rohstoffe von Spanplatten sind Industrieholz, Industrierestholz (z. B. Sägespäne, Hobelspäne) und Altholz.
Je nach Produktionstechnik unterscheidet man zwischen Flachpressplatten und Strangpressplatten. Flachpressplatten stellt man aus Holzhackschnitzeln (Späne) her, die mit Kunstharzklebstoffen benetzt unter Zusatz chemischer Holzschutzmittel in Pressen verdichtet und nach dem Abkühlen auf Maß geschnitten werden.

Strangpressplatten werden dagegen mit hohem Druck durch ein formgebendes Mundstück gepresst und in Form geschnitten. Angeboten werden rohe Spanplatten (unbehandelte Oberfläche) in verschiedenen Stärken, feuchtigkeitsbeständige Verlegeplatten (V100) mit Nut- und Federverbindung sowie Platten mit Furnier, Kunststoff und anderen verleimten Oberflächen.

n-tv TIPP

Bessere Formstabilität

Grundsätzlich kann eine Spanplatte genauso eingesetzt werden wie Sperrholz. Preislich gesehen ist die Spanplatte die kostengünstigere Variante. Lediglich hinsichtlich der Formstabilität und der Festigkeit liegt das Sperrholz klar im Vorteil.

OSB-Platten

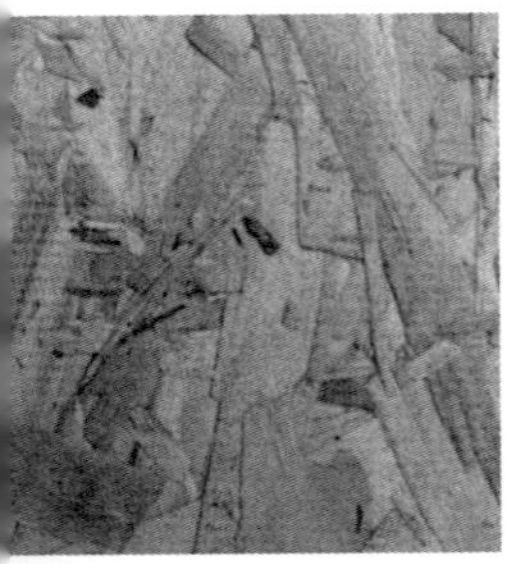

Struktur einer OSB-Platte.

OSB-Platten lassen sich im gesamten Innen- und Außenbau als Wand- und Deckenbeplankung einsetzen. Bei Fußböden können sie als Verlegeplatten dienen (Nut- und Federprofil). Wegen ihrer markanten Optik können Sie diese Platten auch sichtbar einsetzen, wobei die Oberfläche mit Lasuren oder Lacken gestaltet werden kann. Für Eigenleistungen beim Keller- oder Dachausbau, zur Herstellung von Sichtblenden oder beim Carport lassen sich diese Platten günstig und einfach verarbeiten. Bei OSB-Platten werden ca. 6 cm lange Flachspäne in drei Schichten, die mittlere quer zu den beiden anderen, aufeinandergeschichtet und verpresst. Optisch haben sie eine gewisse Ähnlichkeit mit Sperrholz. Ihre Festigkeit und Formstabilität ist etwas höher als die der Spanplatten.

Paneele

Paneele sind eine besonders günstige und einfache Möglichkeit im Innenausbau. Man kann sie etwa zur Vertäfelung von Wand und Decke einsetzen. Befestigt werden sie mit Klammersystemen, die einen einfachen Ein- bzw. Ausbau vor allem in Eigenleistung ermöglichen.

Edelholzfurnier

Wahlweise gibt es mit Edelholz furnierte Sperrholz-, Span- oder Faserplatten (sogenannte Echtholz-Paneele) sowie MDF-Platten, die mit Kunststoff-Dekoroberflächen beschichtet sind. Paneele gibt es rechteckig, als quadratische Kassetten und als streifenförmige Täfelbretter. Ihre Verlegung erfolgt meist auf einer Latten- oder Metallprofilunterkonstruktion. Dadurch entsteht ein Lufthohlraum zwischen Wand und Bekleidung. Diesen können Sie zur zusätzlichen Wärmedämmung bzw. Schalldämmung Ihrer Wand oder Decke nutzen. Dabei wird einfach ein geeigneter Dämmstoff, z. B. Mineralfaserplatten, in den Hohlraum eingebracht.

In Feuchträumen (z. B. Bad) eignen sich Paneele mit MDF-Trägermaterial in formaldehydfreier Verleimung. Hier sollte die Unterkonstruktion aus imprägnierten Latten oder Metallprofilen bestehen.

Für Feuchträume geeignet

n-tv TIPP

Paneele direkt aufkleben

Bei trockenen und ebenen Untergründen, z. B. Betonwände und -decken, gibt es auch die Möglichkeit, auf eine Unterkonstruktion ganz zu verzichten. Dabei werden die Holzbretter mithilfe eines Spezialklebers direkt auf die Wand geklebt. Sie müssen allerdings so lange fixiert werden, bis der Klebstoff ausgehärtet ist. Diese Verarbeitungsweise spart natürlich Materialkosten und Arbeitszeit.

Holzwerkstoffe im Überblick

Material		**Kosten**
Sperrholz	hohe Belastbarkeit, verformt sich nicht, leicht zu bearbeiten	ca. 8-16 €/ qm
Spanplatten	preiswert, leicht zu bearbeiten	ca. 6-8 €/ qm
OSB-Platten	sehr hohe Belastbarkeit und Formbeständigkeit, attraktive Oberfläche	ca. 10-13 €/ qm
Paneele	vielfältige Oberflächen, einfach und schnell zu verarbeiten	ca. 7-10 €/ qm

Dämmstoffe helfen beim Sparen

Fachgemäße Dämmstoffwahl

Heute ist es unumgänglich, sein Haus mit Dämmstoffen zusätzlich zu schützen. Ohne den Einsatz von Wärmedämmstoffen lassen sich die geforderten Werte der EnEV, ohne großen finanziellen und konstruktiven Aufwand, kaum erzielen. Preiswert zu bauen heißt vor allem in Bezug auf die fachgemäße Dämmstoffwahl nicht unbedingt das im Baustoffmarkt billigste angebotene Material zu kaufen. Da die Palette der für den Hausbau zulässigen Dämmstoffe sehr breit gefächert ist, sollten Sie unbedingt beim Kauf darauf achten, dass Ihr Dämmstoff den vorgeschriebenen Normen entspricht und für den entsprechend geplanten Anwendungsbereich auch zugelassen ist. Leider gibt es – meist von ausländischen Herstellern – hier immer wieder Produkte, die über den Preis verkauft werden und nicht den deutschen Anforderungen entsprechen. Haben Sie Zweifel, lassen Sie sich auf Ihrem Kaufbeleg oder dem Lieferschein die Eignung nach Norm und die Bauzulassung bestätigen. Nachfolgend werden die in Deutschland am häufigsten verwendeten Baudämmstoffe mit ihren Merkmalen dargestellt.

Mineralwolle-Dämmstoffe

Die Bahnen aus Glas- oder Steinwolle lassen sich leicht verarbeiten und sind auch vergleichsweise günstig mit einem Preis von um 10 €/ qm. Ihr Vorteil ist, sie sind weich und schmiegen sich an die umgebenden Flächen an.

Wärmedämmung und Schallschutz

Mineralwolle ist ein Sammelbegriff für alle Glaswolle- bzw. Steinwolle-Dämmstoffe für den Hoch- und Tiefbau. Sie eignen sich nicht nur für die Wärmedämmung, sondern auch für den Schallschutz an oder in Gebäuden. Generell gilt, dass Mineralwolle-Dämmstoffe für alle Bereiche des Schallschutzes bestens geeignet sind. Für den Trittschallschutz (in Geschossdecken) sollten Sie dafür gekennzeichnete Trittschalldämmplatten der Anwendungstypen T und TK verwenden. Geht es um den Luftschallschutz (Trennwand zum Nachbarn), eignen sich Mineralwolle-Platten, Matten und Filze der Anwendungstypen W, WL, WD und WV. Außerdem sind sie nach DIN 4102 beim Brandschutz in die Baustoffklasse A 1 nicht brennbar eingeordnet.

Die typischen Mineralwolledämmmatten werden so eingepasst, dass sie zwischen den Dachsparren eine dicke Dämmschicht ergeben.

Herstellung

Mineralfasern können aus einer Vielzahl von Rohstoffen hergestellt werden. Sie können wie bei der Glasherstellung aus technischen Stoffen und Mineralien, aber auch aus natürlichem Gestein und Schlacken geschmolzen werden. Die wesentlichen Bestandteile heutiger Mineralwolle für die Wärmedämmung sind Siliciumdioxid (Quarz) und Calciumoxid (CaO). Bei der Herstellung von Mineralwolle werden, in Abhängigkeit vom Produktionsprozess, bis zu 70-Prozent-Altglas zugesetzt. Die Zusammensetzung beeinflusst sowohl die chemischen Eigenschaften wie auch die Beständigkeit gegen höhere Temperaturen (Brandschutz).
Im Handel werden verschiedene Produktvarianten angeboten:

Unterschiedliche Arten

Lose Mineralwolle wird als Stopfdämpfung zum Ausfüllen von Hohlräumen, Spalten und Fugen verwendet. Hierbei sind die von der Berufsgenossenschaft gemachten Auflagen zur Verarbeitung loser Wolle unbedingt zu beachten.

Dachdämmung

Komprimierte Filze, z. B. Rollfilze, eignen sich für die Dämmung von Dächern zwischen Sparren und Balkenlage oder als Auflage bei Flachdachkonstruktionen und Betondecken. Bei kaschierten Filzen muss die Konstruktion raumseitig dampfbremsend und luftdicht (Warmseite) ausgeführt werden, um Feuchteschäden durch Dampfdiffusion zu vermeiden.

Dämmung von Außenwänden

Mineralwolleplatten setzt man als druckbelastbare Platten im Flachdach ebenso ein wie bei weich federnder Dämmung für leichte, unbelastete Trennwände, biegesteife Vorsatzschalen oder schwimmende Estriche. Für die Dämmung zwischen den Dachsparren bieten die meisten Hersteller heute speziell dafür entwickelte Dämmplatten, mit denen Sie schnell und günstig Ihre Dachdämmung ausführen können. Die Produktbezeichnungen dafür lauten z. B. Dämmkeil, Klemmfilz, Flexirock, wobei die Platten vor Ort von ihnen zugeschnitten und in das Sparrenfeld eingepasst werden.

Für die Dämmung von Außenwänden, hinterlüfteten Fassadenkonstruktionen, zweischaligem Mauerwerk, Wärmeverbundsystemen u. Ä. werden Fassadendämmplatten eingesetzt. Sie sind preislich günstig, leicht zu verarbeiten, anpassungsfähig, diffusionsoffen und wasserabweisend. Neben dem Wärmeschutz verbessern sie auch den Schallschutz vor Außenlärm und den Brandschutz in der Fassade.
Die weich federnde Eigenschaft der Mineralwolleplatten führt unter schwimmendem Estrich verlegt zu einer effektiven Verbesserung des Trittschallschutzes von Decken. Für schwimmende Fertigteilestriche, z. B. unter Holzspanplatten $\geq$ 22 mm, liefert die Industrie spezielle Dämmplatten.

Dämmstoff aus natürlichen Rohstoffen

Mineralwolledämmstoffe werden aus natürlichen Rohstoffen wie Altglas, Diabas, Basalt, Dolomit usw. hergestellt. Der Primärenergieeinsatz für Herstellung und Distribution liegt bei rund 20 MJ/kg. Beim Niedrigenergiehaus (gemäß EnEV) wird dieser Primärenergieeinsatz bereits nach einer Heizperiode eingespart und man benötigt durch die Wärmedämmung dann erheblich weniger Energie und schont die Umwelt.
Reste von Mineralwolledämmstoffen können auf die Bauschuttdeponie verbracht werden. Einzelne Hersteller nehmen diese auch wieder zurück und führen sie ihrem Herstellungsprozess wieder zu.

Geschäumte Dämmstoffe

Geschäumte Dämmstoffe zählen mit zu den günstigsten Dämmmaterialien (unter 10 €/qm). Auch sie lassen sich einfach verarbei-

ten. Da sie allerdings starr sind, müssen sie exakt eingepasst werden, damit sie ihre dämmende Wirkung auch erfüllen.
In dieser großen Dämmstoffgruppe werden folgende Produkte unterschieden: Polystyrol-(PS-) Hartschaum und Polyurethan-(PUR-) Hartschaum. Dabei wird Polystyrol-Hartschaum nochmals unterteilt in Partikelschaum (PS) und Extruderschaum (EPS).

Polystyrol-Hartschaum

Sein bekanntester Handelsname ist Styropor. Er wird aus dem Rohstoff Styrol hergestellt, einem ungesättigten Kohlenwasserstoff. Die farblose, wasserunlösliche Flüssigkeit polymerisiert leicht und kommt in Form von rundlichen, glasigen Perlen auf den Markt. Diese werden in Vorschaumgeräten mit Dampf erhitzt, erweicht und von dem verdampfenden Treibmittel zu Zellen aufgebläht. Heute angebotene Schaumdämmstoffe aus deutscher Produktion sind frei von schädlichen Umweltstoffen und werden mit Treibmitteln erzeugt, die die Umwelt nicht belasten.

Hartschaumarten

Hartschaumplatten (PS)

Hartschaumplatten werden in Blöcken geschäumt und anschließend mit beheizten Drähten zu Platten geschnitten. Sie erkennen diese an der sägerauen Oberfläche der Einzelplatte. Hartschaumplatten in einer Form einzeln geschäumt bezeichnet man auch als Automatenplatten. Diese erkennen Sie an der beidseitig glatten und dichten Plattenoberfläche. Diese Automatenplatten werden einzeln in den gewünschten Abmessungen und in beliebiger Gestaltung, z. B. mit Falzen, Kanälen, Oberflächendekor u. Ä., gefertigt.

Polystyrol-Extruderschaum-Dämmstoffe (EPS)

EPS-Dämmstoffe werden dagegen im Strangverfahren gefertigt. Bei dieser Technik werden in Bandschäumanlagen kontinuierlich Endlosstränge hergestellt. Eine mitlaufende Schneideanlage längt den Strang auf das gewünschte Plattenmaß ab. EPS-Dämmstoffe besitzen eine höhere Druckfestigkeit als Dämmstoffe nach dem Blockschäumverfahren.

Hohe Druckfestigkeit

Alle Dämmstoffe aus Polystyrol-Partikelhartschaum müssen schwerentflammbar (Baustoffklasse B 1) nach DIN 4102 sein. Das wird durch Zusatz von chemischen Stoffen während des Herstellungsprozesses erreicht. Zu beachten gilt ferner, dass solche

EPS gut ablagern

Dämmstoffplatten gut abgelagert sein sollten, bevor sie eingebaut werden. Denn eine Besonderheit ist, dass die Platten ihr Treibmittel nicht sofort, sondern erst nach einiger Zeit abgeben und die Platte dabei schrumpft. So besteht bei frischen Platten, wenn sie nicht ausreichend abgelagert sind und sofort eingebaut werden, die Gefahr der Verformung. Der Fachmann spricht hier vom „Schüsseln" der Platten. Werden PS-Hartschaumplatten als Verbundplatten mit anderen Stoffen, z. B. mit folienkaschierten Oberflächen, geliefert, so ist zumindest der Nachweis der Baustoffklasse B 2 mit einem Prüfzeugnis zu erbringen. Bei der Verarbeitung der Platten ist zu beachten, dass zum Verkleben der Polystyrol-Platten nur Klebstoff ohne organische Lösemittel verwendet werden darf. Im Handel werden dafür spezielle Kleber angeboten. Achten Sie deshalb unbedingt darauf, den richtigen Kleber zu verarbeiten, da sonst die Platte angelöst bzw. zerstört werden kann.

Dämmstoffe aus Polystyrol-Extruderschaum besitzen eine relativ hohe Druckfestigkeit bei zähelastischem Materialverhalten. Sie können diese Dämmstoffe besonders im Dachbereich (Flachdach und Steildach), als Wärmedämmung hoch belasteter Fußböden und als Perimeterdämmung erdberührender Bauteile einsetzen.
Beim Flachdach lassen sie sich als Platten oder Rollbahn-Dachelemente (auf Dachbahnen in Streifen aufkaschiert) oder als Automatenplatten mit Stufenfalz verarbeiten. Ein Anwendungsbereich ist auch das bepflanzte Gründach, wobei hier je nach Hersteller spezielle Elemente eingesetzt werden.
Im Steildach können sie unter dem Sparren (Rauminnenseite) mit Bauplatten oder Gipskartonplatten kaschiert, auch nachträglich, eingebaut werden. Zur Dämmung zwischen den Sparren werden flexible Platten, zur Dämmung auf dem Sparren (Außenseite) meist große Formate mit oder ohne Stufenfalz verwendet. Aus Gewichtsgründen werden man sie auch als Dämmstoff in den Einzelelementen von Dachsystemen.

Auflagesystem für Steildächer

Als sogenanntes Auflagesystem werden EPS-Platten in Steildächern über den Sparren eingebaut. Bei diesem System sind die Platten meist mit Regen abweisendem Stufenfalz und integrierter Konterlattung zur Belüftung der abschließenden Dacheindeckung versehen. Eine technische Lösung, die Material und Arbeitsschritte durch Fertigbauteile spart und deswegen besonders günstig ist.

Verschiedene Hersteller bieten auch Polystyrol-Dämmplatten für die Perimeterdämmung an. Bei der sogenannten „Perimeterdämmung“ werden alle erdberührenden Bauteile des Gebäudes – Kellerwände und Kellerfußboden bzw. die nicht unterkellerte Bodenplatte – gegen das Erdreich mit einem Wärmedämmstoff isoliert. Dieser muss für eine Perimeterdämmung bauamtlich zugelassen und resistent gegen im Erdreich vorkommende Stoffe sein.

Trittschallschutz im Deckenbereich

Auch für den Trittschallschutz im Deckenbereich lassen sich PS-Platten einsetzen. Dafür dürfen nur zugelassene und entsprechend gekennzeichnete Platten mit ausreichender dynamischer Steifigkeit verwendet werden. Diese Anwendungsform wird besonders im Trockenbau eingesetzt. Hier bieten Hersteller verschiedene Systeme an, z. B. Bodenfertigelemente mit Dämmung, auf die dann nur noch der Bodenbelag aufgebracht werden muss. Auch das ist eine gute Lösung, um günstig bauen zu können.

Polyurethan-Hartschaumstoff (PUR)

PUR-Dämmstoffe unterscheiden sich in einigen Eigenschaften vom Polystyrol-Hartschaum (PS). Polyurethan-Hartschaum ist ein duroplastischer Kunststoff, räumlich stark vernetzt und nicht schmelzbar. Das Volumen der Hartschaumplatten besteht nur zu einem geringen Teil aus Feststoff.

Dämmstoff aus Rohöl

Zur Herstellung von PUR-Hartschaum dient als Rohstoffbasis Erdöl, aus der die beiden Hauptkomponenten Polyol und Isocyanat oder Polyisocyanat hergestellt werden. Da die Ölpreise ständig steigen, verändert sich auch der Preis für diesen Dämmstoff laufend. Durch Zusatz von Aktivatoren, Stabilisatoren und Flammschutzmitteln lassen sich die Rezepturen auf den geforderten Einsatz abstimmen. Das früher verwendete Treibmittel FCKW wurde durch umweltschonendere (Pentan, Wasserdampf, HFCKW) Stoffe ersetzt.

Dämmstoffe in vielfältiger Gestalt

Zur Produktion sind je nach Hersteller unterschiedliche Verfahren entwickelt worden. Die zwei bekanntesten Techniken sind das Blockschaumverfahren und das Doppelbandverfahren. Aus Blöcken werden geschnittene Platten und Formteile (Keile, Rohrschalen) oder mit Deckschichten Laminate und Sandwichelemente unterschiedlicher Art hergestellt. Beim Doppelbandverfahren werden die Platten sofort mit Deckschichten aus z. B. Dach- und

Dichtungsbahnen, Glasvlies, Metall- oder Kunststofffolien belegt. Die Platten- bzw. Elementseiten werden meist mit Nut und Feder ausgebildet. Andere Deckschichten sind Gipskarton-, Faserzement- oder Spanplatten.

„Montageschaum“

Polyurethan kann auch vor Ort, als Ortschaum, eingesetzt werden. Die Anforderungen an diesen Ortschaum sind in DIN 18159 T1 „Schaumkunststoffe als Ortschäume im Bauwesen“ und dem AGI-Arbeitsblatt Q 113 festgelegt (AGI = Arbeitsgemeinschaft Industriebau). Dieser Ortschaum wird am Bau oft auch als „Montageschaum“ bezeichnet und z. B. zur Fixierung von Türzargen oder Fensterstöcken eingesetzt.

PUR-Hartschaum ist gegen die am Bau üblicherweise vorkommenden Stoffe resistent. Es ist ausreichend alterungsbeständig, soweit es UV-Bestrahlung ausgesetzt ist. Der Hartschaum kann auch in Verbindung mit Kunststofffolien für die Dachhaut (Flachdach) verarbeitet werden, da er keine Affinität zu weichmacherhaltigen PVC-Folien besitzt. Außerdem ist PUR weit gehend beständig gegen die am Bau vorkommenden Lösungsmittel, wie sie beispielweise in Quellschweißmitteln, Klebern, bituminösen Anstrichen und Pasten, Holzschutzmitteln und Dichtungsmassen vorhanden sind. Zudem sind sie beständig gegen Mineralöle, verdünnte Säuren und Alkalien oder aggressive Atmosphäre. Daher ist ihre Verwendung als Perimeterdämmung bei erdberührenden Bauteilen besonders gut. Allerdings müssen auch sie eine entsprechende bauliche Zulassung dafür besitzen.

Nach DIN 18164 T1 wird zwischen den Anwendungstypen WD (Wärmedämmstoff, druckbelastet) und WS (Wärmedämmstoff mit erhöhter Belastbarkeit) unterschieden. Bei der Steildachdämmung werden bevorzugt PUR-Platten vom Typ WD verarbeitet. Besitzen die Platten eine metallische oder diffusionsdichte Deckschicht, lautet ihre Typenbezeichnung WDM oder WSM.

Schaumglas

Relativ teurer Wärmedämmstoff

Schaumglas ist zwar ein relativ teurer Wärmedämmstoff, lässt sich aber einfach verarbeiten und ist ökologisch eine hochwertige und langlebige Alternative zu anderen Dämmstoffen dar. Seine Langlebigkeit und seine geringe Schadensanfälligkeit machen Schaumglas trotzdem zu einem wertvollen Baumaterial für Bau-

herren, die auf hohe Qualität zu einem guten Preis-Leistungs-Verhältnis achten, besonders bei der Dämmung von Flachdächern und im Erdreich.
Schaumglas als Wärmedämmstoff wird aus natürlichen Rohstoffen wie Sand, Dolomit, Kalk u. Ä. und Recyclingglas mit einer geringen Menge Kohlenstoff (Ruß) versetzt und unter Hitze aufgeschäumt. Bei der Produktion werden keine Treibgase verwendet, die umweltschädlich sind. Es wird im Handel als Dämmplatte oder lose Schüttung angeboten. Schaumglas gilt als ökologisch hochwertiger Dämmstoff mit langer Lebensdauer und bietet ein günstiges Kosten-Nutzen-Verhältnis. Seine Verarbeitung am Bau ist relativ einfach. Schaumglas-Dämmplatten werden bei hoch belasteten Flachdächern und Terrassen, unter Gründächern, als Perimeterdämmung im Erdreich, unter Bodenplatten, bei wasserdichten Kellern, Schwimmhallen und Bädern und an Wänden zur Wärmedämmung eingesetzt. Die lose Variante als Schaumglas-Schüttdämmung oder Schaumglas-Granulat wird hauptsächlich als Wärmedämmung im Erdreich unter Bodenplatten und bei Außenwänden im Erdreich verwendet. Die Druckfestigkeit von Schaumglasplatten ist relativ hoch.

Dämmstoffkörnungen und -schüttungen

Die beiden hier vorgestellten Dämmschüttungen sind sowohl für die Sanierung alter Gebäude wie auch für den Neubau. Besonders beim späteren Ausbau des Dachgeschosses in Eigenleistung bietet sich Dämmschüttung als preisgünstige Möglichkeit der Dämmung an.

Sowohl für Sanierung wie auch für den Neubau

Perlit

Aus dem vulkanischen Gestein Perlit wird die Dämmstoffkörnung Perlite hergestellt. Das zerkleinerte Gestein wird dabei auf mehr als 1000 °C erhitzt und zum Schmelzen gebracht. Das im Gestein eingeschlossene natürliche Wasser verwandelt sich dabei in Wasserdampf und bläht die Glasschmelze um ein Vielfaches auf. Die daraus entstehende Körnung des Perlit-Gesteins wird als Dämmstoffschüttung zur Wärmedämmung von Gebäuden eingesetzt. Aufgrund seiner mineralischen Herkunft ist Perlite nicht brennbar (Baustoffklasse A1 nach DIN 4102), es ist nicht verrottbar und

Dämmstoff aus Vulkangestein

schrumpft nicht. Geliefert wird die Trockenschüttung in Säcken oder Silofahrzeugen. Am Bau wird der Dämmstoff als sogenannte Trockenschüttung zum Höhenausgleich bei Fußböden, als Dämmschüttung von Geschoss- und Holzbalkendecken, bei zweischaligen Wandkonstruktionen als Dämmstoff (Kerndämmung) zwischen den Schalen, als Mörtelzusatz (Leichtmörtel), als Estrich oder Betonleichtzuschlagstoff verwendet.
Geliefert wird Perlite auch als Wärmedämmputz, der unmittelbar außen auf die Außenwand aufgebracht wird. Bei Verarbeitung hochdämmender Wandbaustoffe wird Perlite-Dämmmörtel verarbeitet. Auch als Pflanzsubstrat bei Dachbegrünungen kann die Schüttung verwendet werden.

Blähton

Gebrannte Tonkügelchen

Eine weitere Form der Trockenschüttung wird aus Blähton hergestellt. Bei der Herstellung werden aus Ton gebrannte Kügelchen, die beim Brennen im Ofen durch ihren Wassereinschluss pröse Strukturen bilden, hergestellt. Aufgrund ihrer festen Oberflächenhülle sind sie als Schüttung sehr lagestabil und besitzen eine hohe Druckfestigkeit. Blähton gehört der Baustoffklasse A1 nicht brennbar nach DIN 4102 an.
Blähton-Schüttungen werden als lose oder gebundene Schüttungen eingesetzt. Da die Rohdichte variiert werden kann, kann im Einzelfall die Schüttung auf die Anforderung als Wärmedämmung oder Schallschutz abgestimmt werden. Eingesetzt wird sie unter Estrich oder in Holzbalkendecken, als Verfüllung von Dränagen, als Aufbauschicht in Verbindung mit einer Mörtelschicht (Estrich) unter z. B. Fliesenbelägen oder Holzwerkstoffplatten oder als Tragschicht auf Rohbetondecken.

Naturgewachsene „ökologische“ Dämmstoffe

Teurer als Industrieware

Zu den naturgewachsenen Baustoffen zählen neben Holz auch organische Dämmstoffe, sie sind wichtige Elemente des „ökologischen Bauens“. Nachfolgend eine Auswahl der gebräuchlichsten naturgewachsenen Dämmstoffe. Grundsätzlich müssen Sie sich, falls Sie mit solchen Baustoffen bauen möchten, darüber im Klaren sein, dass diese Dämmstoffe wegen ihrer komplexeren Herstellung teurer sind als solche, die als industriell produzierte Massenware auf den Markt kommen.

Kokosfasern

Kokosfaser wird aus der Umhüllung der Kokosnuss gewonnen. Zurück bleibt die fäulnisresistente sogenannte Kokosfaser, die nach einem Wasch- und Trockenprozess in den Handel kommt.
Kokosfasern sind elastisch, reiß- und bruchfest, sind fäulnissicher auch bei intensiver Berührung mit Wasser und geruchlos. Verfilzt haben sie eine gute Wärme- und Schalldämmeigenschaft. Als Kokoswandplatte werden sie zur zusätzlichen Innendämmung der Wände, zugleich als Putzträger, verwendet.

Naturkork

Kork für Bauzwecke wird aus der äußeren Rinde der Korkeiche gewonnen. Dieser Baum wächst hauptsächlich in Südfrankreich, Spanien, Portugal und an der Küste Nordafrikas.
Rund 50 Prozent des Volumens von Kork ist Luft. Das macht das Material leicht und schwimmfähig, widerstandsfähig gegen Eindringen von Feuchte, zusammenpressbar und elastisch. Daraus werden Korkschrot (lose Schüttung) oder Dämmplatten ohne Beimischung von Zusatzstoffen oder Bindemittel hergestellt. Dämmkorkplatten werden aus Korkgranulat gefertigt.
Korkschrot kann überall dort eingesetzt werden, wo eine Schüttdämmung Anwendung findet wie z. B. zwischen den Balkenlagen von Holzdecken.
Korkdämmplatten gibt es in den Stärken zwischen 10 mm und 100 mm. Verarbeitet werden sie im Dachbereich, zur Innen- und Außenwanddämmung, bei hinterlüfteten Fassadenkonstruktionen und im gesamten Deckenbereich. Korkdämmplatten besitzen eine hohe Druckbelastbarkeit, sind dimensionsstabil, alterungsbeständig, chemisch neutral und beständig gegen Säuren.

Baumwolle

Gute Wärmedämmwerte

Baumwolle besteht fast ausschließlich aus Zellulose. Zum Schutz gegen den Befall durch Nagetiere und Insekten sowie wegen des Brandschutzes wird Baumwolle mit Borax (Borsalz) behandelt. Am Bau wird dieser pflanzliche Dämmstoff z. B. in Form alukaschierter Dämmmatten eingesetzt.

Aufgrund der Faserstruktur lassen sich damit gute Wärmedämmwerte erreichen. Außerdem sind sie dampfdiffusionsoffen (atmungsaktiv) und nehmen in erheblichem Umfang Feuchtigkeit auf. So können sie als Feuchtepuffer zwischen der Raumluft und der Außenluft wirken und das Raumklima verbessern helfen.

Auch Hanffasern werden zu ökologischen Dämmmatten verarbeitet, die z. B. bei der Dachdämmung eingesetzt werden.

Zellulosefasern

Herstellung mit niedrigem Energieaufwand

Dämmstoffe aus Zellulose stammen aus Recyclingmaterialien wie Altpapier, Zeitungspapier oder Jutesäcken. Zellulose nimmt Feuchte auf und gibt sie wieder ab, zudem hat sie gute wärmedämmende Eigenschaften. Eingesetzt wird sie beim Hausbau als Dämmplatten oder Zelluloseflocken.

Dämmplatten aus Zellulose werden mit niedrigem Energieaufwand und umweltschonend hergestellt. Dämmplatten sind in den Stärken zwischen 40 mm und 160 mm im Handel. Verarbeitet werden Zellulose-Dämmplatten zur Steildachdämmung, zur Dämmung leichter Trennwände sowie bei der Elementbauweise als Dämmung der tragenden Außenwände.

Zellulose in Flockenform wird von spezialisierten Fachbetrieben maschinell im Einblas- oder Sprühverfahren in Zwischenschichten der Außenwand, der Geschossdecke und des Dachraumes eingebracht. Sie werden nur mit umweltverträglichen Bindemitteln unter Verzicht auf lösemittelhaltige Kleber verarbeitet. Besonders häufig trifft man diese Art der Dämmung bei Holzhäusern mit Holzständerwerk und Holzdecken an.

Schafwolle

Als Rohstoff dieses Dämmstoffes wird Wolle eingesetzt, die im Textilbereich nicht verwendet wird. Hauptlieferant dieser Wollen war bisher Neuseeland. Zur Verbesserung des brandschutztechnischen Verhaltens muss Borsalz mit verarbeitet werden, während altbewährte Harnstoffderivate selektiv gegen Insekten (Motten, Teppichkäfer) wirken.

Borsalz verbessert den Brandschutz

Nach der Faseraufbereitung (waschen, reinigen) werden die Rohstoffe zu Einzelfasern aufgelöst, dabei entsteht das sogenannte Flor- oder Primärvlies. Auf einem Band erfolgt dann durch maschinelles Vernadeln die Bindung der Fasern. Die Imprägnierung erfolgt dabei oft gleichzeitig oder nachträglich. Schafwolle ergibt aufgrund seiner guten ökologischen Eigenschaften ein besonders angenehmes Raumklima.

Hergestellt werden gerollte Dämmmatten oder Dämmplatten, auch mit dem Zusatz von Textilfasern. Dämmmatten, ebenso wie Dämmplatten aus Schafwolle, werden hauptsächlich in der Steildach- und Außenwanddämmung bei Holzständerbauweisen sowie in den Hohlräumen bei Trennwandkonstruktionen aus Gipskarton- und ML-Platten eingesetzt. Wegen ihrer guten Schallabsorptionswerte baut man sie auch als Auflage auf Unter- und Akustikdecken ein.

Ökologisch wertvoller Dämmstoff

Zwar ist Schafwolle ein ökologisch wertvoller Dämmstoff, doch nach einer anfänglichen Euphorie wird sie heute nur noch relativ selten am Bau eingesetzt. Denn im Vergleich zu industriellen Massendämmstoffen ist dieser Dämmstoff sehr teuer.

Flachs

Dämmelemente aus Flachsfasern haben auch beim Hausbau mittlerweile ihre Befürworter gefunden. Zum Schutz gegen Nager und Insektenbefall werden die Flachsfasern mit Borsalz imprägniert. Zur Stabilisierung werden PE-Stützfasern beigegeben. Hergestellt werden vor allem Dämmfilze für die Trittschalldämmung sowie Dämmmatten. Beim Hausbau werden Flachsdämmstoffe hauptsächlich zur Zwischensparrendämmung und zur Wanddämmung im Holzständer- und Holzrahmenbau eingesetzt.

Wärmedämmstoffe im Überblick

Material	**Brandschutz-klasse**	**k-Wert**	**Kosten**
Steinwolle	A1/ A2/ B1	0,33-0,41	ca. 8-12 €/ qm
Glaswolle	A1/ A2/ B1	0,31-0,35	ca. 8-11 €/ qm
EPS	B1	0,35-0,4	ca. 3-6 €/ qm
PUR	B1/ B2	0,2-0,35	ca. 26 €/ qm
Schaumglas	A1	0,4-0,55	ca. 28-31 €/ qm
Perlit	A1	0,5	ca. 9-13 €/ qm
Blähton	A1	1,0-1,6	ca. 14-19 €/ qm
Kokosfasern	B2	0,5	ca. 17-20 €/ qm
Kork	B2	0,45-0,5	ca. 15-20 €/ qm
Baumwolle	B2	0,4	ca. 15 €/ qm
Zellulose	B2	0,4-0,45	ca. 13-23 €/ qm
Schafwolle	B2	0,4-0,45	ca. 12-18 €/ qm
Flachs	B2	0,4-0,45	ca. 15-20 €/ qm

Dachbaustoffe für Ihr Haus

Ein Dach besteht vor allem aus der Dachhaut (Dacheindeckung aus z. B. Ziegel, Betondachsteine u. Ä.) und dem eigentlichen Dachtragwerk. Bei der Auswahl von Tragsystemen spielt in erster Linie die Wirtschaftlichkeit eine Rolle. Zwar ergeben sich manchmal aus der vorgesehenen Nutzung des Dachraumes bestimmte Anforderungen, doch stehen auch dann verschiedene Möglichkeiten zur Wahl. Bei deren Wahl kann der Kostenunterschied beträchtlich sein. Der Aufwand für ein kompliziertes Dachtragwerk kann oft mehr als 50 Prozent gegenüber dem eines einfachen Systems betragen. Noch günstiger kann es mit einem Fertigdach sein.

Aufbau des Daches

Den meisten Dachtragwerken liegt ein Konstruktionssystem zu Grunde, das schon jahrtausendealt ist: Aus stabförmigen Baugliedern werden mehrere Trägerlagen kreuzweise übereinandergelegt, wobei der Trägerabstand oben am geringsten und unten am größten ist. Gewöhnlich werden bis zu vier Lagen angeordnet als:

Konstruktionssystem

- Dachlatten,
- Sparren,
- Pfetten und
- Binder.

Baustoffe für die Dachoberfläche

Unter Dachbaustoffen im Speziellen versteht man alle Baustoffe, mit denen die Dachoberfläche vor Witterung geschützt wird. Die Preisunterschiede der reinen Stoffkosten zwischen den unterschiedlichen Materialien sind heute nicht mehr sehr gravierend. Zur Dacheindeckung sollten Sie den Baustoff wählen, der nach der örtlichen Baugenehmigung zulässig ist und der Ihren Gestaltungswünschen, Preisvorstellungen sowie Ihren finanziellen Möglichkeiten entspricht. Seien Sie vorsichtig bei sogenannten Sonderangeboten und Qualitäten zweiter Wahl, achten Sie darauf, dass Materialgarantie sowie Lebensdauer nicht eingeschränkt sind. Es hilft Ihnen wenig, wenn Sie beim Neubau dadurch sparen können, aber in kurzer Zeit Reparaturen fällig werden.

Baugenehmigung beachten

Windsog

Alle Dachbaustoffe sollten gegen Windsog gesichert werden, besonders an den Randbereichen des Daches und dem First, damit beim nächsten Sturm die Pfannen nicht vom Dach geweht werden.
Die Dacheindeckung sollte im Regelfall vom Dachdecker ausgeführt werden. Lassen Sie sich nicht von ortsfremden Kolonnen überreden, die angeblich billiger arbeiten als der regionale Handwerker. Im Einzelfall kann das zutreffen. Bedenken Sie jedoch immer, dass im Schadensfall, wenn Sie Garantieansprüche durchsetzen wollen, der Aufwand durch eine Klage sehr hoch sein kann und der Verarbeiter entsprechende Anfahrkosten und Aufwendungen abrechnen wird. Falls Sie das Dach selbst eindecken wollen, sind auch für Sie die Schutzauflagen der Berufsgenossenschaft zu beachten, z. B. ab 3 m Traufhöhe muss ein Gerüst gestellt werden.

n-tv TIPP

Keine Experimente

Angebote einholen

Nehmen Sie die Dacheindeckung nur dann selbst vor, wenn Sie die fachlichen und körperlichen Voraussetzungen dafür mitbringen. Falls Sie einen Dachdecker beauftragen wollen, holen Sie sich von Handwerksbetrieben, die nicht mehr als 50 km im Umkreis ihren Sitz haben, mindestens von drei Firmen Angebote ein. Vertrauen Sie keinen reisenden Kolonnen, auch wenn deren Angebot noch so verlockend ist. Vorsicht ist geboten, wenn man von ihnen für eine erbrachte Leistung eine direkte Bezahlung in Bargeld verlangt. Ein seriöser Handwerker arbeitet immer auf Rechnung mit genauer Leistungsbeschreibung. Andernfalls haben Sie keinen Beweis dafür, welche Leistung erbracht wurde.

Dachziegel

Auch wenn Dachziegel nicht die kostengünstigste Form der Dacheindeckung sind, wollen die meisten Bauherren nicht darauf verzichten. Auch hier gibt es allerdings Unterschiede in der Qualität und gewisse Möglichkeiten, damit erschwinglich zu bauen.

Dachziegel sind aus Ton gebrannte, wasserundurchlässige, flache oder gebogene Platten. Sie werden zur Eindeckung geneigter Dachflächen (Steildach) verwendet. Beim Ziegeldach besteht die Dachhaut (Dacheindeckung) aus einzeln an den Dachlatten aufgehängten, einheitlich großen Elementen. Sie sind leicht zu verlegen und durch ihre Form untereinander beweglich. So können sie Bewegungen des Dachstuhls (Dachkonstruktion) aufnehmen, ohne dass Spannungen in der Dachfläche entstehen. Wichtig ist auch, dass sie vor Windsog zusätzlich mit entsprechend zugelassenen Metallhaken gesichert werden. Die Lebensdauer eines Ziegeldaches entspricht, unter normalen Bedingungen, denen des Gebäudes.

Leicht zu verlegen

Für Dachziegel gibt es speziell abgestimmte und leicht zu verlegende Dämmelemente aus Hartschaum.

Die bekanntesten Dachziegelformen sind

Dachziegelformen

- Flachdachpfannen,
- Reformpfannen,
- Falzziegel und
- Biberschwanzziegel.

Zudem gibt es noch

- Flachkremper,
- Kronenkremper,
- Hohlpfannen

Außerdem wird noch nach Art der Herstellung unterschieden:

Strangdachziegel werden in einem endlosen Tonstrang hergestellt. Zu ihnen zählt man den Biberschwanz, die Hohlpfanne und die Flachdachpfanne.

Pressdachziegel sind rundum verfalzt wie Falzziegel, Flachdachpfanne oder Reformpfanne oder haben eine konische Formgebung wie Mönch und Nonne oder Krempziegel. Eine Verfalzung ist wichtig, da sie durch ihre Überdeckung mit dem nachfolgenden Ziegel die Wind- und Regensicherheit bildet.

n-tv TIPP

Kosten senken durch Großflächenziegel

Einsparungen bis zu 25 Prozent

Neben diesen traditionellen und regional durchaus unterschiedlichen Ziegelformen ist in den letzten Jahren auf der Suche nach rationeller Verlegung von der Dachziegelindustrie der Großflächenziegel entwickelt worden. Seine besondere Wirtschaftlichkeit erreicht er dadurch, dass pro Quadratmeter Dachfläche weniger Ziegel eingedeckt werden müssen. Das kann zu Einsparungen bis zu 25 Prozent führen.

Dachsteine

Dachsteine werden aus Beton hergestellt

Für Dachsteine aus Beton werden als Bindemittel Zement oder andere hydraulische Bindemittel, die für Beton geeignet sind, angewendet. Zuschläge aus geeigneten Stoffen sind zulässig, ebenso die Zugabe von Farbpigmenten für die Farbgebung.
Dachsteine erhalten ihre Färbung durch die Zugabe von Farbpigmenten. Die Steine sollten durchgefärbt sein, darauf sollten Sie beim Kauf unbedingt achten. Ist das nicht der Fall, sind Kanten-

schnitte grau sichtbar bzw. wird die oberflächlich aufgebrachte Dachsteinfarbe durch UV-Einstrahlung unansehnlich.
In Anlehnung an die Farbpalette der Dachziegel haben Dachsteine die traditionellen deutschen Dachfarben Rot, Braun und Dunkelgrau. Die Steinoberfläche ist entweder glatt oder granuliert, wobei sich bei granulierter Oberfläche leicht Schmutz ablagern kann.
Die bekannteste Form ist die Frankfurter Pfanne. Daneben gibt es den Heidelberger Dachstein, die Taunus-Pfanne, Altdeutsche Pfanne, Doppel-S-Pfanne und Tegalit, eine ebene Dachplatte.
Ähnlich wie beim Dachziegel gibt es auch beim Dachstein entsprechend für die fachgerechte Eindeckung notwendige Formsteine und notwendige Formteile. Dazu zählen First- und Gratformsteine, Ortgänge, Pultdachabschluss, Lüftersteine, Schneefang- und -stoppsteine, Firstelemente, Gratelemente, Traufgitter, Lüftungsprofil, Durchgangsteine für Antennen, Lichtpfannen u. Ä. Die Systemteile werden sowohl vom Dachsteinhersteller als auch von anderen Herstellern, abgestimmt auf das Dachsteinprogramm, geliefert.

Faserzement

Der preisgünstige Dachbaustoff Faserzement ist ein Verbundwerkstoff aus Zement und zugfesten Fasern. Bei der Produktion werden Fasern mit Wasser und Zement gemischt und in der Verarbeitung durch Verfilzung einzelne Schichten erzeugt, etwa entsprechend einer dicken Pappe, die dann noch in Form gepresst werden.

Preiswerte Alternative

Wellplatte: Die bekannteste Form ist die Wellplatte. Dabei werden die nicht abgebundenen ebenen Rohplatten durch Saugdüsen in Wellenform (ähnlich wie bei der Kunststoffherstellung) gebracht und dann auf Wellunterlagsblechen gelegt und gepresst.

Unterschiedliche Formen

Plantafel: Die Plantafel wird im Prinzip ähnlich hergestellt, jedoch wird hier der Rohling auf ein Planblech gelegt, mit Hochdruckpressen verdichtet und zum Abbinden gestapelt. Ebene Tafeln gibt es als Fassadenelemente eingefärbt oder mit speziellen Oberflächen.

Dachschindeln **und** Dachplatten: Spezielle Dachschindeln und Dachplatten werden ebenfalls aus Faserzement hergestellt. Die kleinformatigen Platten sind witterungsbeständig und als kostengünstige Alternative für die Dacheindeckung eine Überlegung wert. Verlegt werden sie in ähnlicher Weise wie Naturschiefer, wobei sie meist auf einem Unterdach aus Holzbrettern befestigt werden.

Metalldächer

Zu oft wird heute noch die Dacheindeckung mit Metall als unattraktiv abgelehnt. In den deutschen Mittelgebirgen und Alpenregionen haben mit Metallblechen eingedeckte Dächer dagegen Tradition, da diese nicht nur pflegeleicht sind, sondern aufgrund ihrer glatten Oberfläche Wasser und besonders Schnee schneller abführen. Das übliche Metalldach wird aus feuerverzinkten Metallblechscharen ausgeführt. Kupferbleche findet man nur im anspruchsvollen Hausbau. Die Blechscharen werden mit einer speziellen Fügetechnik miteinander so verbunden, dass sie kein Wasser in die Fugen eindringen lassen und Wasser sicher abführen. Diese Art der Metalleindeckung kann nur von speziell dafür geschulten Dachdeckern ausgeführt werden.

Besonders preisgünstig durch Vorfertigung

Eine durchaus preisgünstige Variante ist die Dacheindeckung mit industriell vorkonfektionierten, als Dachziegel ausgeformten Metallscharen, die ab 22 Grad Dachneigung verwendet werden können. Diese sind speziell beschichtet und sehen optisch wie Dachpfannen aus. Es gibt sie in den unterschiedlichen Farben, meist in Ziegelrot. Ihre Oberfläche ist so behandelt, dass sie schalldämpfend bei Hagelschlag wirkt. Diese Metalldachvariante ist durchaus für den preisbewussten Bauherren interessant, denn die Einzelelemente sind leicht, lassen sich einfach und schnell verarbeiten und bewirken keine so hohe Auflast wie beispielsweise bei Dachziegeln oder Betondachsteinen. So kann bei dieser Eindeckungsart der Dachstuhl statisch geringer bemessen werden, was eine Kosteneinsparung bringt. So kann z. B. der Dachstuhl statt mit Vollholz (Balken) aus leichteren Nagelbrettbindern oder Leimbindern hergestellt werden, was zu einer erheblichen Kosteneinsparung beitragen kann.

Dachbahnen für flache und geneigte Dächer

Im Gegensatz zu den bisher besprochenen Dachbaustoffen, die beim Steildach verwendet werden, geht es nachfolgend um Dachbaustoffe, die auf Flachdächern, Gründächern oder flach geneigten Dächern verarbeitet werden können. Es handelt sich dabei im Wesentlichen um zwei Hauptgruppen: Bitumendach- und Bitumenschweißbahnen sowie Kunststoffdach- und Kunststoffdichtungsbahnen.

Verarbeitung durch den Fachmann

Ihre Verarbeitung auf dem Dach ist in Eigenleistung nicht zu empfehlen. Es sei denn, Sie verfügen wirklich über das entsprechende Fachwissen und die notwendigen Geräte. So werden z. B. Bitumen-Schweißbahnen mit einem speziellen Gasbrenner an den Nahtstellen angeflämmt und dann sofort in der Naht fest angepresst. Sie können aber auch, wenn eine hitzebeständige Unterlage (Betondachplatte oder Schaumglasdämmung) vorhanden ist, in der Heißbitumen-Verlegetechnik in flüssigem, vorher im Bitumenkocher erhitztem Heißbitumen, dicht gestoßen verlegt werden.

Verschweißung einer Kunststoffdichtungsbahn.

Verarbeitungsarten

Kunststoffdichtungsbahnen gibt es als EPDM-Dichtungsbahn, aus PVC, PIB oder Thermopolyolefine. Sie werden in Bahnen oder sogar vorkonfektioniert in einem Stück geliefert. Ihre Verarbeitung ist hoch kompliziert und sollte deshalb einem nachweislich ausgewiesenen Dachdecker für solche Stoffe überlassen werden. EPDM-Dichtungsbahnen (Ethylen-Propylen-Dien-Monomer) können beispielsweise in drei unterschiedlichen Techniken verlegt werden: durch Vulkanisation mit einem Hot-Bonding-Band, durch Heißluftverschweißen mit einem Heißluft-Automaten oder durch Verklebung mit einem speziellen Kontaktkleber.

Abdichtung mit Flüssigkunststoff

Darüber hinaus gibt es noch die Abdichtung des Flachdaches mit Flüssigkunststoff. Auch dies sollte nur von einem Fachbetrieb ausgeführt werden. Diese Art der Dachabdichtung wird hauptsächlich im Büro- und Industriebau angewendet, bei Wohnhäusern zwar selten, dann meist zur Reparatur beschädigter Dachteile beim Flachdach.

n-tv TIPP

Flachdacheindeckung nur vom Fachmann

Da die gebräuchlichsten Baustoffe für die fachgerechte Eindeckung eines Flachdaches heute nur mit speziellem Wissen für die Verarbeitung und dafür geschulten Dachdeckern ausgeführt werden können, sollten Sie nicht den Versuch unternehmen, es selbst zu machen. Verlangen Sie aber auch vom Verleger einen Nachweis, dass er das vorgesehene Material verarbeiten kann.

Dachbaustoffe im Überblick

Material		**Kosten**
Dachziegel	leicht zu verlegen, große Formenvielfalt	ca. 38-45 €/ qm
Dachsteine	günstige Alternative, große Farbvielfalt	ca. 30-35 €/ qm

Faserzement	preisgünstig, geringes Gewicht, verschiedene Produktarten	ca. 15-25 €/ qm
Metall z.B. Zink	gute Wasserableitfähigkeit	ca. 100 €/ qm
Schiefer	nur vom Fachmann zu verlegen, hohes Gewicht	ca. 90-120 €/ qm
Bitumendachbahn (Flachdach)	nur vom Fachmann zu verlegen, geringes Gewicht	ca. 60-70 €/ qm
Kunststoffdachbahn (Flachdach)	nur vom Fachmann zu verlegen, geringes Gewicht	ca. 25-35 €/ qm

✓ KOSTENCHECK

Formular auf CD-ROM

Kostenplan nach Gewerken

Effektive Kontrolle erfordert einen detaillierten Kostenplan

Um die Einhaltung des vorgesehenen Kostenbudgets sicherzustellen, ist eine detaillierte und ständig aktuelle Übersicht der bislang angefallenen Kosten notwendig. So kann auch rechtzeitig bei kostensteigernden Entwicklungen eingegriffen werden. Hierfür ist es notwendig, die tatsächlich angefallenen Kosten (= Menge der Baustoffe * Preis je Mengeneinheit) mit den im Plan vorgesehenen Kosten zu vergleichen und ggf. die Abweichungen nach oben oder unten festzuhalten.

	Menge	Preis je Einheit	Kosten lt. Plan	Kosten Ist	+/–
Bauplatzvorbereitung/Rohbau					
Erdarbeiten					
Baugrube	....	.... €	.... €	.... €	.... €
Abtransport	....	.... €	.... €	.... €	.... €
Erde	....	.... €	.... €	.... €	.... €
Planierarbeiten	....	.... €	.... €	.... €	.... €
Hinterfüllung	....	.... €	.... €	.... €	.... €
usw.					
Maurerarbeiten					
Kellermauerwerk	....	.... €	.... €	.... €	.... €
Tragmauerwerk	....	.... €	.... €	.... €	.... €
Zwischenwände	....	.... €	.... €	.... €	.... €
usw.					
Betonarbeiten					
Fundamente	....	.... €	.... €	.... €	.... €
Bodenplatte	....	.... €	.... €	.... €	.... €
Decken	....	.... €	.... €	.... €	.... €
usw.					

Zimmerer- und Holzarbeiten					
Dachstuhl	....	.... €	.... €	.... €	.... €
Holzbalken-decken	....	.... €	.... €	.... €	.... €
usw.					
Dachdecker-/ Klempner-arbeiten					
Dachein-deckung	....	.... €	.... €	.... €	.... €
Regenrinnen	....	.... €	.... €	.... €	.... €
Fallrohre	....	.... €	.... €	.... €	.... €
Fensterbleche	....	.... €	.... €	.... €	.... €
usw.					
Ausbau					
Fassade					
Außenputz	....	.... €	.... €	.... €	.... €
Dämmung	....	.... €	.... €	.... €	.... €
usw.					
Innenputz	....	.... €	.... €	.... €	.... €
Trockenbau					
Raumteiler	....	.... €	.... €	.... €	.... €
Decken	....	.... €	.... €	.... €	.... €
Vorwand-installation	....	.... €	.... €	.... €	.... €
usw.					
Sanitär					
Leitungs-verlegung	....	.... €	.... €	.... €	.... €
Wasseran-schluss	....	.... €	.... €	.... €	.... €

Montage Sanitäranlagen	....	.... €	.... €	.... €	.... €
usw.					
Heizung					
Rohrverlegung	....	.... €	.... €	.... €	.... €
Kesselaufstellung	....	.... €	.... €	.... €	.... €
Inbetriebnahme	....	.... €	.... €	.... €	.... €
usw.					
Elektro					
Erdung	....	.... €	.... €	.... €	.... €
Leitungslegung	....	.... €	.... €	.... €	.... €
Hausanschluss	....	.... €	.... €	.... €	.... €
usw.					
Schreinerarbeiten					
Fenster	....	.... €	.... €	.... €	.... €
Türen	....	.... €	.... €	.... €	.... €
Treppen	....	.... €	.... €	.... €	.... €
usw.					
Fenster (Glas + Rahmen)					
Fenster	....	.... €	.... €	.... €	.... €
Innentüren	....	.... €	.... €	.... €	.... €
usw.					
Estrich	....	.... €	.... €	.... €	.... €
Bodenbeläge					
Parkett	....	.... €	.... €	.... €	.... €
Dielen	....	.... €	.... €	.... €	.... €
Teppich	....	.... €	.... €	.... €	.... €
usw.					

Fliesenarbeiten					
Wandfliesen	....	.... €	.... €	.... €	.... €
Bodenfliesen	....	.... €	.... €	.... €	.... €
usw.					
Maler-/Tapezierarbeiten					
Wand- und Deckenanstrich	....	.... €	.... €	.... €	.... €
Fenster	....	.... €	.... €	.... €	.... €
Türen	....	.... €	.... €	.... €	.... €
Fassade	....	.... €	.... €	.... €	.... €
Tapeten	....	.... €	.... €	.... €	.... €
usw.					
Treppen/ Metallbau					
Hauseingang	....	.... €	.... €	.... €	.... €
Geländer	....	.... €	.... €	.... €	.... €
usw.					
Kücheneinbau	....	.... €	.... €	.... €	.... €
Reinigungsarbeiten	....	.... €	.... €	.... €	.... €
SUMME	....	.... €	.... €	.... €	.... €

Das müssen Sie tun:
Müssen Sie feststellen, dass sich Ihr Baukostenbudget ungünstig verändert, ist schnelles Reagieren gefragt, da sich nur noch bei den laufenden Kosten eingreifen lässt.
Mögliche Maßnahmen wären: Reduzierung der Ausführungsqualiät (Zurückgreifen auf kostengünstigere Ausstattungsvarianten und Bauteile für den Innenausbau), Erhöhen des Anteils an Eigenleistungen (falls dies möglich ist; vor allem beim Innenausbau können viele Arbeiten selbst ausgeführt werden) oder Zurückstellen von Ausbauarbeiten (Ausbau Dach oder Keller, Bau einer Garage, Gartenanlage).

Gewusst wie – die Kosten im Ausbau niedrig halten

Gerade auch beim Innenausbau Ihres Hauses können Sie viel Geld sparen. Neben der Auswahl des für Ihre Maßnahmen richtigen Baustoffs bzw. Bauteils kommt es dabei wesentlich auf die Wahl der richtigen und möglichst kostengünstigsten Ausbauart und die sachgemäße Ausführung der Arbeiten an.

Verarbeitungshinweise und Produktgarantie

Achten Sie unbedingt darauf, dass der von Ihnen zu verarbeitende Baustoff den Normen entspricht. Eine entsprechende Kennzeichnung muss auf jeder Verpackungseinheit abgedruckt sein. Haben Sie Zweifel, verlangen Sie eine schriftliche Bestätigung des Verkäufers. Es gilt aber auch, unbedingt die auf der Verpackung aufgedruckten Verarbeitungshinweise des Herstellers zu beachten. Ist kein Hinweis aufgedruckt, verlangen Sie vom Händler eine entsprechende Kopie oder den für Handwerker geltenden Verarbeitungshinweis. Denn bauen Sie den Baustoff bzw. das Bauteil nicht entsprechend den Angaben des Produktherstellers ein, geht dessen Produktgarantie verloren.

Den Dachausbau günstig ausführen

Vor dem Dachausbau sollten Sie zunächst einmal überlegen, wie Sie den Raum nutzen wollen. Ob nur als dachhohen Einraum oder unterteilt durch Wände. Nicht allein Gestaltung und Dacharchitektur wirken sich auf die Kosten eines Ausbaus aus, sondern auch, was Sie unternehmen müssen, um den Energieverbrauch zu minimieren. Ein gut geplanter Dachausbau zeichnet sich nicht allein durch seine Optik aus, sondern auch durch die technische Umsetzung, durch die Sie die Energiekosten auf ein Minimum senken können.

Die Nutzung bestimmt die Art des Ausbaus

Der schnelle Ausbau eines Fertigteiledachs

Die Vorteile eines Dachsystems aus Fertigteilen liegen auf der Hand: einmal die schnelle Aufbauzeit – für ein normales Einfamilienhaus wird nur ein Tag benötigt –, zum anderen die nahezu fertige Innendachfläche. Bei einem solchen Dachsystem können auch Dachflächenfenster oder Dachgauben bereits ausbaufertig mit montiert werden. Außerdem entspricht der konstruktive Dachaufbau allen Bauvorschriften und seine Wärmedämmung sowie deren Ausführung wurden nach den Forderungen der EnEV erstellt.

Schnelle Aufbauzeit und gute Weiterverarbeitung

Verlegung eines Fertigdachelements.

Abdichtung ist besonders wichtig

Im Innenraumbereich werden nach der Montage zunächst alle Fugen und Anschlüsse mit speziellen Klebestreifen so abgedichtet, dass eine luftdichte Ebene entsteht. Achten Sie dabei akribisch darauf, dass kein Luftloch verbleibt. Besonders kritisch sind Durchdringungen, d. h. wenn beispielsweise die Zuleitung Ihrer Fernsehantenne mit nur einem „kleinen Loch“ durch die Dachebene geführt werden muss. Dann müssen Sie sowohl im Innenraum wie auch auf der Dachaußenfläche diese kleine Öffnung luft- und dampfdiffusionsdicht mit einem Klebeband schließen. Denn andernfalls dringt wegen der bauphysikalischen Gesetzmäßigkeit warme Raumluft, die mit Wasserdampf angereichert ist, in die kühlen Bereiche der Dachkonstruktion und kann an der kalten Außenseite kondensieren. Solche Kondensatstellen fallen meist erst nach Jahren, wenn das Dach bereits durch Feuchtigkeit geschädigt ist, als Flecken auf. Dann aber kann die Reparatur sehr teuer werden.

Elektroleitungen und Kabelstränge vorinstalliert

Haben Sie Ihr Fertigdach soweit abgedichtet, können Sie die Flächen zum Innenraum entsprechend Ihren Wünschen gestalten. Die Fertigelemente sind werkseitig mit einer Gipskartonplatte oder Gipsfaserplatte zum Raum hin ausgestattet. Auch wurden – entsprechend der Planung – sämtliche notwendigen Lehrrohre für die Elektroleitungen oder Kabelstränge – vorinstalliert, sodass Sie hier gleich Kabel einziehen können.

Auf den senkrechten Abseiten (Drempel) der Außenwände nehmen Sie zur Bekleidung den gleichen Wärmedämmstoff und Wandplatten, wie er beim Dachfertigteil eingebaut ist. Auch hier achten Sie bitte unbedingt auf eine luftdichte Ausführung mit entsprechender Abklebung der Fugen und Öffnungen. Besonders gerne werden dabei die elektrischen Verteilerdosen und Steckdosen vergessen. Das gilt genauso für die aus der senkrechten Wandfläche kommenden Leitungsanschlüsse für Gas, Wasser, Strom und Heizkörper.

Um die Raumaufteilung entsprechend Ihrem Bauplan herzustellen, arbeiten Sie aus statischen Gründen am besten mit Leichtbauwänden. Diese können aus dünnen Wandstärken mit leichten Baustoffen wie z. B. Bimsdielen, Gipsdielen oder Leichtbetonplatten „Nass-in-Nass“ gemauert werden oder mit Metallprofilen bzw.

Holzständern und Gipskarton- oder Gipsfaserplatten im „Trockenbau“ montiert werden (siehe Seite 199 ff.).

Ausbau eines Holzdachstuhls

Arbeitsschritte

Ist Ihr Dachstuhl mit einem Sparrendach (Sparren sind die schrägen, tragenden Holzbalken des Dachstuhls) aus Holz von einem Zimmereibetrieb errichtet worden, wird zunächst als erster Schritt, um das Dach vor Regen zu schützen, bis die Eindeckung erfolgt, ein „Notdach“ mit einer regendichten Dachfolie auf der Außenseite der Sparren angebracht. Diese Folie bildet zugleich die Unterspannbahn und kann, je nach Hersteller, aus unterschiedlichen Stoffen hergestellt sein. Sie muss dampfdiffusionsoffen, regenfest, nagelbar und reißfest sein. Ihre Aufgabe ist es zu verhindern, dass in die spätere Dachkonstruktion Regen oder Schnee durch Wind eingetrieben wird, ohne dabei in der kalten Jahreszeit die Dampfdiffusion vom Innenraum nach außen zu hindern.

Konterlattung

Dacheindeckung

Als nächster Arbeitsgang erfolgt die Verlegung der Konterlattung. Dabei werden Dachlatten zunächst senkrecht auf den Sparren über der Folie vernagelt. Auf diese senkrechte Lattung wird waagerecht entsprechend der Decklänge (Länge der Einzelpfanne des Dachbaustoffs, wird vom Hersteller angegeben) des z. B. Dachziegels in dem angegebenen Abstand genagelt. Ist die gesamte Dachfläche damit ausgeführt, wird auf den waagerechten Dachlatten der Dachbaustoff eingehängt (aufgelegt). Dazu haben beispielsweise Dachziegel oder Dachsteine auf der Rückseite entsprechende Nasen, die an der Dachlatte eingehängt werden. Zur Windsogsicherung sollten in den Randzonen und am First in einem mindestens 2 m breiten Streifen die Dachpfannen mit für das Deckmaterial zugelassenen nicht rostenden Edelstahlhaken zusätzlich befestigt werden. Statt dieser Befestigungselemente kann man auch die Einzelpfannen mit nicht rostenden Spezialschrauben auf der Lattung verschrauben. Die Windsogsicherung ist besonders in Regionen mit starkem Windanfall, z. B. im Küstengebiet, in den Mittelgebirgen und Voralpen, bei extremer Hangbebauung (wo mit Fallwinden zu rechnen ist) u. Ä., gemäß der in den

Fachregeln des ZVDH (Zentralverband des Deutschen Dachdeckerhandwerks) enthaltenen Windzonenkarte, zu empfehlen.

Wärmedämmung

Wahl der Wärmedämmung

Nachdem die Dacheindeckung so weit hergestellt ist, dass sie das Haus vor Wind und Wetter schützt, beginnt die Ausfüllung der Dachsparren mit der Wärmedämmschicht (das nennt man Zwischensparrendämmung). Abhängig vom Baustoff, für den Sie sich entschieden haben, werden die Dämmstoffplatten zwischen den Dachsparren eingebaut. Deren Dicke wird zum einen durch die Sparrenhöhe, zum anderen durch die Festlegung gemäß DIN 4108 bzw. EnEV bestimmt. Eine übliche Sparrenhöhe liegt beim Einfamilienwohnhaus zwischen 16 und 22 cm. Um Gewicht und Kosten zu sparen, versucht man immer, die Sparrenhöhe möglichst klein zu halten. Doch mit einer geringen Sparrenhöhe haben Sie zu wenig Raum, um den nach der EnEV durchschnittlich 20 cm dicken Wärmedämmstoff einzubringen. So können Sie wählen zwischen einem höheren Sparren, was die Kosten für die Dachkonstruktion erhöht, oder einer Teilung des Wärmedämmpaketes in eine Zwischensparren- und eine Untersparrendämmung.

Zwischensparrendämmung

Komplette Wärmedämmsysteme

In diesem Fall ist das gesamte Wärmedämmpaket zwischen den Sparren angeordnet. Für diese Lösung gibt es spezielle Dämmstoffplatten (z. B. Dämmstoffkeil, Klemmfilz u. Ä.). Dabei werden die meist aus Mineralwolleplatten bestehenden Platten oder Filze einfach mit einem Messer auf den vorher ausgemessenen Sparrenabstand zuzüglich einiger Zentimeter in der Breite (genaue Angaben stehen auf der Verpackung oder sind in der zugehörigen Verlegeanleitung genannt) zugeschnitten. Sind auf dem Dämmstoff Folien aufkaschiert (Alufolie, Kunststofffolie u. Ä.), müssen die überstehenden Randleisten an den Sparren befestigt werden. Mineralische Dämmstoffe benötigen raumseitig eine Dampfbremsfolie, die ebenfalls in Abständen von 10 cm an den Sparren fixiert wird. Das kann bequem mit einem Elektro-Tacker ausgeführt werden, doch sollte dessen Schlagkraft regulierbar eingestellt werden können. Die raumseitige Dampfbremsfolie wird komplett über Dämmung und Sparren gezogen und mit Klebebändern luftdicht abgeklebt.

Auf Metallprofilen werden Gipskartonplatten in der Dachschräge montiert, darunter die Folien zur Luftdichtheit gemäß EnEV.

Untersparrendämmung

Aufgesetzte Wärmedämmung

Wie der Name schon sagt, wird in diesem Fall die Wärmedämmung raumseitig unter den Sparren angebracht. Das macht zwar ein einfacheres und freies Arbeiten möglich – Sie müssen sich nicht an die Sparrenabstände halten und können in einer Ebene die Holzsparren mitdämmen –, dabei geht ihnen aber je nach Stärke der Dämmschicht Raumvolumen verloren. Da Sie in diesem Fall die Dämmstoffplatten waagerecht verlegen können, haben Sie kaum Verschnitt und sparen dadurch Materialkosten. Die Anordnung von Folien und deren Verarbeitung entspricht technisch den Arbeiten bei der Zwischensparrendämmung.

Deckenbekleidung

Jetzt folgt die Bekleidung der Dachschräge bzw. der waagerechten Fläche unterhalb der Knagge oder dem Kehlbalken. Mit Knagge bzw. Kehlbalken bezeichnet man beim Sparrendach waagerecht angebrachte Hölzer, die aus statischen Gründen zur Windaussteifung angebracht werden müssen. Sie bilden gleichzeitig die spätere Raumhöhe. Diese Windaussteifung sollte möglichst weit oben am Dachfirst liegen. Wenn Sie bei der Zwischensparrendämmung die Hölzer zur Raumseite hin sichtbar gehobelt ausführen lassen, können Sie Ihr Dachgeschoss quasi bis zum Dachfirst ausdehnen. Sie haben dann sichtbar mehr Raumhöhe. Wollen Sie das nicht, befestigen Sie an den Kehlbalken eine Unterkonstruktion aus Holzlatten oder Metallprofilen. An dieser montieren Sie dann Ihre raumabschließenden Gipskarton- bzw. Gipsfaserplatten. Darüber müssen Sie dachseitig Ihre Wärmedämmung entsprechend der Dimensionierung und Ausführung in der Dachfläche anbringen.

Zwischendecke gegen Lärm und Feuer

Zwei Arten der Zwischendeckenkonstruktion

Sie haben sich bereits durch die Wahl der Bauweise Ihres Hauses für die Art der Zwischendeckenkonstruktion festgelegt. Entweder handelt es sich dabei um eine Stahlbetondecke oder eine Holzbalkendecke. Die üblichere Bauart ist die Holzbalkendecke bei Einfamilienhäusern, da sie in der Regel günstig ist. Eine Stahlbetonzwischendecke wird besonders dann eingesetzt, wenn hohe Lasten wie z. B. schwere Geräte oder eine große Badewanne von der Decke getragen werden müssen.

Stahlbetondecke

Trittschalldämmplatten aus Polystyrol

Eine Stahlbetondecke hat dabei gegenüber der Holzbalkendecke den Vorteil, dass keine zusätzlichen Maßnahmen für einen guten Trittschallschutz erforderlich sind. Eine besonders günstige Ausbauvariante ist, unmittelbar auf die Betonplatte eine Trittschalldämmplatte, die gleichzeitig auch einen Wärmeschutz bietet, zu verlegen. Dazu eignen sich günstige Platten aus Polystyrol die einfach zu verarbeiten sind. Auf diesen Platten können Sie auch die Leitungen einer Fußbodenheizung oder die Zuführungsrohre Ihrer Heizkörper verlegen.

Ist die Bodenfläche mit Dämmplatten fugenlos ausgelegt, folgt eine Kunststofffolie, auf der anschließend ein Fließestrich oder Zementestrich aufgebracht wird. Aus schalltechnischen Gründen darf der Estrich nicht mit den Wänden unmittelbar in Berührung kommen. Deshalb werden vor der Estrichverarbeitung Dämmstoffstreifen in Höhe der Estrichschicht entlang den Berührungszonen zwischen Estrich und Bauteil gestellt. Sie werden als Randstreifen bezeichnet. Sie verhindern, dass der Körperschall über die Wände weitergetragen bzw. verstärkt wird. Nach Abtrocknung des Estrichs können Sie auf diesem dann Ihren Bodenbelag verlegen.

Holzbalkendecke

Günstig in den Kosten und schnell zu erstellen

Holzbalkendecken sind bei Einfamilienhäusern die gebräuchlichsten Zwischendecken. Sie sind günstig in den Kosten und schnell zu erstellen. Tragende Konstruktion sind dabei in der Regel Vollholzbalken, bemessen entsprechend der statischen Berechnungen. Diese werden gemäß dem Verlegeplan auf den Wänden des darunter liegenden Geschosses frei gespannt (ohne zusätzliche Unterstützung über die gesamte Raumbreite) aufgelegt. Beim Ausbau sollten Sie darauf achten, neben einem guten Trittschallschutz auch den Brandschutz einzuhalten.
Eine solche Deckenkonstruktion könnte beispielsweise folgenden Aufbau haben:

Verschalung aus Gipskarton- oder Gipsfaserplatten

Zur unteren Raumseite hin eine Verschalung aus 20 bis 30 mm dicken Gipskartonplatten oder Gipsfaserplatten. Diese werden mit Metall-CD-Profilen an den Holzbalken montiert (abgehängt). Zwischen den Balkenlagen wird der Hohlraum mit einem Dämmstoff ausgefüllt. Bei der Verwendung von Trittschallplatten aus Polystyrol oder Mineralwolle werden diese von seitlich an den Balken befestigten Holzlatten gehalten. Setzen Sie dagegen Schüttdämmstoffe wie z. B. Perlite oder Tonkügelchen ein, wird zur unterseitigen Verkleidung hin vorher eine Kunststofffolie oder ein Kraftpapier eingelegt, damit die Schüttdämmung nicht ausrieselt. Auf der Oberseite der Balken wird ebenfalls eine Folie verlegt und darauf entweder sofort ein Dielenboden aus Holzdielen oder wasserfesten Spanplatten verschraubt. Günstig ist auch ein Fußbodenaufbau mit einem sogenannten Trockenbauestrich. Dabei handelt es sich um ein Fußbodensystem aus Gipskarton- oder Gipsfaserplatten. Sie können aber auch Holzwerkplatten dafür verwenden, die wasserfest sind. Welche Wahl Sie treffen, hängt vom regionalen Angebot ab, das preislich sehr differieren kann. Auf diesen Oberboden lassen sich dann entsprechend Ihren Wünschen Fußbodenbeläge verlegen. Geeignet ist diese Konstruktion auch bei sogenannten Nassräumen wie Bad, WC und Küche.

Verschiedene Hersteller (Knauf, Xella, Rigips, Norgips) haben speziell für Holzbalkendecken Systemlösungen entwicklet, die sowohl den Mindestschallschutz wie auch den notwendigen Brandschutz erfüllen.

n-tv TIPP

Wohnen im Dachgeschoss

Dachausbau bereits bei der Hausplanung berücksichtigen

Günstig können Sie Ihr Dachgeschoss immer dann ausbauen, wenn Sie bereits bei der Planung genau festgelegt haben, wie Sie den Dachraum nutzen wollen. Dann sind alle Leitungen aus dem Untergeschoss ins Dach vorbereitet, Fenster oder Gauben im Dach maßlich genau fixiert und eingebaut und die konstruktive Bekleidung der Dachschräge, Zwischendecke und Trennwände festgelegt. Ein Ausbau in Trockenbauweise bietet dabei die Möglichkeit, auch hier kostengünstig zu arbeiten.

Wohnen unterm ausgebauten Dach bietet zusätzlichen Platz und einen hohen Wohnkomfort.

Decken, Wände und Böden günstig in Trockenbautechnik bauen

Kostengünstig und einfach selbst auszuführen

Bei der Anwendung der kostengünstigen und einfach auch selbst auszuführenden Trockenbautechnik werden industriell vorgefertigte Bauteile zu raumbegrenzenden Konstruktionen zusammengesetzt. Beim Innenausbau in trockener Bauweise für Wände, Decken und Böden werden diese Konstruktionen nach der Montage weiterverarbeitet und optisch veredelt. Hauptsächlicher Einsatzbereich des Trockenbaus ist der Dachgeschossausbau, die Errichtung von Böden, Decken und nicht tragenden Wänden im Innenausbau sowie Wände und Decken in Bädern und Feuchträumen.

In dieser Technik können Sie preisgünstig und relativ schnell Deckenbekleidungen und Unterdecken (abgehängte Decken) aus unterschiedlichen Baustoffen herstellen. Die Bekleidung erfolgt im Normalfall mit Gipskarton- oder Gipsfaserplatten, Holz oder Holzwerkstoff, Metall oder Kunststoff, Mineralfaser- oder Glasfaserelementen, Calciumsilikat- oder Perliteplatten.

Unterschiedliche Anwendungsgebiete

Auch Wandbekleidungen und Montagewände können im Trockenbau aus unterschiedlichen Materialien und Bausystemen einschalig oder mehrschalig beplankt werden, beispielsweise als raumteilende, feste oder umsetzbare Ständerwände, Flur- und Wohnungstrennwände, Installationswände mit Vorwand- oder Hinterwandinstallation, WC-Trennwände oder Badezimmerwände.

Verkleidungen, z. B. bei Beton-, Stahl- oder Holzstützen bzw. -trägern, für die Verbesserung des Brand- und/oder Schallschutzes lassen sich freistehend oder direkt angesetzt, ohne (gemörtelt, geklebt) oder mit einer Unterkonstruktion, mit oder ohne zusätzliche Wärmedämmung relativ einfach und kostengünstig herstellen.

Der Trockenbau findet auch beim Fußboden Anwendung. Dafür gibt es Bodensysteme als Doppel-, Hohlraum- oder Installationsböden, Trockenunterböden (Trockenestriche) aus beispielsweise Gipskarton, Gipsfaser, Calciumsilikat, Holzwerkstoff sowie Metallwannen mit mineralischer Füllung, armiertem Leichtbeton und Oberbelägen nach Ihrer Wahl (Linoleum, Parkett, Nadelfilz, Teppich, Bodenfliesen, Kork, Laminat u. Ä.).

Trockenausbau mit Gipskartonplatten

Gipskartonplatten, auch GK-Platten genannt, sind werkmäßig hergestellte Bauplatten. Sie bestehen aus einem Gipskern, der mit einem festhaftenden Karton ummantelt ist. Die besonderen Platteneigenschaften sind Resultat der Verbundwirkung von Gipskern und Kartonummantelung, wobei der Karton als Armierung wirkt. Ihre Festigkeit und Biegesteifigkeit ergibt sich ebenfalls aus diesem Verbund. Der Gipskern kann mit Luftporen (aufgeport) versetzt sein und kann Zusätze enthalten, um bestimmte Eigenschaften zu erzielen, wie z. B. bei GK-Feuerschutzplatten für den Brandschutz.

Man unterscheidet bandgefertigte Gipskartonplatten und durch werkmäßige Bearbeitung entstandene Platten wie z. B. GK-Lochplatten für den Schallschutz. Bei den bandgefertigten Gipskartonplatten gibt es folgende Gruppen:

Gipskartonplatten, auf einer Alurahmenkonstruktion aufgeschraubt.

❶ Gipskarton-Bauplatten (GKB) werden zum Befestigen auf flächiger Unterlage, zum Ansetzen als Wand-Trockenputz und zur Herstellung von Gipskarton-Verbundplatten verwendet. Ab 12,5 mm Dicke können Sie diese Platten auch verwenden, um auf Unterkonstruktionen eine Wand- und Deckenbekleidung, Montagewände und nicht tragende Innenwände herzustellen.

❷ Gipskarton-Feuerschutzplatten (GKF) enthalten Zusätze, die im Brandfall den Gipskern stabilisieren. Mit Kartonummantelung entsprechen die Feuerschutzplatten nach DIN 4102 der Klassifizierung „nicht brennbar“ A 2. Sie können diese bei Ihrem Innenausbau beispielsweise im Bereich offener Kamine einsetzen. Darüber hinaus gibt es Spezialplatten, deren Gipskern mit Zellulose vergütet ist, die beidseitig in eine Armierung aus Glasfaservlies eingebettet sind. Sie zählen zur Baustoffklasse A 1 „nicht brennbar“ und genügen damit den höchsten Ansprüchen an den Brandschutz. Im normalen Hausbau werden sie kaum eingesetzt, sie werden zur Ummantelung von Stahlträgern und Stahlstützen und zur Herstellung von Kabelkanälen benutzt.

❸ Imprägnierte Gipskartonplatten (GKBI) und imprägnierte Gipskarton-Feuerschutzplatten (GKFI) enthalten Zusätze, die die Wasseraufnahme verzögern. Deshalb sind sie bedingt gegen Feuchtigkeitseinwirkung geschützt, sie werden im Bad, im

WC oder in der Küche verarbeitet. Ihr Anwendungsbereich entspricht ansonsten dem der GK-Bauplatten ab 12,5 mm Dicke.

❹ Gipskarton-Putzträgerplatten (GKP) werden insbesondere als Putzträger auf Unterkonstruktionen verwendet. Diese Platten werden mit nur 9,5 mm Dicke und einer Breite von 400 mm hergestellt.

❺ Gipskarton-Zuschnittplatten sind rechteckig zugeschnittene Platten. Sind diese quadratisch zugeschnitten, nennt man sie Gipskarton-Kassetten.

❻ Gipskarton-Lochplatten sind Platten mit durchgehenden Löchern verschiedener Form, sie können in besonderen Mustern angeordnet sein. Diese Platten werden als Gipskarton-Lochkassettten bezeichnet.

Die Längskanten der GK-Platten sind produktionsbedingt mit Karton ummantelt, die Querkanten haben raue Schnittflächen. Normalerweise werden deshalb die Querkanten im Werk nachgeschnitten. Je nach Einsatzbereich sind die Platten auch mit besonderen Kantenformen versehen. So können Sie beispielsweise abgeflachte Längskanten einfach verspachteln und erhalten so eine geschlossene Flächenwirkung. Die Querkanten müssen Sie dann auf der Baustelle entsprechend nachbehandeln.

Kennzeichnung der Platten

Im Werk werden GK-Platten auf der Rückseite parallel zur kartonummantelten Längskante mit einem Laufstempel gekennzeichnet. Die Richtung des Stempels gibt gleichzeitig die Längsrichtung der Platte (Faserrichtung des Kartons) an.
Für die Verarbeitung sind folgende Merkmale zu beachten:

- Plattenlängsrichtung ist gleich die Richtung der größten Festigkeit.
- Stempelfarbe Blau ist die Qualitätsbezeichnung GKB für allgemeine Anwendungen.
- Stempelfarbe Rot kennzeichnet die Qualität GKF für den baulichen Brandschutz.

Alternative: Gipsfaserplatten

Im Unterschied zur GK-Platte erhält eine Gipsfaserplatte ihre Eigenschaften durch die im Gips eingelagerten Zellulosefasern, die wie eine Armierung wirken und die mechanischen Eigenschaften der Platte verbessern. Generell wird diese Plattenart genauso eingesetzt und verarbeitet wie Gipskartonplatten.

Vielfältige Einsatzmöglichkeiten

Gipsfaserplatten sind schadstofffrei, ihre Herstellung erfolgt unter Einhaltung ökologischer Produktionsprozesse. Die Platten werden als Wand- und Deckenbekleidung, als Decklage von Unterdecken sowie zur Beplankung von Montagewänden eingesetzt. Zusätzlich sind sie als Trockenunterboden und, in Verbindung mit Hartschaum oder Mineralwolle, als Trittschall-, Wärmedämm- und Brandschutzplatten im Einsatz. Sie werden auch als Gipsfaser-Verbundplatten mit rückseitiger Schaumkunststoffkaschierung angeboten. Als Sonderformat werden auch raumhohe Platten in bauüblichen Formaten, 10 bis 18 mm dick, für Montagewände, z. B. im Fertighausbau oder Wandelemente, geliefert.

Zeit sparen durch Trockenputz

Von „Trockenputz" spricht man, wenn GK-Platten mit einzelnen, auf den Platten verteilten Gipsbatzen oder maschinell aufgetragenen Gipsstreifen an eine vorhandene gemauerte Wand angesetzt werden. Auf diese Weise wird der sonst übliche „nasse" Wandputz ersetzt. Mit diesem Verfahren vermeiden Sie, dass keine Feuchtigkeit aus dem Putzmörtel in die Raumluft gelangt. Mit dieser Technik haben Sie einen sehr schnellen Baufortschritt, weniger Staub- und Schuttanfall und sofort eine glatte Wandoberfläche, eine schnelle und günstige Bauweise.

Wärme- und Schallbrücken vermeiden

Bei Außenwänden müssen Sie allerdings darauf achten, dass keine Wärmebrücken entstehen, die von den Mörtelpunkten ausgehen. Dies lässt sich verhindern, indem Sie mit Mineralwolle oder Polystyrol kaschierte Platten verarbeiten.

Die Gipsbatzen können allerdings auch als Schallbrücke fungieren, wenn das Mauerwerk nicht vollfugig oder rissig ist. Hier sollten Sie einen maschinell verarbeiteten Trockenputz anwenden. Dabei wird der Binder in schlangenförmigen Wulsten auf das Mauerwerk aufgetragen. Anschließend drücken Sie die Platte fest, wodurch diese auf dem breit gedrückten Binder dicht am Mauerwerk anliegt.

So erhalten Sie eine geschlossene Fläche

Bearbeitung der Fugen

Bei normaler Ausführung müssen die Plattenfugen, die aus dem Zusammenfügen der Einzelplatten entstehen, ausgefüllt werden.
Sehr wichtig dabei ist, dass Sie sich vorher kundig machen, welches Fugenmaterial es gibt, welche Eigenschaften es hat und womit die Fugen sicher zu bewehren sind. Deshalb richten Sie sich unbedingt an die Verarbeitungsvorschriften und Empfehlungen des Lieferwerks.
Gemäß Norm sind die GK-Platten mit abgeflachten und kartonummantelten Kanten an den Längs- und Querstößen unter Verwendung von Bewehrungsstreifen zu verspachteln. Dafür kommen teilperforierte (durchstochen, fein gelocht) Spezialpapierstreifen oder Glasvliesstreifen zur Verarbeitung. Als Spachtelmassen können Sie Gips-Spachtelmassen, Massen auf Kaseinbasis (Joint-Filler) oder Dispersions-Spachtelmassen einsetzen. Von Handwerkern wird meist Gips-Fugenfüller verwendet.

Verspachtelung mit Spezialwerkzeug

Nicht nur zur Verspachtelung ist die Verwendung von Spezialwerkzeug ratsam. Diese Werkzeuge werden von den Plattenherstellern mit angeboten, nicht nur für Handwerker, sondern auch für den heimwerkenden Hausbauer.
Außenseitig haben die GK-Platten einen hochwertigen Spezialkarton. Generell sollten Gipskartonplatten – soweit sie nicht bereits werkseitig grundiert sind – vor der Beschichtung mit Farbe, Tapete oder anderen Belägen immer grundiert werden.

Trockenbauwand schnell und günstig

Ständertragwand

Die übliche und nahezu ausschließliche Konstruktionsweise einer Trockenbauwand ist eine Ständertragwand. Diese besteht aus den wandbildenden Platten und einem senkrechten Ständer, auf denen die Platten festgeschraubt werden. Diese Ständer können aus Kanthölzern oder handelsüblichen verzinkten Stahlblechprofilen bestehen. Trotz des relativ geringen Gewichtes – deshalb heißen sie auch Leichtwände – können mit GK-Montagewänden beachtliche Schalldämmwerte erreicht werden. So erzielt beispielsweise eine Montagewand bei einer Wanddicke von 7,5 cm und einem Wandgewicht von 25 kg/ qm den gleichen Schallschutz wie eine 11,5 cm dicke Massivwand mit einem Flächengewicht von 140 kg/ qm.

Schallschutz oder Brandschutz

Die Anforderungen an eine Trockenbauwand ergeben sich daraus, ob sie als Schallschutzwand oder Brandschutzwand eingesetzt wird. Doppelte Beplankung, und damit ein höheres Wandgewicht, verbessern die Eigenschaften der Wand zusätzlich. Wird besonderer Wert auf einen hohen Schallschutz gelegt, beispielsweise zwischen dem Wohnraum und dem Kinderzimmer, bringt eine zweischalige Konstruktion Abhilfe. Bei dieser Ausführung entspricht die Schalldämmung der einer 24 cm dicken Vollziegelmauer. Zwischen den Platten werden zur Dämmung meist Mineralwolle- oder Glaswolledämmplatten eingebaut.

Breites Angebot unterschiedlicher Systeme

Die Industrie hält ein breites Systemprogramm, von der Wand über den Fußboden bis hin zur Decke, bereit. Neben den unterschiedlichen Gipskarton- und Gipsfaserplatten werden die Systeme durch abgestimmte Profilsysteme ergänzt. Hinzu kommen Türen, Türzargen, Installationsträger (Bad, WC, Küche) und spezielle Befestigungssysteme für schwere Lasten. Die Verlegung von Leitungstrassen oder Einzelleitungen, z. B. Strom, Gas, Wasser, Heizungsrohre, Leerrohre, ist durch die Metallprofilsysteme sehr einfach und effektiv.

Kein Problem mit schweren Lasten

Spezialdübel verwenden

Leichte Lasten, wie sie z. B. bei einfachen Regalen vorkommen, können mit geeigneten Halterungen (Spezialdübel) direkt an der Trockenbauwand befestigt werden. Je nach der Art der Beplankung – ein- oder zweischalig – werden normalerweise Kräfte bis zu 200 N (entspricht 200 kg Gewicht) pro Befestigungspunkt aufgenommen.

Bei mittelschweren und schweren Lasten (mehr als 200 kg) müssen Querriegel und besondere Tragständer im Wandinnern eingebaut werden. Diese Tragständer führen über das Ständersystem die Lasten in den Boden ab. Für Waschbecken, freihängende WC-Becken und andere sanitäre Objekte werden spezielle korrosionsgeschützte Tragständer angeboten. Bei besonders schweren

Teilen, beispielsweise raumhohen Bücherregalen, müssen geschosshohe Tragständer eingebaut werden.

Decken trocken bekleiden

Wenn Sie eine Decke nicht direkt verputzen wollen, sondern unter dieser eine ebene Deckenfläche einbauen, wird dies als Deckenbekleidung bezeichnet. Wird zusätzlich eine Tragkonstruktion mit mehr oder weniger Abstand unter die Decke gehängt, wird dies abgehängte Unterdecke genannt. Eine solche Ausführung kann beispielsweise bei Holzbalkendecken oder dann, wenn Kanäle zur Be- und Entlüftung (Umluftheizung) unter der Decke geführt werden, notwendig sein. Andere Vorteile sind ein verbesserter Schall- und/oder Brandschutz oder eine zusätzliche Wärmedämmung. Aber auch rein ästhetische Gründe können für eine Deckenbekleidung sprechen. Wie bei Trockenbauwänden gibt es auch für die Decken entsprechende Metallprofilsysteme. Aber auch Holzunterkonstruktionen können verwendet werden.

Verbesserte Raumakustik

Für Decken werden fast alle Formen der Gipskartonplatten, am häufigsten die Dicke 12,5 mm, als Bauplatte oder Feuerschutzplatte verwendet. Loch- und Schlitzplatten, offen mit Glasvlies und/oder Mineralwolle hinterlegt, verbessern die Raumakustik.

Trockenestrich für den Fußboden

Trockenunterbodenelement mit unterschiedlichem Aufbau

Auch als Verbundplatte für den Fußbodenaufbau sind Gipskartonplatten oder Gipsfaserplatten verwendbar. Als Trockenunterbodenelement mit unterschiedlichem Aufbau gibt es sie für verschiedene Anwendungsbereiche. Sowohl für den Handwerker wie auch für den Eigenbau ist dies interessant. Dabei lässt sich dieser Fußbodenaufbau auch für die Verlegung von Fußbodenheizungen gut verwenden. Die verarbeiteten Platten sind meist 19 mm dick und deshalb leicht zu verarbeiten.

Beim Trockenestrich ohne Dämmstoff werden zwei Lagen Spezialplatten von 12,5 mm Dicke stumpf gestoßen verlegt. Die zweite Lage wird dabei quer zur ersten Lage mit Fugenversatz aufgelegt. Diese Art des Fußbodens wird z. B. bei Holzbalkendecken ohne Anforderungen an den Schall- und Brandschutz eingesetzt. Die gleiche Konstruktion kann auch mit Dämmstoff ausgeführt werden. Dabei werden Platten mit aufkaschiertem Polystyrol-Hartschaum oder Mineralwolle verarbeitet, wodurch die Wärmedämmung und der Schallschutz verbessert werden.

Holzwolle-Leichtbauplatten und Mehrschicht-Leichtbauplatten für den Ausbau

Wärmedämmstoff und Schallschutz

Beide Plattenarten eignen sich als Wärmedämmstoff mit oder ohne mineralischen Nassputz, sie verbessern den Schallschutz im Raum und erhöhen die Feuerwiderstandsfähigkeit eines Bauteils. Häufig sieht man sie als sichtbare Deckenoberfläche im Keller oder in der Autogarage.

Holzwolle-Leichtbauplatten (HWL-Platten) bestehen aus langfaseriger Holzwolle und Bindemitteln auf mineralischer Basis. Werden sie mit Magnesit gebunden, erkennt man sie an der hellbeigen Farbe, ist das Bindemittel Zement, sind die Platten zementgrau. HWL-Platten haben sich als verputzbare Dämmplatten beim Roh- und Ausbau bewährt.

Außenansicht des Beispiel-Wohnhauses der nächsten Seite.

Mehrschicht-Leichtbauplatten (ML-Platten) sind eine Weiterentwicklung mit zusätzlich angeordneten Dämmstoffen. Technisch unterscheidet man nach Hartschaum-ML-Platten (HS-ML-Platten) und Mineralfaser-ML-Platten (Min-ML-Platten). Beide werden meist dreischichtig hergestellt. Zwischen zwei Deckschichten aus mineralisch gebundener Holzwolle ist entweder eine Hartschaumschicht (Polystyrol) oder Mineralfaserschicht eingebettet. Sie gibt es aber auch zweischichtig. Je nach Plattenart variiert die Dicke der Holzwolleschicht.

Beispiel: Mit Trockenbau ein Einfamilienhaus ausbauen

Geringe Heizkosten und trockener Innenausbau

Dieses Wohnhaus in Franken wurde unter zwei Prämissen geplant und gebaut: geringe Heizkosten und trockener Innenausbau. Natürliche Baustoffe wie Holz und Naturstein in Verbindung mit qualitativ hochwertigem Mauerwerk aus Porenbeton und Gipskarton-Trockenbausystemen ermöglichten es, das Einfamilienwohnhaus besonders kostengünstig zu bauen.

Besonderheit Wandheizsystem

Die Außenwände des Hauses wurden in 24 cm Dicke aus Porenbeton HH Celcon gemauert und mit einem WDVS (Wärmedämmverbundsystem) mit 12 cm Polystyrol-Platten und armierten Kunstharzputz gedämmt. Zum Innenraum ist eine Marmorit-Warmwand angeordnet. Dabei handelt es sich um ein Wandheizsystem, wodurch im gesamten Haus auf störende Heizkörper verzichtet werden konnte. Die für das Heizsystem notwendigen Kupferrohre verlaufen in der Wand und wurden zum Raum hin mit einem Maschinengipsputz eingeputzt, sodass eine glatte Wandoberfläche entstand.
An den Kelleraußenwänden wurde eine Perimeterdämmung mit 8 cm Polystyrolplatten ausgeführt. Das Dach erhielt eine Zwischensparrendämmung mit 20 cm Dämmplatten und 5 cm Untersparrendämmung. Über den Sparren wurde eine 35 mm dicke wasserfeste Hartholzplatte angebracht.

Offenes Wohnen ohne störende Zwischenwände im EG.

Kombination aus Massiv- und Trockenbau

Die Kombination aus Massivbau und Trockenbau, lediglich im Erdgeschoss gibt es eine statisch notwendige, tragende Wand aus Mauerwerk, erlaubte eine durchgehend flexible Raumgestaltung.

Trockenbaukonstruktion zwischen Essbereich und Küche.

Im Essbereich zur Küche wurde diese Wand mit einer Trockenbaukonstruktion ausgefacht, in die eine Schiebetür und zwei Flächenlautsprecher integriert wurden. Wohnraum und Bibliothek wurden durch raumhohe Raumteiler mit Lichtnische getrennt. Der Raumteiler wurde in Trockenbautechnik erstellt. Dafür wurden die Metallständer mit Diamant-Hartgipsplatten beplankt. Diese Platten sind relativ unempfindlich gegen Stoßbeanspruchung.
Aufgrund der Kombination zwischen Mauerwerk und Trockenbau ließ sich der Grundriss offen gestalten und kann – da Raumteiler anstelle massiver Innenwände geplant und eingesetzt wurden – jederzeit den Wohnbedürfnissen der Bauherren angepasst werden.

Einbau des offenen Kamins im EG.

Das moderne Heizkonzept spart Energie. Hauptwärmelieferant für Heizung und Brauchwasser ist ein Wasser führender Normatherm-Heizkessel, der für alle festen Brennstoffe zugelassen ist. Er liefert rund 70 Prozent der erforderlichen energetischen Leistung über Wassertaschen an einen Pufferspeicher. Bekleidet ist der Heizkessel, der im Wohnbereich hinter dem offenen Kamin steht, an der Frontseite mit bruchrauen Natursteinen. Über eine Wärmepumpe wird die im Haus anfallende Abluft zusätzlich genutzt. Auf diese Weise ließen sich rund 50 Prozent der Heizkosten senken. Der flächenbezogene Jahresprimärenergiebedarf beträgt bei diesem Haus 54,15 kWh/ qm und Jahr und entspricht damit dem Niedrigenergiestandard nach EnEV.
Ein besonderer Pluspunkt ist die Wandheizung. Sie erzeugt bis zu 90 Prozent des Wärmebedarfs als Strahlungswärme. Diese wird als besonders angenehm empfunden, zudem wirbelt sie Staubpartikel nicht so stark auf und ist damit hygienischer als andere Heizsysteme mit freistehenden Heizkörpern. Da eine Wandheizung mit niedrigen Temperaturen von 25 bis maximal 55 Grad betrieben wird, ist sie beispielsweise auch für thermische Solaranlagen nutzbar.

Mit Trockenausbau alle Räume individuell gestalten

Mit dem Trockenausbau ließen sich alle Räume individuell gestalten. Bad und WC bleiben optisch unsichtbar, Blickpunkt ist eine runde Trockenbauwand, in die eine runde Duschwanne eingeschoben ist. Eine ovale Badewanne passt sich der runden Nische an. Die Trockenbauwände wurden vollflächig überspachtelt mit einem entsprechenden Gipsspachtel, wodurch überall hochwertige glatte Wandflächen entstanden.

✓ SCHRITT-FÜR-SCHRITT-GUIDE

Qualitätsmängeln vorbeugen

Formular auf CD-ROM

So stellen Sie sicher, dass die Bauqualität stimmt

Auch bei der Vorgabe, möglichst kostengünstig zu bauen, sollten alle notwendigen Qualitätskriterien eingehalten werden. Damit aktuell oder später keine unliebsamen Mängel zum Vorschein kommen, können Sie einige Vorkehrungen treffen.

❶ Qualitätsansprüche festschreiben ☐

Bereits im Auftrag für die auszuführenden Unternehmen sollten die Qualitätsstandards der Materialien und Leistungen einzeln aufgeführt werden. Dies ist die Grundvoraussetzung, um bei Nichteinhaltung entsprechend reagieren zu können.

❷ VOB Teil C als Vertragsgrundlage vereinbaren ☐

Durch die Vereinbarung der VOB Teil C als Vertragsbestandteil sind automatisch auch die in der Verordnung festgelegten Qualitätsnormen für die Leistungsausführung rechtsverbindlich.

❸ Baustellenaufsicht ☐

Auf der Baustelle ist Ihre möglichst tägliche Anwesenheit entscheidend. Sie als Bauherr müssen mit den Handwerkern persönlich sprechen, sich einen eigenen Eindruck vom Stand und von der Situation machen sowie bei offenen Punkten ggf. Entscheidungen treffen.

❹ Fachmännischen Rat einholen ☐

Es ist nicht entscheidend, ob es Ihr Bauleiter, Ihr Architekt oder ein Bauingenieur Ihres Vertrauens ist, der Sie bei Ihrem Bauvorhaben unterstützt. Wichtig ist, dass dies regelmäßig geschieht, ganz besonders bei der Errichtung der tragenden und bedeutenden Elemente (Rohbau, Dach, Installationen).

❺ Tagebuch führen ☐

Wie bereits erwähnt, ist das Führen eines Bautagebuches besonders wichtig. Je genauer und präziser Sie die jeweilige Situation notieren, desto besser können Sie sich im Nachhinein die Einzelheiten wieder vergegenwärtigen. Hierzu sind auch Fotografien hilfreich, die die wichtigsten Baufortschritte, Materialien etc. dokumentieren. Hierzu lohnt sich die Anschaffung einer Digitalkamera, da Sie die Aufnahmen gleich kontrollieren können.

❻ Baufehler sofort ansprechen und beseitigen lassen ☐

Stellen Sie eine mangelhafte Ausführung fest, sollten Sie umgehend eine Beseitigung verlangen und die Mängel zusätzlich schriftlich rügen. So wahren Sie Ihre Rechtsposition. Die Behebung der Baufehler sollte ebenfalls zeitnah erfolgen. Setzen Sie hierzu Termine! Und vor allem: Kontrollieren Sie die Ausführung!

❼ Förmliche Abnahme ☐

Nehmen Sie Ihr vereinbartes Recht der förmlichen Abnahme gewissenhaft wahr. Sichern Sie sich hierzu auch die Unterstützung eines Baufachmannes, er sieht fachliche Mängel eher als Sie! Nur so haben Sie die Gewähr, dass die Qualität Ihres Traumhauses auch sichergestellt ist.

Das müssen Sie tun:

Nur eine genaue Qualitätskontrolle zusammen mit der Überwachung der Kosten stellt sicher, dass in dem vorher definierten Kostenrahmen auch wirklich die notwendigen Qualitätsstandards für ein sicheres Bauprojekt angewendet werden. Sonst freuen Sie sich zwar über die geringen Baukosten, müssen aber vielleicht später mit der meist teureren Reparatur der daraus entstehenden Schäden zurechtkommen.

Energiesparen senkt die Folgekosten

Energie sparend bauen ist eine Investition in die Zukunft. Effektive Maßnahmen zur Wärmedämmung & Co. sind zwar bei der Errichtung des Hauses vermutlich teurer, doch werden diese Investitionen durch geringere Folgekosten etwa bei der Heizung mit den Jahren mehr als wettgemacht.

Energiesparen spart Geld

Energiesparen wird immer wichtiger, nicht nur, weil die Preise für Rohstoffe stetig steigen und dadurch immer höhere Energiekosten entstehen, sondern auch weil das Bewusstsein der Hauseigentümer für den Umweltschutz immer mehr wächst. Bereits bei der Grundrissplanung können Sie hier viel an späteren Energiekosten einsparen. Wenn Sie etwa die Räume, in denen Sie die meiste Zeit verbringen, dort planen, wo Sie tagsüber die meiste Sonne haben oder große Fenster nach Süden ausrichten, kommt mit der Zeit einiges an Heizkostenersparnis zusammen. Auch Baumaterialien sind hier von Bedeutung: Investitionen zur Wärmedämmung von Wänden, Dach und Fenstern etwa zahlen sich

auf lange Sicht aus. Auch die Mehrkosten größerer oder mehrerer Fenster in oft genutzten Räumen spart tagsüber Stromkosten, die durch die Beleuchtung entstehen.
Ferner können Sie bereits bei der Planung darauf achten, dass die Energie optimal genutzt wird, etwa durch kurze Wärmeleitungen und eine geschickte Anordnung der Räume. Ein entscheidender Faktor einer Energie sparenden Bauweise sind Energie sparende Heizungs-, Wasser- und Stromnutzungssysteme. Und zu guter Letzt dürfen Sie auch die Preise für die Betriebskosten und Rohstoffe, die zur Nutzung dieser Systeme notwendig sind, nicht außer Acht lassen.

Die gesetzlichen Rahmenbedingungen

Heizanlagenverordnung

Noch vor rund 30 Jahren wurden Gebäude nur nach einem Wärmeschutz-Mindeststandard geplant und gebaut. Mit Einführung der Wärmeschutzverordnung (WSVO) 1977 begann allmählich ein Umdenken. Laufend steigende Energiekosten und die damit einhergehende Verteuerung der Heizkosten für Gebäude sowie die Appelle des Umweltschutzes ebneten hierfür den Weg.

Text auf CD-ROM

Im Jahr 1978 trat die Heizanlagenverordnung (HeizAnlV) in Kraft, die zum Ziel hatte, schadstoffbelastete Abgase zu minimieren und die Energienutzung zu optimieren. Im Laufe der Zeit wurde sie mehrfach überarbeitet und dem aktuellen Stand des Wissens angepasst, heute ist die 5. HeizAnlV von 1998 gültig. Auch die Wärmeschutzverordnung wurde ebenfalls mehrfach verändert bis hin zur 3. WSVO von 1995. Beide Verordnungen fasste der Gesetzgeber dann 2002 in der Energieeinsparverordnung (EnEV, →CD-ROM) zusammen, die gemäß Beschluss der Bundesregierung vom 26. Mai 2004 nochmals angepasst wurde.

Die Energieeinsparverordnung (EnEV)

Energieeinsparverordnung (EnEV)

Am 7. April 2006 haben der Bundesbau- und der Bundeswirtschaftsminister einen Entwurf zur Neuregelung der Energieeinsparverordnung (EnEV) vereinbart. Damit soll die bisherige EnEV an EU-Recht angepasst werden, in dem Energieausweise für Gebäude seit dem 4. Januar 2006 verpflichtend vorgeschrieben sind.

zukunft haus
Energie sparen. Wert gewinnen.

ENERGIEPASS

Nummer dena 01-075-0018 | Erstellt am 15. Januar 2004

Gesamtbewertung

A B C D E F G H I — F: ENERGIE EFFIZIENZ KLASSE

Gebäudetyp/Nutzungsart	Mehrfamilienhaus / Wohnen
Adresse	Hauptstraße 28, 10456 Berlin
Eigentümer	K. Wertbau AG
Baujahr Gebäude	1928
Baujahr Heizungsanlage	1982
Anzahl Wohneinheiten	9
Beheizte Wohnfläche	575 m²
Energiepass erstellt mit	X Ausführlichem Verfahren Kurz-Verfahren

Eigentümer
K. Wertbau AG
Müllerstr. 182
10456 Berlin
030 765 54 32

Aussteller
Architekturbüro Meyer
Fassadenstr. 182
10123 Berlin
Hans Meyer
Unterschrift

dena
Deutsche Energie Agentur

Muster eines Energieausweises (siehe auch CD-ROM).

Bisher fehlt allerdings eine verbindliche Regelung, wann die Änderung der deutschen EnEV in Kraft tritt.

Bei allen bisherigen Entwürfen, Diskussionen und Vorschlägen hierzu geht es vornehmlich darum, ob und wann Verkäufer bzw. Vermieter die Wahlfreiheit zwischen einem bedarfs- und einem verbrauchsbasierten Energieausweis haben sollen. Tritt die neue Verordnung in Kraft, sind auch Bauherren davon betroffen, falls sie eine Einliegerwohnung ausbauen oder vielleicht eines Tages ihr Haus verkaufen möchten. Denn sowohl der zukünftige Mieter wie auch der neue Hausbesitzer haben dann das Recht zu erfahren, wie hoch die Energiekosten des Gebäudes sind. Dadurch wird der Wert einer Immobilie künftig entscheidend daran gemessen werden.

Als Beleg für die Energieeffizienz des Hauses soll ein Energieausweis (Energiepass) verbindlich eingeführt werden, der sich an der Bausubstanz, Wärmedämmung und Heizungstechnik orientiert. Aus ihm lassen sich Rückschlüsse auf die zu erwartenden Energiekosten und gegebenenfalls Energieeinsparmöglichkeiten eines Hauses ablesen. Dies soll auch dazu führen, dass Bauherren sich intensiver mit der „ganzheitlichen" Betrachtung Ihres Hauses beschäftigen. Denn angesichts der Tatsache, dass die Energiekosten für Raumheizung und Warmwasserbereitung stetig steigen und die Energieressourcen immer mehr zur Neige gehen, ist es für jeden wichtig, die Wechselbeziehungen zwischen dem eigenem Haus, einer qualifizierten Wärmedämmung, einer modernen Anlagentechnik und angemessener Lüftung zu kennen bzw. sich darüber zu informieren. In diesem Zusammenhang sinnvoll ist auch die Berücksichtigung von alternativen Energieformen. Ein positiver Nebeneffekt: Durch den Einsatz von Sonnenenergie und Co. erlangen Sie gleichzeitig mehr Unabhängigkeit von öffentlichen Energieversorgern und Lieferanten.

n-tv TIPP

Energieausweis noch nicht verbindlich

Bislang benötigen Sie keinen Energieausweis, wenn Sie Ihr Haus selbst nutzen und es nicht verkaufen oder vermieten wollen. Lassen Sie sich deshalb von niemandem zu einem solchen Ausweis überreden! Achten Sie bei entsprechenden Angeboten unbedingt darauf, dass der anbietende Aussteller des Energiepasses eine anerkannte Registrierungsbescheinigung (diese wird beispielsweise von der dena Deutsche Energie Agentur ausgestellt) vorlegen kann. Für Neubauten können das beispielsweise auch der Bauvorlageberechtigte (Architekt) oder ein öffentlich bestellter Sachverständiger für Schall- und Wärmeschutz sein.

Regelungen der EnEV

Im Augenblick befindet sich die aktuelle EnEV im Stadium eines Referentenentwurfs der Bundesregierung mit Stand vom 20. November 2006. Geregelt werden sollen durch die neue EnEV der Energieausweis für Gebäude, die energetischen Mindestanforderungen für Neubauten, aber auch die energetischen Mindestanforderungen für Modernisierung, Umbau, Ausbau und Erweiterung bestehender Gebäude und die Mindestanforderungen für Heizungs-, Kühl- und Raumlufttechnik sowie die Warmwasserversorgung und die energetische Inspektion von Klimaanlagen. Grundsätzlich soll die neue EnEV für alle beheizten und gekühlten

Gebäude bzw. Gebäudeteile gelten. Neu ist auch, dass dadurch verbindlich die Einführung von Energieausweisen für bestehende Gebäude vorgeschrieben wird. Dieser soll für zehn Jahre gültig sein, danach muss er jeweils neu ausgestellt werden.

Berechnungsverfahren des Energiebedarfs

Noch nicht abschließend festgelegt ist die Berechnung bzw. das Berechnungsverfahren des Energiebedarfs. Bei dieser zentralen Frage der Energiebewertung wurde bisher noch kein verbindlicher Konsens gefunden. Geplant ist, für Bestandsgebäude die Bescheinigung des Energiebedarfs des gesamten Gebäudes entweder auf Basis des errechneten oder des gemessenen Bedarfs auszustellen. Bei Wohngebäuden mit weniger als fünf Wohnungen, die vor November 1977 gebaut wurden, sollen nur Bedarfsausweise zulässig sein.

Falls die Vorgaben des EnEV nicht eingehalten werden, sind zwar bisher keine Strafen angedacht. Allerdings ist die Nichteinhaltung der EnEV grundsätzlich eine Ordnungswidrigkeit.

Was sind die heute gültigen Regelungen der Energieeinsparverordnung?

Primärenergiebedarf und Mindest-Dämmstandard

Die Energieeinsparverordnung, wie Sie heute bei Baumaßnahmen verbindlich beachtet werden muss, stammt aus dem Jahr 2002. Sie regelt den maximalen Primärenergiebedarf sowie den Mindest-Dämmstandard. In der EnEV werden sowohl der bauliche Wärmeschutz als auch die Anlagentechnik bei der Bewertung berücksichtigt. Dadurch lassen sich – rechnerisch – Defizite beim Wärmeschutz begrenzt durch eine bessere Anlagentechnik kompensieren. Bei Häusern mit bis zu zwei Wohnungen, die vom Eigentümer bewohnt werden, muss die EnEV zwei Jahre nach Eigentümerwechsel angewendet werden.

Für bestehende Gebäude schreibt sie vor, dass bei wesentlichen Änderungen an Außenbauteilen – beispielsweise Dach, Außenwand, Fenster oder Türen – bestimmte Mindestwerte eingehalten werden müssen. Sind beispielsweise die oberste Geschossdecke oder das Dach bisher nicht wärmegedämmt, muss nachträglich bei Baumaßnahmen entsprechend gedämmt werden. Auch Heizkessel, die vor 1978 eingebaut wurden, müssen ausgetauscht werden.

Die EnEV und die dort berücksichtigten Normen regeln dabei, wie der Nutzenergiebedarf, der Primärenergiebedarf, der Endenergiebedarf sowie der Heizwärmebedarf berechnet werden und welche Grenzwerte eingehalten werden müssen.

Nutzenergiebedarf

Der Nutzenergiebedarf bezeichnet die Menge an Energie, die zur Wärmeerzeugung durch Geräte (z. B. Heizkessel) für ein Gebäude benötigt wird. Ist beispielsweise Ihre Heizanlage kaum gewartet und schlecht in Schuss, oder sind Ihre Raumwände nicht ausreichend gedämmt, haben Sie Verluste, die unnötig viel Energie verschlingen und Ihr Geld kosten.

Heizwärmebedarf

Der Heizwärmebedarf ist diejenige errechnete Energiemenge, die durch die Raumheizung (Heizkörper, Fußbodenheizung u. Ä.) an einen Raum abgegeben wird. Für Neubauten wird dabei gemäß EnEV der Niedrigenergiehaus-Standard mit einem spezifischen Heizwärmebedarf zwischen 40 und 70 kWh pro qm und Jahr vorgeschrieben.

Endenergiebedarf

Der Endenergiebedarf wiederum ist die Menge an Energie, die Ihrem Heizkessel zugeführt werden muss, um den Heizwärmebedarf für Räume und Warmwassererzeugung – einschließlich der Verluste durch die Anlagetechnik – zur Verfügung stellen zu können. Diesen können Sie z. B. auch anhand der vom Ölhändler gelieferten Heizölmenge (in Liter) ermitteln, auf Ihrem Gaszähler (in cbm) ablesen bzw. aus der Rechnung Ihres Gaslieferanten (in kWh) entnehmen sowie auf dem Stromzähler (in kWh) ablesen. Je wirkungsvoller Ihre Heizanlage die verwendete Energie in Wärme umwandelt, desto besser ist der Wirkungsgrad.

n-tv TIPP

Energiebedarfsausweis nach EnEV

Der Energiebedarfsausweis nach § 13, Abs. 1 der Energieeinsparverordnung (EnEV) ist Pflicht für Gebäude, die neu errichtet, verändert oder erweitert werden. Das gilt auch für den Wärmebedarfsausweis. Verwechseln Sie ihn bitte nicht mit dem kommenden Energiepass bzw. Energieausweis, der zunächst nur für bestehende Gebäude gelten soll.

Primärenergiebedarf

Betrachtet man nur die Umwandlung von Strom in Wärme, ist dies eine der effizientesten Arten der Heizung, da hier keine zusätzlichen Verluste durch die Verteilung der Wärme entstehen. Das

ändert sich aber, wenn man die Primärenergie in die Betrachtung mit einbezieht. Anhand dieser lassen sich die verschiedenen Energieträger in ihrer Effizienz bewerten.
Der Primärenergiebedarf berücksichtigt neben dem Energiebedarf für Heizung und Warmwasser auch die Verluste, die angefangen bei der Gewinnung des Energieträgers (Gas, Öl, Kohle, Uran, Strom, aber auch bei erneuerbaren Energien aus Sonne, Wind, Holz, Biogas u. Ä.) an seinem Herstellungsstandort, bei seiner Aufbereitung (Veredelung, Raffinerie, Heizkraftwerk, Reaktor, Waldbewirtschaftung u. Ä.) sowie beim Transport bis zu Ihrem Haus anfallen (Pipeline, Gasrohr, Hochspannungsleitung, Öltransport u. Ä.). Dieser Aufwand ist bei Öl und Gas geringer als bei der Bereitstellung von Strom. Denn bei Erzeugung und Transport von Strom gehen rund zwei Drittel der ursprünglich aufgewendeten Energiemenge verloren, nur rund ein Drittel kommen an der Steckdose an. In diesem Zusammenhang spricht man von Primärenergiefaktoren, die zur Bereitstellung der Energie aufgewendet werden müssen. Diese Faktoren sind regional unterschiedlich. Festgelegt werden sie in Deutschland in der EnEV und in der Schweiz in der Minergie.

Primärenergiefaktoren

Energieträger	**Primärenergiefaktor EnEV (D)**	**Primärenergiefaktor Minergie (CH)**
Heizöl	1,1	1,0
Erdgas, Flüssiggas	1,1	1,0
Steinkohle, Braunkohle	1,1 bzw. 1,2	1,0
Holz	0,2	0,5
Nah- und Fernwärme aus KWK*	0,0 bzw. 0,7	0,6
Nah- und Fernwärme aus Heizkraftwerken	0,1 bzw. 1,3	1,0
Strom	3,0	2,0
Holzpellets	0,2	–

*KWK = Kraft-Wärmekopplung

Dass eine ökologisch einwandfreie Betrachtung der Energiebilanz für Raumwärme und Warmwasseraufbereitung nicht erst an der eigenen Hausgrenze beginnen darf, soll durch die Berücksichtigung des Primärenergiebedarfs im Energieausweis erreicht werden.

Energiekennzahl

Um den Zustand eines Hauses oder die Planung eines Neubaus energetisch abschätzen zu können, reicht die Kenngröße Endenergieverbrauch allein nicht aus. Denn was nützt es, wenn man weiß, wie viel Liter Öl man benötigt, um das Haus warm zu halten, ohne diesen Wert mit einem anderen Haus vergleichen zu können. Möglicherweise zeigt sich durch einen Vergleich, dass bessere Werte zu erzielen sind. Doch dafür benötigt man eine Bezugsgröße. Normalerweise nimmt man dafür die beheizte Wohnfläche oder die Gebäudenutzfläche. Beträgt die beheizte Wohnfläche beispielsweise 100 qm und werden dafür 25.500 kWh pro Jahr verbraucht, teilt man die verbrauchte Energie durch die Quadratmeterzahl. So erhält man die sogenannte Energiekennzahl:

25.500 : 100 = **25,5**

Damit lässt sich einfach und schnell der energetische Zustand eines Gebäudes vergleichen.

kWh/qm a	**sehr gut**	**gut**	**mäßig**	**schlecht**
Einfamilien-Wohnhaus	50 bis 75	100	125	≥ 170
Mehrfamilien- Wohnhaus	35 bis 50	75	100	≥ 150

Betrachten Sie Ihr Haus als Systemeinheit

Umdenken beim Hausbau

Früher war es üblich, ein Haus ausschließlich nach seinem äußeren Erscheinen, seiner Architektur zu beurteilen. Auch die Beurteilung der Haustechnik beschränkte sich auf Optik und Funktion der Geräte und Armaturen. Ein Slogan der Architektur hieß: Holen Sie die Natur ins Wohnzimmer. Ergebnis waren große Fensterflächen und überdimensionierte Heizanlagen. Denn Heizöl war billig. Mit der ersten Ölkrise in den 1970er-Jahren begann auch ein Umdenken beim Hausbau. Kleinere Fensterflächen und der Einsatz dickerer Dämmstoffschichten bzw. die Entwicklung leichter Wandbaustoffe waren unter anderem ein Ergebnis dieser neuen Denkweise. Heute ist es allen Bauherren und Hausbesitzern eine Selbstverständlichkeit, in ihre Planungen mit einzubeziehen, dass eine gute Wärmedämmung Auswirkungen auf die Größe der Heizanlage und des Energieverbrauchs hat. Ein großer Heizkessel hat gleichzeitig auch einen größeren Verlust an Energie als eine optimal für das Haus ausgelegte Anlage. Die Größe aller Öffnungen am Haus, Fenster und Türen in der Außenwandfläche und im Dach, beeinflusst ebenfalls die Wahl der richtigen Heizanlagengröße. Moderne Fenster haben allerdings heute in etwa die gleichen Wärmeverlustwerte wie früher eine aus Mauerziegeln errichtete massive Außenwand.

Umstellen des Lüftungsverhaltens

Wenn Sie Ihr neues Haus entsprechend der EnEV geplant und gebaut haben, müssen Sie allerdings auch Ihr Wohnverhalten umstellen, etwa das Lüftungsverhalten. Energieeffiziente Häuser werden nahezu luftdicht gebaut, deshalb kondensiert Luftfeuchtigkeit nicht mehr an den Fenstern, sondern allenfalls an kalten Wärmebrücken wie Rollladenkästen, Außenwandecken oder Fensterstürze u. Ä. Das aber kann zu Feuchteschäden an diesen Bauteilen führen, auf denen sich dann auch Schimmel bildet, der die Raumluftqualität mindert.

An diesen Stellen geht Heizwärme verloren

Die teure Heizenergie geht im Wesentlichen auf drei Arten verloren: durch Anlagenverluste, Transmissionswärmeverluste und Lüftungswärmeverluste.

Anlagenverluste

Ist Ihre Heizung in Betrieb, entstehen Anlagenverluste. Neben dem Energieverlust durch Abgase zählt dazu der Energieverbrauch, der durch die konstante Betriebsbereitschaft entsteht sowie durch Wärmestrahlung der Leitungsrohre und des Heizkessels selbst.

Transmissionswärmeverluste

An allen Bauteilen, die an beheizte Räume grenzen, treten Transmissionswärmeverluste auf. Sie entstehen aufgrund des Wärmedurchgangs (U-Wert) durch einzelne Bauteile. Dies ist sowohl bei Fenstern, Türen, dem Kellerfußboden, der Kellerdecke, den Kelleraußenwänden, aber auch beim Dach oder der obersten Geschossdecke der Fall. Deshalb achten Sie bereits bei Ihrer Planung darauf, Bauteile mit niedrigem U-Wert zu verwenden.

n-tv TIPP

Kleiner U-Wert für Bauteile

Mit U-Wert (in Watt pro Quadratmeter mal Kelvin = W/ qm K) wird der Wärmedurchgangskoeffizient von Bauteilen bezeichnet. Je niedriger dieser Wert ist, desto weniger Wärme geht durch das Bauteil verloren und umso besser ist die Dämmwirkung. Achten Sie deshalb immer darauf, dass Sie bei Ihrer Planung nur Bauteile mit niedrigem U-Wert verarbeiten. Bei vorgefertigten Elementen nennt der Hersteller diesen Wert, bei zusammengesetzten Bauteilen (z. B. Mauerwerk und Dämmstoff) wird er beispielsweise vom Architekten oder Planer errechnet.

Lüftungs-wärmeverlust

Werden Fenster oder Türen geöffnet, entsteht ein Lüftungswärmeverlust. Es erfolgt ein natürlicher Luftaustausch zwischen kälterer Außenluft und wärmerer Raumluft. Dieser muss wieder durch Heizen ausgeglichen werden. Aber auch undichte Fugen und Ritzen oder unsachgemäße Verarbeitung, z.B. fehlerhafte Fensterdichtungen, u. Ä., führen ebenfalls zu Lüftungswärmeverlusten. Bei der Bauausführung ist deshalb unbedingt auf eine funktionsfähige luftdichte Ausführung der entsprechenden Bauabschnitte zu achten.

Dämmen und Dichten – Bauteile energetisch optimieren

Energetische Optimierung des Hauses

Eine effektive Möglichkeit, um beim Neubau Folgekosten zu sparen, ist die energetische Optimierung des Hauses. Um Energie zu sparen, müssen Sie dazu den Wärmebedarf aller Räume entsprechend niedrig halten. Die Anforderungen hierfür wurden im Standard des Niedrigenergiehauses festgelegt. Wichtigste Maßnahme ist die Gebäudehülle entsprechend zu dämmen. Eine Verbesserung Ihrer energetischen Bilanz erreichen Sie auch, wenn es möglich ist, das Haus auf dem Grundstück so auszurichten, dass Sie die Sonne als zusätzlichen Wärmeerzeuger nutzen können.

Auch die Wärmespeicherfähigkeit der einzelnen verwendeten Bauteile trägt entscheidend dazu bei, die Energiebilanz zu optimieren. Sowohl im Sommer wie auch im Winter wird dadurch eine übermäßige Erwärmung oder Auskühlung bei Temperaturschwankungen ausgeglichen. Geringer Wärmeverlust und hohe Wärmespeicherfähigkeit ergeben zusammen ein behagliches Wohnklima und geringere Ausgaben für Energie.

Mangelnde Luftdichtigkeit

Der Heizwärmebedarf eines Hauses kann bei mangelnder Luftdichtigkeit der Außenhülle (Wand, Dach) bis zu ein Viertel höher ausfallen als bei einer fachgerechten luftdichten Konstruktion. Raumauskühlung und unkontrollierte Lüftung an undichten Stellen führen zu höheren Heizkosten und durch entstehende Tauwasserbildung der Luftfeuchtigkeit entstehen sogar auf Dauer Bauschäden.

Eine Aufnahme mit der Wärmebildkamera zeigt die energetischen Schwachstellen eines Hauses ganz genau.

Dabei darf mit luftdichten Gebäudehüllflächen nicht auch eine verminderte Frischluftzufuhr verbunden sein. Die Raumluft in Gebäuden ist in der Regel voller Gerüche und Ausdünstungen aus Küche, Bad und WC, hinzu kommt die Kohlendioxidabgabe des Menschen durch Atem und mögliche Schadstoffausgasungen aus

Möbeln. Deshalb ist eine gleichmäßig gute Raumlüftung sehr wichtig. Dabei sollte der eigentliche Durchlüftungsvorgang kurz und effektiv sein (Stoßlüftung) und mehrfach wiederholt werden.

Faktor Gebäudeform

Auch die Gebäudeform spielt eine fundamentale Rolle beim Energiesparen. Große Bauteilflächen und stark gegliederte Baukörper führen zu höheren Wärmeverlusten. Ideal ist eine Gebäudeform, die in Bezug auf ihren Inhalt eine möglichst geringe Außenfläche hat. Gelingt es zusätzlich, möglichst viele Fensterflächen nach Süden zu orientieren, hilft im Frühjahr und Herbst eine hohe Menge an kostenfreier Sonnenenergie beim Heizen. Im Winter und in der Übergangszeit sollten Sie diese Seiten nicht verschatten, im Sommer dagegen sorgt Sonnenschutz dafür, dass sich die Räume nicht zu stark aufheizen. Es sei denn, Sie nutzen über Wärmerückgewinnung diese Energien zusätzlich.

Wärmeschutz und Feuchteschutz

Wärmedurchgangskoeffizient

Die Mindestanforderungen des Wärmeschutzes von Bauteilen sind in der DIN 4108 festgelegt. Für einzelne Bauteile werden dort Wärmedurchgangskoeffizienten genannt, die sogenannten U-Werte (siehe Seite 221), früher mit k-Wert bezeichnet, die nicht überschritten werden dürfen. Je kleiner dieser Wert ist, desto besser ist die Wärmedämmung.

Wärmespeicherfähigkeit

Zum Wärmeschutz zählt aber auch die Wärmespeicherfähigkeit der Materialien. Wie schnell und wie stark sich im Sommer ein Haus aufheizt, ist unter anderem abhängig von der Speicherfähigkeit der eingesetzten Baustoffe und Bauteile.

Neben dem thermischen Verhalten einer Konstruktion spielt auch das Verhalten der Baustoffe bei Durchfeuchtung eine Rolle. Dabei wird unterschieden, ob die Feuchtigkeit von außen (Schlagregen, offene Fugen, Schadstellen) oder von innen in Wasserdampfform eindringt und sich damit Kondensatfeuchte bilden kann.

Hinterlüftete, wärmegedämmte Fassaden

Die hinterlüftete, wärmegedämmte Fassadenkonstruktion ist für die Außenwand die ideale Konstruktion. Im Gegensatz dazu muss bei der verputzten Außenwand der Außenputz sowohl den Witterungsschutz wie auch einen zusätzlichen Dämmschutz bilden. Am Dach übernimmt die Dacheindeckung bzw. Dachabdichtung die Schutzfunktion.

n-tv TIPP

Wärmespeicherkapazität

Eine hohe Speicherfähigkeit der Konstruktion ergibt ein sich ausgleichendes Temperaturverhalten. Die Höhe der Wärmespeicherfähigkeit wird durch die Multiplikation des Materialrohgewichts mit der spezifischen Wärmekapazität ermittelt und ergibt die Wärmespeicherzahl S. Zusammen mit der Dämmfähigkeit aller Materialschichten kann die Temperaturamplitudendämpfung (TAD) errechnet werden. Ideal ist ein Wert größer 5.

Kondensierter Wasserdampf

Auf seiner Wanderung von der warmen zur kalten Seite kühlt sich der in der Raumluft enthaltene Wasserdampf ab und wird zum Feststoff Wasser, er kondensiert. Im Sommer verläuft dieser Vorgang entgegengesetzt, von außen nach innen. In der Werbung wird dieser Vorgang fälschlicherweise als „Atmung“ bezeichnet. Kommt es nun auf diesem Weg zu hoher Feuchtebelastung, bilden sich an kalten Flächen innerhalb oder außerhalb der Konstruktion nasse Stellen. Bei Mauerwerk oder Beton siedeln sich oberflächlich schnell Sporen von Pilzen an, da sie hier einen feuchtwarmen Nährboden finden. An Holzteilen können die durch Kondensat hervorgerufenen Nassflächen starke Schäden mit Pilzbefall verursachen. Zusätzlich wird durch den Feuchtebefall die ursprünglich vorhandene Wärmedämmung systematisch vermindert.

Dampfbremse

Abhilfe kann eine auf der Innenseite (an der warmen Seite) angebrachte Dampfbremse aus z. B. entsprechender Folie oder Kraftpapier schaffen, die den Wasserdampfeintrag in die Konstruktion weit gehend verhindert. Gekennzeichnet wird eine solche Dampfbremse durch ihre Wasserdampfdiffusionswiderstandszahl (mü). Je höher der angegebene Wert ist, desto stärker ist die dampfbremsende Wirkung.

Diffusionswiderstandswert

Bei einer Außenwand ist wichtig, wie schnell sie nach einer Durchfeuchtung wieder austrocknen kann. Kapillarfähige Baustoffe wie z. B. Mauerziegel geben ihre Feuchtigkeit schneller wieder ab als grobporige, z. B. Porenbeton, oder dichte, z. B. Beton. Der Feuchteaustausch ist abhängig von dem Widerstand, den der Baustoff dem Wasserdampf entgegensetzt. Bauphysikalisch wird dieser mit der Dicke einer Luftschicht verglichen. Je kleiner dieser Diffusionswiderstandswert ist, desto leichter kann Wasserdampf wieder entweichen. Deshalb sind diffusionsoffene Konstruktionen ausgezeichnet dafür geeignet, die Entfeuchtung der Konstruktion zu sichern.

Luftdichtigkeit

Erhöhter Wärmebedarf und Tauwasserbildung

Die Luftdichtigkeit einer Konstruktion gewährleistet, dass die Wärmedämmung voll wirksam bleibt. Durch undichte Fugen kommt es witterungsbedingt aufgrund von Druck und Sog am Gebäude zu dem Effekt, dass auf der Druckseite kalte Luft in das Gebäude eindringt und es auskühlt. Das ergibt einen höheren Wärmebedarf. Auf der Sogseite wird die aufgewärmte Luft aus dem Haus abgesaugt. Dabei kühlt diese Luft ab und es kann zu Tauwasserbildung an der kalten Seite kommen. Besonders betroffen sind davon Holzskelettkonstruktionen, die Randzonen bei Lehmausfachungen und das ausgebaute Holzdach. Diese Schwachstellen müssen sorgfältig mit dafür geeigneten Klebebändern luftdicht abgedichtet werden. Eine gute Luftdichtigkeit lässt sich mit dafür ausgewiesenen Folienbahnen oder Papierbahnen, die mit einem speziellen Kleber oder Klebeband verklebt werden, erzielen.

Im Dachbereich ist es vor allem wichtig, Dachflächenfenster, Lüftungsrohre und andere Durchdringungen sorgfältig von innen und außen luftdicht herzustellen. Passende Manschetten dafür bieten die meisten Hersteller an.

Die Luftdichtigkeit eines Gebäudes wird nach dem sogenannten Blower-Door-Test durchgeführt. Dabei wird im gesamten Gebäude ein Unterdruck erzeugt und gemessen, wie schnell sich dieser wieder abbaut. Daraus ergibt sich die Luftwechselrate, für Standardhäuser gilt eine Rate von 3,0 pro Stunde als zulässig.

So wird die Luftdichtigkeit am fertigen Haus geprüft (Blower-Door-Test).

Wärmedämmung für Außenwände

Um die Forderungen der EnEV einhalten zu können, kommt man heute ohne eine zusätzliche Wärmedämmung der Konstruktionsteile Außenwand und Dach nicht mehr aus. Bei Leichtbaukonstruktionen wie z. B. Holzskelettbauweise liegen die üblichen Dämmstoffdicken für Außenwände zwischen 15 und 30 cm, für Steil- bzw. Flachdächer bei 20 bis 30 cm. Wollen Sie den Standard eines sogenanntes Nullenergiehauses erreichen, ist mit Dämmstoffdicken zwischen 20 und 40 cm zu rechnen.

Die Konstruktion für den Dachausbau wird ab Seite 191 ff. beschrieben. Für die Dämmung der Außenwände gibt es folgende Systeme:

Innenwanddämmung

Bei der Innenwanddämmung werden Dämmstoffplatten, meist Polystyrol-Hartschaumplatten, mit einem Klebemörtel auf die staubfreie, ebene Innenwandfläche geklebt, mit Dämmstoffankern zusätzlich fixiert und zur Raumseite hin anschließend mit Gipskartonplatten bekleidet. Falls man als Dämmstoff Mineralwolle verwendet, muss raumseitig eine Dampfsperre angeordnet werden. Für beide Möglichkeiten werden im Handel auch einseitig dämmstoffkaschierte Gipskartonplatten angeboten.

Außenwanddämmung

Bei der Außenwanddämmung ist aus bautechnischer und bauphysikalischer Sicht die hinterlüftete Vorhangfassade eine sichere Lösung. Bei diesem System werden der Witterungsschutz, die Vorsatzschale aus Verblendmauerwerk, Kunststoff, Faserzementplatten, Werksteinplatten, Metalltafeln, Holzverschalung u. Ä. und die statisch tragende, wärmegedämmte Wandkonstruktion voneinander getrennt. Als Systemaufbau gilt: statische tragende Innenwandkonstruktion, Wärmedämmschicht, Luftschicht und Vorhangfassade.

Putzfassade

Auch bei einer Putzfassade, bei der unmittelbar auf die Außenwandfläche aus Beton oder Mauerwerk ein meist mineralischer Außenputz aufgetragen wird, sollte eine zusätzliche Innendämmung angebracht werden.

Wärmedämm-Verbundsystem

Im Gegensatz dazu ist die Ausführung mit einem Wärmedämm-Verbundsystem (WDVS) eine einschalige Putzwand. Hier werden auf die statisch tragende Außenwand unmittelbar Dämmstoffplatten mit einem Spezialmörtel aufgeklebt und zusätzlich mit Dämmstoffankern fixiert. Als Dämmstoff können sowohl dafür zugelassene Polystyrol-Hartschaumplatten wie auch dafür ausgewiesene Mineralwolleplatten verwendet werden. Darauf folgt eine Armierungsschicht aus speziellem Armierungsgewebe, die mit einer Armierungsmasse aufgebracht wird. Die Schlussbeschichtung geschieht mit einem Kunststoffputz, er ist zugleich optisch sichtbare Oberfläche und Witterungsschutz.

Mit alternativen Energien günstig heizen

Optionen für alternative Energien offenhalten

Die bisher für die Hausbeheizung genutzten Energieträger werden nicht nur immer teurer, sondern nehmen auch in ihren Vorkommen stetig ab. Deshalb ist es für Bauherren von Vorteil, ihr Haus sofort oder später auf alternative Energien umzustellen. Achten Sie deshalb unbedingt darauf, dass Sie sich dafür zumindest Optionen offenhalten. Denn günstig bauen bedeutet auch, ohne großen Aufwand sein Haus jederzeit auf einen anderen Energieträger umstellen zu können. Oder z. B. mit Solarenergie oder Erdwärme die erforderliche Heizwärme und Brauchwassererwärmung zu unterstützen. So können Sie unter dem Kostensparaspekt die laufenden Energiekosten so niedrig wie möglich halten, und damit auch der Verteuerung der Energiekosten entgegenwirken.

PRAXISBEISPIEL

Flexibilität sichert Ihnen Kostenvorteile

Vor einigen Jahrzehnten förderten die Stromerzeuger die Raumheizung mit subventioniertem Nachtstrom, der wesentlich billiger als der Tagstrom war. Ziel war damals, ein Haus allein mit dem Energieträger Strom – für Heizung, Warmwasser und alle im Haushalt gebräuchlichen Geräte – betreiben zu können. Im Prinzip das Gleiche geschah, als Erdgas nach Deutschland kam. Mit Fördermitteln der regionalen Erzeuger wurden seinerzeit Heizungen von Heizöl auf das „saubere" Erdgas umgestellt. Nachdem der Markt gesättigt war, wurden zunächst der Strompreis und der Gaspreis angehoben, später gab es auch keinen billigen Nachtstromtarif mehr. Beim Gas kletterten allein 2006 in Deutschland die Preise um 17,7 Prozent (laut Statistischem Bundesamt). Der Dumme ist, wer sich einseitig auf einen Energieträger festgelegt hat. Deshalb sollten Sie bei Ihrer Planung bereits die Weichen so stellen, dass Sie jederzeit wechseln können.

Haben die Öl- oder Gasheizungen ausgedient?

Vorteile Öl- und Gasheizung

Eigentlich gibt es darauf augenblicklich nur die Antwort: jein. Denn moderne Heizanlagen, die mit Heizöl betrieben werden, sind betriebstechnisch und umwelttechnisch so verbessert worden, dass sie auch heute noch sehr gute Wirkungsgrade erzielen. Das kommt einmal davon, dass sie mit niedrigen Kesseltemperaturen gefahren werden, zum anderen ist ihre gesamte Steuerung ein elektronisches High-Tech-Produkt. Mit einer modernen Heizanlage sparen Sie heute – im Gegensatz zu Altanlagen, die älter als 20 Jahre sind – bis zu 15 Prozent an Öl- bzw. Gasverbrauch.

Nachteil steigende Preise

Der einzige Wermutstropfen dabei sind die für den Endverbraucher nicht steuerbaren Einkaufspreise, wenn der Tank leer ist. Die Jahre 2005 und 2006 haben gezeigt, wie es Spekulanten weltweit gelang, den Ölpreis hochzutreiben und die Heizkosten für Hausbesitzer in Schwindel erregende Höhen zu treiben. Es ist abzusehen, dass in den kommenden Jahren der Ölpreis immer weiter steigen wird.

Da der Gaspreis in Deutschland an den Ölpreis gekoppelt ist, ist die Situation bei Heizanlagen, die mit Erd- oder Flüssiggas betrieben werden, im Prinzip vergleichbar. Generell ist eine Erdgasheizung sehr umweltschonend, da sie nur geringe Mengen an schädlichen Abgasen ausstößt. Auch Erdgasheizanlagen werden heute mit Niedrigtemperaturkesseln betrieben und mittels Computertechnik gesteuert und können damit noch effektiver arbeiten. Im Gegensatz zu einer Ölheizung sparen Sie bei mit Erdgas betriebenen Anlagen den Bau eines Lagertanks bzw. Öllagerraums im Keller. Lediglich bei Flüssiggasanlagen, die meist nur dort genutzt werden, wo kein Anschluss an einen Gasversorger möglich ist, müssen Sie Kosten für die Aufstellung eines Tanks einkalkulieren.

Negativ schlagen bei Gasheizungen die nicht beeinflussbaren Rahmenbedingungen zu Buche. Nicht nachvollziehbare Preisentwicklungen und die Abhängigkeit von Erdgaslieferanten – die alle nicht in Deutschland sitzen – sowie gewissermaßen monopolistische regionale Erdgasanbieter bestimmen die Höhe der Energiekosten. Durch diese besondere Marktsituation gelang es beispielsweise in Deutschland, die Erdgaspreise 2006 um bis zu 17,7 Prozent anzuheben. Und die Gaskunden hatten keine Alternative, sie mussten zahlen. Einen Ausweg bietet der Umstieg auf alternative Energien.

Holen Sie sich die Wärmeenergie einfach aus der Erde

Vorreiter Schweiz

Bereits in den 1980er-Jahren begann man Erdwärme (Geothermie) für die Heizung von Gebäuden zu nutzen. Als in Deutschland noch die „Steinzeit“ mit Kohle- oder Ölheizungen üblich war, rüstete man in der Schweiz auf Geothermie um. Ein bekanntes Projekt dort nannte sich PLENAR, zusammengesetzt aus den Begriffen Planung, Energie und Architektur.

Genehmigung erforderlich

Heute hat sich diese Heizmethode auch in Deutschland etabliert, mit ihr können teure Heizkosten gespart werden. Für die Nutzung von Erdwärme müssen Sie bei der zuständigen Baubehörde eine Genehmigung einholen. Das setzt zunächst eine detaillierte Vorplanung voraus und Ihr Haus sollte mindestens dem Niedrighausstandard gemäß EnEV entsprechen. Besser wäre eine Planung nach dem Nullenergiehausstandard bzw. Passivhausstandard.

Systeme zur Nutzung der Erdwärme

Um die Erdwärme des Bodens nutzen zu können, bohrt man entweder ein Loch, ähnlich wie beim Brunnenbau, oder man verlegt Leitungsrohre in einigen Metern Tiefe auf dem Grundstück. Je tiefer Sie in die Erde gehen können, desto höher ist dabei der Nutzeffekt. Bei der Nutzung im privaten Wohnbereich haben sich Systeme mit Grundwasserwärmepumpe, Erdwärmekollektoren und Erdwärmesonden bewährt.

Bei der geschäftlichen Nutzung der Erdwärme zur Dampferzeugung für Stromkraftwerke werden die Leitungen bis in eine maximale Tiefe von etwa 3000 m getrieben. Für private Heizanlagen wird selbstverständlich nicht so tief gebohrt. Welche Tiefe erforderlich ist, legt ein Fachberater aufgrund der landschaftlichen Gegebenheiten fest.

In geothermisch günstigen Gegenden, z. B. in der Eifel, im Rheinbecken, in der Rhön, im Alpenvorland, im Schwarzwald und in Gebieten in Norddeutschland herrschen bereits in etwa 1000 bis 1500 m Tiefe Erdtemperaturen zwischen 40 und 100° C. Die Nutzung ist nicht nur günstig und nahezu unerschöpflich, sondern macht die eigene Wärmeversorgung unabhängig von konventionellen Energielieferanten.

Funktionsprinzip der Erdwärmeheizung

Die dem Erdreich entzogene Wärme wird über Rohrleitungen zu einer Wärmepumpe geführt. Diese gibt die gewonnene Energie an einen Wärmespeicher weiter. Über diesem können Sie Ihr gesamtes Haus mit Warmwasser und über herkömmliche Heizkörper-

oder Fußbodenelemente mit Wärme versorgen. Die gesamte Anlage wird computergesteuert überwacht.

Wärmepumpe

Kernstück dieser und aller Anlagen, die mit erneuerbarer Energie (außer Windkraft) betrieben werden, ist die Wärmepumpe. Eine Wärmepumpe bringt niedrige Temperaturen, z. B. aus zugeführter erneuerbarer Energie (Luft, Wasser, Erde), auf ein höheres Temperaturniveau und gibt sie an den nachgeschalteten Wärmetauscher ab. Sie funktioniert nach dem Kühlschrankprinzip, nur umgekehrt. Verfahrenstechnisch wird ein Kompressor mit Strom oder Gas betrieben, der die Flüssigkeit verdichtet und die dabei entstehende höhere Wärme an einen Wärmetauscher abgibt. Die Wärme wird in einem geschlossenen Kreislauf von einem Energieträgermedium (z. B. Wasser, Öl u. Ä.) transportiert. Mit modernen Wärmepumpen lassen sich die Emissionen des Treibhausgases CO_2 nachhaltig senken, da der Betrieb der Anlage deutlich weniger Energie benötigt als die dadurch bereitgestellte Energie.

Amortisation der Mehrkosten

Mithilfe dieser Technologie lassen sich heute die bei der Anschaffung von alternativen Energien entstehenden Mehrkosten in einem Zeitraum von rund sechs bis zehn Jahren durch deutlich geringere Energiekosten wieder einsparen.

Wärmepumpen haben sich seit über 40 Jahren bewährt. Ihr Einsatz bei der Gebäudeheizung ist deshalb so vorteilhaft, weil

Vorteile von Wärmepumpen

- Wärmepumpen vorhandene Umweltwärme nutzen. Von 100 Prozent Energiebedarf für das Beheizen eines Hauses liefert die Umwelt zwischen 65 und 80 Prozent. Die restliche Energiemenge ist Strom für den Betrieb der Wärmepumpe.
- Wärmepumpen heizen durch die Kraft der Sonne, denn die überwiegende Energiemenge, die uns die Umwelt bereitstellt, ist Sonnenenergie, die von der Erde gespeichert wird. Diese Energie ist kostenlos, nahezu unerschöpflich und erneuert sich ständig selbst.
- Wärmepumpen heizen mit sehr niedrigen Betriebskosten, um bis zu 50 Prozent niedriger als andere Heizsysteme.
- Wärmepumpen benötigen keinen besonderen Betriebsraum, keinen Schornstein und auch keinen Tank- oder Vorratsraum.
- Wärmepumpen arbeiten umweltschonend, im Vergleich zu einer Gas- oder Ölheizung senken Sie die CO_2-Emissionen um bis zu 30 Prozent.

- Wärmepumpen lassen sich auch mit Strom aus einer Fotovoltaikanlage betreiben.

Mit der Hilfe der Sonne Heizkosten sparen

Kostenlose Energiequelle

Mit Solarenergie steht eine weitere kostenlose alternative Energiequelle zur Verfügung, um die Betriebskosten eines Hauses zu senken. Diese Energie lässt sich auf zwei unterschiedliche Arten nutzen: zum einen über Solarzellen zur Stromversorgung und zum anderen mit Kollektoren zur Erwärmung von Wasser.

Stromgewinnung mit Solarzellen

Solarstromanlagen

In einer Fotovoltaikanlage, auch Solarstromanlage (PV-Anlage) genannt, findet die unmittelbare Umwandlung von Sonnenenergie in elektrischen Strom mithilfe von Solarzellen statt. Sie besteht aus mehreren Komponenten und arbeitet völlig geräuschlos, emissionsfrei und ohne mechanische Verschleißteile. Ein Generator empfängt und wandelt die Lichtenergie in elektrische Energie (Gleichstrom) um. Als (Licht-)„Empfänger“ dient entweder direkt eine Solarzelle oder ein optisches System, bei dem Spiegel oder Linsensysteme die Strahlung auf die Zelle umleiten bzw. konzentrieren.

Bei diesem Wohnhaus in einem Weinberg wird die gesamte Süddachfläche zur Nutzung der Sonnenenergie herangezogen, ohne Beeinträchtigung der Architektur.

Durch Nutzung des fotovoltaischen Effekts wandelt die Solarzelle Sonnenenergie in elektrische Spannung um. Da die einzelne Zelle nur geringe elektrische Spannung erzeugt, werden mehrere Zellen zu „Solarmodulen“ zusammengefügt. Eines oder mehrere Module bedienen einen Generator.
Die so gewonnene elektrische Energie wird über Kabel weitergeleitet. Sie kann entweder gespeichert – dann spricht man von einer Insellösung – oder direkt ins öffentliche Netz eingespeist werden. Weitere technische Komponenten sorgen dafür, dass die Energie aus Fotovoltaikanlagen jeweils den unterschiedlichen Anforderungen entspricht.

Leistung und Wirkungsgrad von Fotovoltaikanlagen

Man rechnet in Deutschland mit einem mittleren Energieertrag von ca. 650 bis 1150 kWh pro kW_{peak} (kW_p) installierter Leistung der Anlage und Jahr. Die Einheit „Kilowatt peak“ beschreibt dabei die Nennleistung der Anlage unter Normbedingungen, die jedoch nur bei optimalen Bedingungen erreicht wird. In sonnenreichen Jahren sind in den südlichen Bundesländern Erträge von über 1200 kWh möglich. Diese hohen Werte sind jedoch nur in guten Lagen im Gebirge und bei Freiflächen im Süden und Dachanlagen erreichbar. Der Wirkungsgrad einer Fotovoltaikanlage ist ganz entscheidend von deren verwendeten Komponenten abhängig. Die Kernkomponenten sind dabei die Solarzellen und die Wechselrichter. Da die Sonne nicht den ganzen Tag scheint, müssen Sie die restliche Zeit für eine alternative Stromquelle sorgen. Das kann z. B. ein Netzanschluss sein, aber auch ein Notstrom-Dieselaggregat.

Thermische Solaranlagen zur Erwärmung von Wasser

Positionierung der Sonnenkollektoren

Für diese Anlageform ist das Dach prädestiniert: Eine Dachfläche muss nicht unbedingt exakt nach Süden ausgerichtet sein, um als Montagefläche für Sonnenkollektoren zu dienen. Abweichungen aus der Südrichtung von bis zu 30 Grad führen bei gewöhnlich steilen Dachneigungen nur zu geringen Einbußen. Selbst eine Ost- oder Westorientierung lässt sich durch entsprechend vergrößerte Kollektorflächen ausgleichen. Der Neigungswinkel eines Steildaches sollte zwischen 20 und 60 Grad liegen, wobei kleine Gradzahlen die Energieausbeute im Sommer begünstigen und steilere diejenige im Winter. Bei Flachdächern sollte immer eine Aufständerung vorgenommen werden. Im Sommer kann aus einer Dachanlage der komplette Warmwasserbedarf eines Einfamilienhauses gedeckt werden. Zur Überbrückung längerer Schlechtwetterperioden und für die Winterzeit ist allerdings eine zusätzliche Heizmöglichkeit notwendig.

Planung und Errichtung durch den Fachmann

Grundsätzlich sollte eine Solaranlage von einem Fachmann geplant und errichtet werden. Entscheidend ist die objektbezogen richtige Dimensionierung durch eine genaue Analyse des individuellen Warmwasserbedarfs. So rechnet man bei einer kleineren Anlage mit einem mittleren Wasserverbrauch von 50 l pro Person und Tag (bei 45° C) eine Kollektorfläche von 1,2 bis 1,5 qm pro Person.

Funktionsweise von thermischen Solaranlagen

Überwiegend werden Zweikreisanlagen mit Zwangsumlauf eingesetzt. Dabei wird eine Wärmeträgerflüssigkeit von einer Pumpe in den Warmwasserspeicher transportiert, wo sie die Sonnenwärme über einen Wärmetauscher an das Frischwasser (Leitungswasser) im Speicher abgibt. Im Solarkreislauf befindet sich ein Wasser-Frostschutzgemisch, im zweiten Kreis das Frischwasser zu den Zapfstellen. Bei Einkreisanlagen wird das Frischwasser dagegen direkt im Kollektor erwärmt.

Bei sogenannten Thermosiphonanlagen entfallen Regelung und Solarkreis-Umwälzpumpe, da durch den Dichteunterschied der in Vor- und Rücklauf unterschiedlich warmen Trägerflüssigkeit eine Eigenzirkulation der Flüssigkeit erfolgt.

Welche Komponenten gehören zu einer Solaranlage?

Warmwasserspeicher

Zur Bevorratung der Energie wird ein Warmwasserspeicher benötigt. Er sollte rund das 1,5- bis 2-Fache des täglichen Warmwasserverbrauchs speichern, man rechnet etwa 80 bis 100 l pro Person. Der Speicher sollte mit mindestens 10 cm Dämmstoff isoliert sein.

Leitungen

Meist über Kupferrohre mit einem Durchmesser von 15 bis 18 mm wird das auf dem Dach erwärmte Wasser dem Speicher zugeführt. Diese Rohre sollten mit rund 30 mm Dämmstoff isoliert werden, Kurze Leitungswege minimieren den Wärmeverlust. Die Wärmedämmung muss hohen Temperaturen widerstehen und im Außenbereich UV-beständig sein. Bewährt haben sich Mineralwolle,

Polyurethan- oder Schaumglasrohrschalen sowie spezielle Schaumgummischalen.

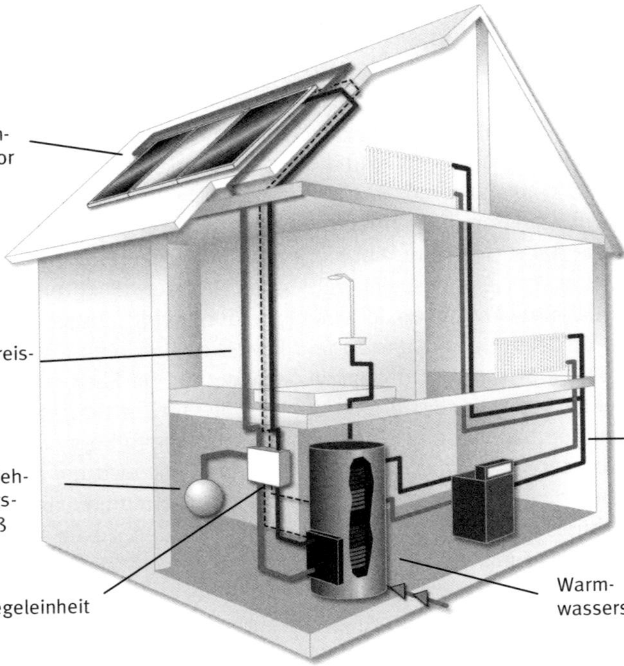

Prinzipskizze einer thermischen Solaranlage zur Erwärmung von Wasser für Heizung und Brauchwasser.

Umwälzpumpe und Betriebsdruck

Eine Solarkreis-Umwälzpumpe gewährleistet den Wasserdurchfluss, der bei kleinen Anlagen etwa 30 bis 50 l pro Stunde und qm Kollektorfläche beträgt. Der typische Betriebsdruck solcher Anlagen liegt bei rund 4 bar. Thermometer im Vor- und Rücklauf dienen zur Betriebskontrolle der Anlage. Ein Ausdehnungsgefäß hält den Druck in der Anlage stabil und nimmt die durch unterschiedliche Temperaturen bedingte Volumenänderungen der Wärmeträgerflüssigkeit auf.

Zur Anlagenregelung dient ein Temperaturdifferenzregler, der über zwei Temperaturfühler die Umwälzpumpe steuert. Diese Regler sind meist so eingestellt, dass für den Pumpenstart eine Temperaturdifferenz von etwa 5 bis 8° C zwischen Kollektor und

Speicher notwendig ist. Sinkt die Temperatur auf 2 bis 3° C ab, schaltet sich die Pumpe aus.

Sonnenkollektoren: Typen und Baukonstruktion

Absorber

Das Kernstück eines Sonnenkollektors ist der Absorber. Er besteht meist aus mehreren schmalen Metallstreifen. Dabei wird das Wärmeträgermedium durch ein mit dem Absorberstreifen verbundenes Wärmeträgerrohr geleitet. Bei einem Plattenabsorber sind zwei Platten miteinander verschweißt. Zwischen ihnen strömt das Trägermedium. Typische Absorbermaterialien sind Kupfer und Aluminium. Bei einem Speicherabsorber sind die Funktionen des Speichers und Kollektors in einem Gerät vereint. Diese Geräte benötigen keine Umwälzpumpe und Regeleinrichtungen.
Absorber sind meist schwarz, da schwarze Oberflächen einen besonders hohen Absorptionsgrad aufweisen. Der Absorptionsgrad gibt an, wie viel der einfallenden kurzwelligen Sonnenstrahlung aufgenommen und nicht reflektiert wird. Da sich der Absorber dabei erwärmt, gibt er einen Teil der aufgenommenen Energie an die kühlere Umgebung wieder ab. Dieser Anteil wird als Emissionsgrad bezeichnet.

Absorptionsgrad

Hocheffiziente Absorber besitzen eine selektive Beschichtung. Diese ermöglicht eine hohe Aufnahme von Sonnenenergie bei gleichzeitig verminderter Emission der Wärmestrahlung. Üblicherweise betragen gängige Absorptionsgrade über 90 Prozent.
Eingesetzt werden zwei unterschiedliche Kollektorentypen:

Flachkollektoren

❶ **Flachkollektoren** bestehen aus den Bauteilen Absorber, einer transparenten Abdeckung, Gehäuse und Wärmedämmung. Zur Abdeckung wird meist eisenarmes Solarsicherheitsglas verwendet, das sich durch einen hohen Transmissionsgrad für den kurzwelligen Spektralbereich auszeichnet. Die Abdeckung verhindert gleichzeitig den Wärmeentzug durch Kontakt mit Kaltluft. Für das Gehäuse wird entweder Aluminium, verzinktes Stahlblech oder glasfaserverstärkter Kunststoff verwendet. Eine Wärmedämmung auf der Rückseite und an den Seitenwänden vermindert Wärmeverlust. Meist werden dabei Polyurethanschaum und Mineralwolle, seltener Glaswolle, Steinwolle, Glasfaser oder Fiberglas verarbeitet. Flachkollektoren lassen sich sehr variabel einbauen: sowohl im Dach zwischen den Sparren als auch auf der Dacheindeckung oder in freier Aufstellung mit Trägersystem.

Röhrenkollektor mit einem Ständerunterbau auf einem flach geneigten Pultdach zur Erwärmung von Brauchwasser (Dusche, Küche).

Vakuum-Röhrenkollektor

❷ Beim Vakuum-Röhrenkollektor befindet sich der Absorberstreifen in einer luftleeren, druckfesten Glasröhre. Die Wärmeflüssigkeit durchströmt den Absorber direkt in einem U-Rohr oder im Gegenstrom in einem Rohr-in-Rohr-System. Mehrere einzeln hintereinander geschaltete bzw. über eine Sammelleitung verbundene Röhren bilden den Sonnenkollektor. Beim Heat-Pipe-Röhrenkollektor wird eine bereits bei geringen Temperaturen verdampfende Flüssigkeit in einem Wärmerohr eingesetzt. Bei Sonneneinstrahlung und Erwärmung verdampft die Flüssigkeit. Dieser Dampf steigt im Wärmerohr auf und gibt die enthaltene Wärme über einen Wärmetauscher an die durch das Sammelrohr fließende Wärmeträgerflüssigkeit ab. Die kondensierte Flüssigkeit fließt anschließend wieder in das Wärmerohrende zurück. Damit der Prozess ablaufen kann, müssen die Röhren mit einer bestimmten Mindestneigung installiert werden.

Anordnung und Größe der Kollektoren müssen dem objektbezogenen Einsatzbereich entsprechen. Soll nicht nur die Warmwasserbereitung, sondern auch die Heizungsanlage unterstützt werden, muss eine größere Kollektorfläche eingeplant werden. Außerdem entscheiden Lage und Dacharchitektur eines Gebäudes über Umfang und Ausrichtung der Solaranlage. Einige Hersteller bieten sogar in speziellen Systemen Wohndachfenster und darauf abgestimmte Sonnenkollektoren an. Es gibt auch Dachziegel- und Betondachsteinhersteller, die Solarsysteme, abgestimmt auf Ihre Dacheindeckung, liefern.

Anordnung und Größe der Kollektoren

Da die Bauweise der bisherigen Kollektoren relativ schwer ist, sollte bei der Planung für das Dach ein entsprechend statischer Zuschlag eingerechnet werden. Die Kollektoren selbst lassen sich entweder in die Dachkonstruktion integrieren oder auf die Dacheindeckung mittels Ständern montieren.

Anbringen der Kollektoren

In allen Fällen hat der Verarbeiter darauf zu achten, dass die Wärmedämmung der Dachfläche den Mindestvorschriften entspricht und – was noch wichtiger ist – die Wasserableitung aus der Fläche nicht behindert wird. Hier sind besonders die Anschlüsse zwischen Kollektor und Dacheindeckung zu beachten, damit kein Kriechwasser oder Flugschnee ins Dach eingetrieben werden kann. Bei aufgeständerten Kollektoren muss ein ausreichender Abstand zwischen Dacheindeckung und Kollektorunterseite vorhanden sein, um Regen- und Tauwasser sicher ablaufen zu lassen. Bei Aufständerung ist auch die Kraft des Windes zu berücksichtigen, vor allem in windintensiven Regionen oder großen Höhen kann es leicht zu hohen Sog- bzw. Druckbelastungen kommen. So mancher der letzten Winter hat gezeigt, dass u. U. mit starken Schneefällen und hohen Schneelasten selbst in vom Klima begünstigten Regionen gerechnet werden muss. Deshalb sollten Dachfläche und Kollektoren mit entsprechenden Maßnahmen gesichert sein.

Wasserableitung darf nicht behindert werden

Billige Energie durch Windkraft fürs eigene Haus?

Die Nutzung von Windenergie zur Stromerzeugung kennt man in erster Linie von den überall im Land stehenden Windparks. Hier handelt es sich um Windräder, die kommerziell genutzt werden. Doch auch Privatpersonen können sich ein Windrad zur Stromer-

Windräder zur Stromerzeugung

zeugung in den Garten stellen, was den wenigsten Bauherren bewusst ist. Solche Geräte werden von der Industrie angeboten. Sie sind natürlich in ihrer Bauweise wesentlich kleiner und liefern auch entsprechend geringere Strommengen. Aber Förderprogramme gibt es, je nach Bundesland, auch dafür. Falls Sie ein Windrad auf Ihrem Grundstück bauen wollen, müssen Sie einen Fachingenieur einschalten und sich bei der örtlichen Baubehörde das Vorhaben genehmigen lassen. Diese Genehmigung läuft genauso ab wie die Baugenehmigung fürs Haus.

Die kostengünstige Alternative: Heizen mit Holz oder Holzpellets

Holz als nachwachsender Energieträger

Heimisches Holz gilt als nachwachsender Energieträger. Es ist qualitativ hochwertig und nachhaltig verfügbar. Wobei Sie heute wählen können zwischen der direkten Verbrennung von Nutzholz oder der industriellen Form als Holzpellets.

Heizen mit Holz ist nicht nur eine günstige Alternative, sondern schafft auch ein angenehmes Raumklima.

Nutzholz aus heimischen Wäldern

Heizen mit Scheitholz

Nutzholz als Kaminholz können Sie entweder vom Holzhändler erwerben oder selbst im Wald schlagen. Dabei müssen Sie sich vorher die Genehmigung des jeweiligen Waldbesitzers einholen. Bei staatlichen Forsten erhalten Sie einen Holzsammelschein von den zuständigen Forstämtern oder direkt beim Revierförster. Am einfachsten ist es, wenn Sie abgestorbenes Holz sammeln. Wollen Sie dagegen ganze Stämme verarbeiten, müssen Sie vorher eine kleine Prüfung, die meist vom zuständigen Forstamt durchgeführt wird, ablegen.

Kaminofen oder offener Kamin

Beheizen können Sie damit jeden im Handel erhältlichen Kaminofen oder offenen Kamin. Durch moderne Kaminöfen lässt sich nicht nur Heizenergie erzeugen, integriert in ein abgestimmtes Heizkonzept fürs Haus (siehe Beispiel ab Seite 207) gibt es beispielsweise Kaminöfen, die sogenannte Wassertaschen seitlich angeordnet haben und das darin erzeugte Warmwasser in einen Wasserspeicher leiten und über eine Wärmepumpe nutzen.

Holzpellets – die Industrievariante

Als Heizmaterial werden Holzpellets seit den 1980er-Jahren in den USA und Kanada und seit den 1990er-Jahren in Österreich und in den skandinavischen Ländern genutzt. Seit 1999 sind sie auch in Deutschland erhältlich und gefördert.

Industriell verarbeitete Holzpresslinge

Holzpellets werden aus Sägemehl und Hobelspänen industriell hergestellt. Es handelt sich dabei nahezu ausschließlich um Abfallprodukte aus der Holz verarbeitenden Industrie, beispielsweise aus Sägewerken und Schreinereien. Ohne Zugabe chemischer Bindemittel werden die trocken und unbehandelten Späne unter hohem Druck gepresst. Eine große Rolle spielt dabei die Qualität der verarbeiteten Späne. Um eine Tonne Pellets verkaufsfertig herzustellen, werden zwischen 6 bis 8 cbm Holzspäne verarbeitet. Um eine gleich bleibende Qualität und damit den späteren Heizwert der Pellets sicherzustellen, ist neben einem hochwertigen Ausgangsmaterial auch die sorgfältige Aufbereitung wichtig. Dabei besteht die Kunst darin, die ganz unterschiedlichen Eigenschaften, z. B. der verschiedenen Holzarten, so zu homogenisieren, dass Pellets mit identischer Beschaffenheit hergestellt werden. Das bezieht sich aber auch auf die Holzfeuchte und Korngrö-

ße der Späne. Unterschiedliche Holzarten wie z. B. Buche oder Eiche erfordern darüber hinaus andere Presskräfte als Weich- oder Nadelhölzer. Die fertigen Pellets sind zwischen 5 bis 45 mm lang, ihr Durchmesser liegt zwischen 6 und 8 mm und ihr Heizwert beträgt (18 Megajuten/ kg), etwa 5 kWh/ kg.
Für das Heizen mit Pellets gibt es vier verschiedene Heizungssysteme:

Pellet-Einzelöfen

❶ Pellet-Einzelöfen sind für die Aufstellung in Wohnräumen entwickelt. Angeboten werden sie im Leistungsbereich von 5 bis 15 Kilowatt. Sie besitzen einen vom Brennraum abgetrennten Vorratsbehälter, der regelmäßig von Hand befüllt werden muss. Der Vorratsbehälter ist so ausgelegt, dass er zwischen 24 und 100 Stunden, abhängig vom Heizbedarf, ausreicht.

Pelletöfen mit Wassertasche

❷ Durch den Einbau einer Wassertasche und den Anschluss an ein zentrales Heizsystem können Einzelöfen auch zu Heizanlagen erweitert werden. Das in den Wassertaschen erwärmte Wasser wird unmittelbar an das Heizsystem abgegeben. Wegen der geringen Größe des Vorratsbehälters und der damit notwendigen häufigen Befüllung eignen sich diese Heizsysteme nur zur Beheizung von Wohnungen mit geringem Wärmebedarf wie z. B. bei einem Niedrigenergiehaus oder Passivhaus. Schließt man den Ofen jedoch an einen zentralen Pelletsvorratsraum an, was technisch relativ einfach machbar ist, lässt sich daraus auch ein komplettes System zur Beheizung des ganzen Hauses – eventuell mit der zusätzlichen Aufstellung von Einzelöfen in verschiedenen Räumen – machen. Da immer rund 20 Prozent der erzeugten Wärme direkt als Raumwärme abgegeben werden, ist für eine Brauchwassererwärmung im Sommer ein zusätzliches Heizsystem notwendig, z. B. in Kombination mit einer Solaranlage.

Pelletöfen kombiniert mit einer Solaranlage

❸ Kombiniert man Pelletöfen mit einer Solaranlage, wird der Wärmebedarf für das Haus von etwa März bis Oktober überwiegend über die Solaranlage gedeckt. Sollte die Sonneneinstrahlung nicht ausreichen, schaltet sich automatisch der Pellet-Einzelofen zu. Eine witterungsgeführte, elektronische Regelung und ein spezieller Pufferspeicher bilden dabei die Schnittstelle zwischen Solaranlage und Pelletheizung. Durch eine solche Kombination können Sie etwa ein Drittel des jährlichen Brennstoffbedarfs einsparen.

Halb- und vollautomatische Kompaktanlagen

❹ Pelletzentralheizungen werden immer häufiger auch für die Beheizung von Ein- und Mehrfamilienhäusern als Alternative zu Öl- und Erdgasheizungen genutzt. Dafür gibt es mittlerweile zwei Systeme. Bei der halbautomatischen Kompaktanlage wird ein großer Vorratsbehälter von Hand mit Pellets bestückt. Meist hat er ein Vorratsvolumen von mindestens 400 l, dies entspricht rund 260 kg Pellets. Dagegen werden bei der vollautomatischen Heizanlage über eine Förderschnecke oder eine Saugeinrichtung aus einem Lagerraum oder Lagertank die Pellets vollautomatisch zum Heizkessel transportiert. Am besten wird der Lagerraum so geplant, dass er nur einmal jährlich befüllt werden muss. Eine solche Anlage besitzt dann den gleichen Bedienkomfort wie eine Ölheizung.

Bei der vollautomatischen Pelletzentralheizung steuert eine digital-elektronische Überwachung das optimale Verhältnis von Verbrennungsluft und Pelletmenge. Das führt zu einem exakt abgestimmten Verbrennungsvorgang mit niedrigen Emissionen und einem hohen Wirkungsgrad von bis zu 95 Prozent. Die Raumtemperatur wird in den Einzelräumen über Thermostate so geregelt, wie Sie es von einer Ölzentralheizung gewohnt sind.

Abstrahlungsverluste minimieren

Im Gegensatz zu den Einzelöfen, bei denen die Abgabe von Strahlungs- und Konvektionswärme erwünscht ist, um den Raum zu erwärmen, sind zentrale Anlagen vollständig isoliert, um Abstrahlungsverluste zu minimieren. Zwar sind Pufferspeicher nicht unbedingt notwendig, jedoch ist es mit ihnen möglich, die Brennerstarts zu reduzieren. Dadurch kann der Heizkessel immer unter Volllast betrieben werden, wodurch sich der Nutzungsgrad erhöht. Empfehlenswert ist ein Pufferspeicher, wenn Sie Ihr Haus als Niedrigenergiehaus gemäß der EnEV konzipiert haben. Damit können Sie Ihre jährlich anfallenden Energiekosten kräftig reduzieren.

Mit diesen Kosten können Sie rechnen

Die Kosteneinsparung durch das Heizen mit Pellets ist erheblich.

Im Vergleich zu herkömmlichen fossilen Brennstoffen liegen die Kosten für Pellets heute durchschnittlich bei rund 50 Prozent der jährlich anfallenden Heizkosten mit Erdgas oder 55 Prozent bei Heizöl. Legt man einen Pelletpreis von 200 €/t (netto) zu Grunde und einen durchschnittlichen Brennstoffbedarf von rund 4 t bei einem Einfamilienhaus, ergeben sich jährliche Kosten von etwa 679 € (Stand Sommer 2006). Unter Betrachtung der Gesamtkosten, die beim Betrieb einer Heizanlage anfallen, müssen Sie bei Pelletkesseln mit höheren Anschaffungskosten rechnen als bei konventionellen Anlagen. Stellen Sie die regional unterschiedlichen Förderungen dagegen, besteht allerdings kaum ein Unterschied zwischen einer Pelletheizung und einer Öl- bzw. Erdgasheizung.
Beim Kauf von Pellets sollten Sie darauf achten, dass diese nach DIN plus oder der ÖNORM M 7135 zertifiziert sind. Danach ist eine optimale Qualität gewährleistet. Der Preis für Pellets ist regional unterschiedlich, er schwankt zwischen 160 € und 210 €/t (Stand Sommer 2006). Bei loser Ware ist mit einem Preis von rund 200 €/t zu rechnen.

n-tv TIPP

Das sollten Sie beachten, wenn Sie eine Pelletheizung planen

Text auf CD-ROM

In Deutschland ist für Lagerräume für Brennstoffe grundsätzlich die in der jeweiligen Landesbauordnung enthaltene „Verordnung über Feuerungsanlagen und Brennstofflagerung“ (FeuVO, →CD-ROM) zu beachten. Darin sind jedoch speziell für Pelletlagerräume keine besonderen Anforderungen enthalten. Allgemein werden deshalb die „Lagervorschriften für feste Brennstoffe“ angewendet, bei denen in den meisten Bundesländern bis zu einer Menge von 15 t (ca. 23 cbm) keine Auflagen bestehen. Empfehlenswert ist jedoch, bereits heute strengere Maßstäbe, im Vorgriff auf kommende Vorschriften, anzulegen. So sollten Umfassungswände und Geschossdecken den Anforderungen der Brandschutzklasse F 90 und Türen bzw. Einstiegsöffnungen T 30 bzw. T 90 entsprechen. Da Pellets mit Überdruck in den Lagerraum geblasen werden, muss ein ausreichender Prallschutz an den Wänden vorhanden sein.

Förderprogramme helfen Geld einsparen

Frühzeitig über Förderprogramme informieren

Nachdem von der Bundesregierung die Förderprogramme zur Eigenheimförderung weit gehend ersatzlos zum 31. Dezember 2006 gestrichen wurden, liegt nun der Schwerpunkt der Förderung von Bund und Bundesländern bei energetischen Maßnahmen. Verschiedene Programme sowohl von den jeweiligen Bundesländern als auch von der bundeseigenen Kreditanstalt für Wiederaufbau (KfW), der Deutschen Energie-Agentur (dena), aber auch das Bundesamt für Wirtschaft und Ausfuhrkontrolle (BAFA) stellen hierfür Gelder zur Verfügung. Die meisten Fördermittel sind für Unternehmen gedacht, allerdings gibt es auch Mittel für Privatbauherren. Informieren Sie sich unbedingt frühzeitig über alle Möglichkeiten. Vor allem Kreditinstitute werden häufig versuchen, Ihnen eigene Finanzprogramme mit meist ungünstigeren Konditionen, als sie die staatlichen Programme bieten, schmackhaft zu machen. Bestehen Sie deshalb immer darauf, öffentliche Förderprogramme mit einzubinden.

Deutsche Energie-Agentur dena

Förderung von regenerativen Energien

Ein Kompetenzzentrum für Energieeffizienz und Regenerative Energien ist die Deutsche Energie-Agentur GmbH (dena). Ihre Ziele sind die rationelle und damit umweltschonende Gewinnung, Umwandlung und Anwendung von Energie sowie die Entwicklung zukunftsfähiger Energiesysteme unter besonderer Berücksichtigung der verstärkten Nutzung von regenerativen Energien. Dafür initiiert, koordiniert und realisiert die dena innovative Projekte und Kampagnen auf nationaler und internationaler Ebene. Ihre Gesellschafter sind die Bundesrepublik Deutschland und die KfW-Bankengruppe. Als GmbH agiert die dena kosten- und leistungsorientiert.

Investitionszulage

Die Nutzung von erneuerbaren Energien wird dabei durch Zulagen gefördert, die über die Finanzämter ausgezahlt werden. Vor allem handelt es sich um Investitionszulagen, die in den neuen Bundesländern und den östlichen Bezirken Berlins gewährt werden. Sie werden für Sanierungs- und Erhaltungsaufwendungen gezahlt, zu denen beispielsweise auch der Einbau einer Solaranlage zählt.

Fördermöglichkeiten zur Sonnenergie

Für Maßnahmen zur Energieeinsparung und Nutzung erneuerbarer Energien gibt es Geld von der Europäischen Union, dem Bund, den Ländern, den Gemeinden und den Kommunen. Privatpersonen können über das Internet bei der dena ihre ganz individuelle Förderung zusammenstellen. Mit einem Pulldown-Menü können Sie unter Angabe der Postleitzahl für den Standort des Gebäudes die geplanten Maßnahmen anklicken. Sie erhalten als Ergebnis alle relevanten Bundes- und Landesprogramme sowie die Fördermöglichkeiten Ihrer Gemeinde und des zuständigen Energieversorgers individuell zusammengestellt. Die Inhalte der einzelnen Förderprogramme sind der Datenbank FISKUS entnommen. Sie wird vom BINE Informationsdienst vertrieben, in Partnerschaft mit der dena.

Einige Förderprogramme stellen auch Gelder in Form von zinsverbilligten Darlehen zur Verfügung. Dazu gehören u. a. das KfW-Programm zur CO_2-Minderung und das KfW-Umweltprogramm. Daneben sind auch Fördermöglichkeiten wie Zuschüsse oder steuerliche Abschreibungsmöglichkeiten möglich.

Die KfW-Bankengruppe

Förderung von Wohnraummodernisierung

Die KfW-Bankengruppe ist eine Anstalt des öffentlichen Rechts. Als Bank des Bundes (80 Prozent Anteil) und der Bundesländer (20 Prozent Anteil) widmet sie sich vor allem öffentlichen Aufgaben. Sie unterstützt bei der Förderung des Mittelstandes oder bei Existenzgründungen, bei der Schaffung von Wohneigentum und der Wohnraummodernisierung, aber auch beim Schutz von Umwelt und Klima, stellt Mittel für die Export- und Projektfinanzierung und zur Förderung der Entwicklungs- und Reformländer zur Verfügung.

Finanzierung von Energiesparhäusern

Im Speziellen wird durch die KfW der Neubau von Energiesparhäusern sowie der Einbau von Heizungstechnik auf Basis erneuerbarer Energien aus dem Programm „Ökologisches Bauen“ finanziert.

Die KfW-Gelder sind gedacht für die zinsgünstige, langfristige Finanzierung bei der Einrichtung, Herstellung oder dem Ersterwerb von KfW-Energiesparhäusern 40 und Passivhäusern sowie KfW-Energiesparhäusern 60.

Förderung von Heizungstechnik mit erneuerbaren Energien

Mit diesem Programm wird auch der Einbau von Heizungstechnik bei Neubauten auf Basis erneuerbarer Energien, Kraft-Wärme-Kopplung und Nah-/Fernwärme als Einzelmaßnahme gefördert.
Einen Antrag hierfür stellen können Privatpersonen. Finanziert werden ausschließlich Wohngebäude, nicht gefördert werden Ferien- und Wochenendhäuser. Der Kredit kann auch mit anderen KfW-Darlehen oder Fördermitteln kombiniert werden.

Förderung von Solarstrom-Erzeugung

Das Programm „Solarstrom-Erzeugung" wiederum dient der langfristigen Finanzierung von kleineren Investitionen bei der Einrichtung und Erweiterung von Fotovoltaik-Anlagen. Finanziert werden kann auch der Erwerb dieser Anlagen. Gefördert werden Fotovoltaik-Anlagen bis zu einem Darlehensvolumen von 50.000 €. Für Anlagen mit einem größeren Darlehensbedarf kann das ERP-Umwelt- und Energiesparprogramm in Anspruch genommen werden. Anträge kann jeder Träger von Investitionsmaßnahmen stellen (Privatpersonen, Freiberufler, Landwirte). Die Anlagen müssen allerdings die Anforderungen des Gesetzes zur Neuregelung des Rechts Erneuerbarer Energien im Strombereich (EEG, →CD-ROM) vom 21. Juli 2004 (BGBl. I S. 1918) erfüllen.

Text auf CD-ROM

Finanziert werden die kompletten Investitionskosten inklusive der Kosten für Messeinrichtungen, Planungskosten, Montagekosten und die notwendigen Netzanschlusskosten in Deutschland. Bis zu 100 Prozent der förderfähigen Kosten können mitfinanziert werden.

Das Bundesamt für Wirtschaft und Ausfuhrkontrolle (BAFA)

Beim BAFA können Sie zwei Programme zur Finanzierung Ihres Hauses in Anspruch nehmen.

Förderung von Kollektoranlagen

Das Programm „Erneuerbare Energien" wird ab 2007 im Bereich Basisförderung auf ein vereinfachtes Förderverfahren umgestellt. Für den Antragsteller entfällt die bisherige Verpflichtung, vor Abschluss eines Liefer- und Leistungsvertrages einen Förderantrag beim BAFA zu stellen. Die Basisförderung umfasst die Förderung von Solarkollektoranlagen bis 40 qm installierter Bruttokollektorfläche, von automatisch beschickten Biomasseanlagen (Pelletheizungen) ab 8 bis 100 Kilowatt (kW) Nennwärmeleistung und von handbeschickten Scheitholzvergaserkesseln ab 15 bis 30 Kilowatt Nennwärmeleistung. Für die Basisförderung sind Anträge auf Förderung erst nach Herstellung der Betriebsbereitschaft der Anlage zu stellen.

Förderprogramme der Bundesländer

Alle Bundesländer haben teilweise unterschiedliche Förderprogramme für den Wohnungsbau. In der Regel handelt es sich dabei um Maßnahmen zur Förderung junger Familien oder Familien mit mehreren Kindern. Zusätzlich werden die Programme der KfW und des BAFA angeboten. Auch bieten manche Kommunen oder Gemeinden für bestimmte Maßnahmen zusätzliche oder ergänzende Fördermöglichkeiten. Einen genauen Überblick können Sie sich auf der Webseite der dena (*www.dena.de*) mit einem sogenannten Förderkompass Energie verschaffen. Indem Sie dort die Postleitzahl Ihres Grundstücks und das Bauvorhaben eingeben, erhalten Sie einen umfangreichen Überblick über die Förderprogramme der Bundesländer, des Bundes und der Europäischen Union.
Eine umfangreiche und informative Datenbank ist im Internet unter *www.foerderdata.de* zu finden. Mit dieser Homepage lassen sich ebenfalls ortsbezogen nahezu alle Förderprogramme für den Hausbau und den Einsatz erneuerbarer Energien suchen. Sie müssen Ihre Anschrift eingeben und erhalten einen ausführlichen Auszug.

✓ KOSTENCHECK

Energieverbrauch richtig bemessen

Formular auf CD-ROM

Um möglichst wenig Energie zu verbrauchen, ist neben einem bestmöglichen Schutz vor Wärmeverlusten die Größe der Heizungsanlage entscheidend. Sie muss optimal auf den Bedarf des Gebäudes ausgerichtet werden. Bei den nachfolgend angeführten Berechnungen handelt es sich um eine einfache Faustformel, die es Ihnen ermöglicht, den Bedarf abzuschätzen. Für eine exakte Berechnung sollten Sie sich an einen Fachmann wenden.

1. Höhe des Heizenergieverbrauchs ermitteln
Errechnen Sie hierzu die Kennzahl für die verbrauchte Endenergie (EKZ_{Brenn}). Dafür gehen Sie folgendermaßen vor:

Gesamtenergieverbrauch pro Jahr ☐

- Tragen Sie bei Neubauten den errechneten Energieverbrauch und bei bereits bestehenden Anlagen den mittleren Energieverbrauch der letzten drei Jahre ein.
- 1 cbm Gas bzw. 1 l Heizöl entsprechen ungefähr 10 kWh Heizleistung.

Heizöl- bzw. Gasverbrauch pro Jahr:

.... (Heizöl-/Gasverbrauch in l/cbm)

* 10 kWh

= .... kWh

Energie Warmwasseraufbereitung pro Jahr ☐

- Jetzt muss der Anteil der mit Öl oder Gas erzeugten Energiemenge für die Warmwasserbereitung errechnet werden.

Energie Warmwasserbereitung:

...... (Anzahl Personen im Haushalt)

* 1000 kWh/ Person

= .... kWh

Heizenergieverbrauch errechnen ☐

• Ziehen Sie nun den Wert für die Warmwasserbereitung von der Gesamtenergiemenge ab und Sie erhalten Ihren Heizenergieverbrauch.

Heizenergieverbrauch:

...... (Gesamtenergieverbrauch)

– ...... (Energie Warmwasserbereitung)

= .... kWh

Energiekennzahl errechnen ☐

• Nun teilen Sie den Heizenergieverbrauch durch die zu beheizende Wohnfläche, die Summe aller beheizten Räume in Quadratmetern. So erhalten Sie die Energiekennzahl.

Energiekennzahl

...... kWh (Heizenergieverbrauch)

: ...... qm (beheizte Wohnfläche)

= .... EKZ (Endenergiekennzahl)

Das müssen Sie tun:
Je niedriger der Wert der EKZ ist, desto geringer ist Ihr Energieverbrauch und desto mehr Förderprogramme stehen Ihnen auch zur Verfügung. Bei einem Neubau sollte die Energiekennzahl unterhalb von 80 kWh pro qm und Jahr liegen.

2. Heizkesselgröße bestimmen

Teilen Sie hierfür den Gesamtenergieverbrauch durch die angedachte oder bestehende Kesselleistung. Diese lassen Sie sich von Ihrem Heizungsbauer nennen, oder sie steht auf dem Typenschild des Heizkessels, z. B. 20 KW. Die daraus resultierende Zahl ergibt die Volllaststunden Ihres Heizkessels. Ein theoretischer Wert, der aber eine Abschätzung zulässt, ob Sie einen kleineren Kessel einsetzen können.

Volllaststunden

...... kWh (Gesamtenergieverbrauch)

: ...... KW (Heizkesselleistung)

= .... (Anzahl Volllaststunden)

Das müssen Sie tun:
Wird Ihr Warmwasser über den Heizkessel mit erhitzt, sollten die angenommenen Volllaststunden über 1600 Stunden pro Jahr liegen.
Bei dezentraler Warmwasserbereitung sollten Sie mindestens 1400 Stunden pro Jahr ansetzen.
Liegen Sie mit Ihren errechneten Werten unterhalb der genannten Grenzwerte, ist Ihr Heizkessel zu groß. Das bedeutet, dass Sie Ihre Heizung an den wirklichen Bedarf Ihres Hauses anpassen und einen kleineren Kessel anschaffen sollten.

Glossar

Auflassung: Eigentumsübertragung eines Grundstücks mit notarieller Beurkundung.

Ausbauhaus: Haus, das nur in Teilen von Baufirmen erstellt wird. Meist wird dabei der Innenausbau vom Bauherrn in Eigenleistung erbracht.

Baubehörde: Zuständig für die Genehmigung Ihres Bauantrags.

Baugenehmigung: Prüfung nach dem öffentlichen Baurecht, ob und in welchem Umfang Sie ihr Grundstück bebauen dürfen. Ohne eine gültige Baugenehmigung dürfen Sie nicht mit dem Hausbau beginnen.

Baugesetzbuch: In diesem stehen alle bundesrechtlichen Bestimmungen, die für einen Bauplan gelten.

Bauhelferversicherung: Wenn Sie Verwandte, Freunde oder Bekannte als Bauhelfer einsetzen, müssen Sie diese bei der Berufsgenossenschaft Bau anmelden, sonst drohen erhebliche Bußgelder. Die Beiträge richten sich nach den zu leistenden Arbeitsstunden.

Bauleistungsversicherung: Versicherung für Baustelle oder Bauwerk während der gesamten Bauzeit, z. B. gegen Schäden durch Sturm, Frost, Beschädigung oder Diebstahl.

Bauleiter: Nach den Landesbauordnungen (LBO) muss ein Bauleiter für Ihr Bauvorhaben benannt werden. Er ist Ihnen gegenüber verantwortlich, wenn Gesetze und Vorschriften nicht eingehalten werden.

Bausatzhaus: Haus, das in einzelnen Bauelementen geliefert und vom Bauherren in Eigenregie aufgebaut wird. Für handwerklich geschickte Bauherren bietet sich dadurch eine gute Sparmöglichkeit.

Baustoffklassen: Baustoffe müssen auf ihr Verhalten bei Brand überprüft und entsprechend in Baustoffklassen eingeteilt sein. Die höchste Klasse ist A (nicht brennbar), brennbare Materialien sind alle in der Klasse B eingeordnet. Geprüft werden sie nach DIN 4102.

Bauvertrag: Vereinbarung zwischen Ihnen und dem Bauunternehmer bzw. Handwerker zur Erbringung einer vereinbarten Leistung. Es gibt den BGB-Vertrag und den VOB-Vertrag, beide werden nach dem Werkvertragsrecht geschlossen.

Bauvoranfrage: Antrag auf Erteilung eines Bauvorbescheids durch die Genehmigungsbehörde des geplanten Bauvorhabens. In der Bauvoranfrage können konkrete Fragen bereits vor dem eigentlichen Bauantrag rechtsverbindlich geklärt werden.

Blower-Door-Test: Hierbei wird im Gebäude durch Absaugen der Luft ein Unterdruck erzeugt. Dann wird gemessen, wie schnell sich der Unterdruck wieder abbaut und daraus die Luftwechselrate errechnet. Eine solche von 3,0 pro Stunde gilt für Normalgebäude als zulässig.

Bitumen-Schweißbahn: Dachbahn aus einem Trägermaterial, z. B. Glasvlies, beidseitig mit Bitumen beschichtet. Mit der offenen Flamme wird das Bitumen verflüssigt. Auf diese Weise werden mehrere Bahnen überlappend miteinander verbunden und wasserdicht verschweißt.

Dachsparren (Sparren): Bilden beim Dachstuhl die statisch tragende Basis des Daches. Sie können Holzbalken sein, aber auch Stahl- oder Stahlbetonträger.

Dämmstoffe: Dienen der Geräuschdämmung und verhindern Wärmeverluste, um z. B. die für die EnEV vorgeschriebenen Werte zu erreichen. Man unterscheidet Mineralwolle-Dämmstoffe, geschäumte sowie „ökologische" Dämmstoffe wie Kokos- oder Zellulosefasern.

Dampfdiffusion: Gemeint ist die physikalische Fähigkeit, Wasserdampf durch das Material dringen (diffundieren) zu lassen.

DIN-Normen: Gelten als „anerkannte Regeln der Technik" und müssen vom Architekten und Handwerker eingehalten werden.

Endenergiebedarf: Es handelt sich um die Energiemenge, die in den Heizkessel hineingeht und als Verbrauch abgerechnet wird.

EnEV: Die Energieeinsparverordnung definiert Mindeststandards für neue und bestehende Häuser hinsichtlich der Isolations-Eigenschaften und der Qualität der Anlagentechnik. Die EnEV und die von ihr in Bezug genommenen Normen legen fest, wie der Primärenergiebedarf, der Endenergiebedarf und der Heizenergiebedarf zu berechnen sind und welche Grenzwerte eingehalten werden müssen.

Fertigdach: Im Werk vorgefertigte Teile, die statisch tragend ausgebildet sind und gleichzeitig eine gute Wärmedämmung aufweisen. Da sie nach der Verlegung sofort ein komplettes Dach bilden, auf das nur noch die Dacheindeckung verlegt wird, bilden sie eine rationelle Möglichkeit zum günstigen Bauen.

Fertighaus: Gebäude, das meist aus vom Hersteller vorproduzierten Fertigteilen besteht, die auf der Baustelle zusammengebaut werden.

Fertigteildecke: Systemkonstruktion für Decken, meist bestehend aus über die Tragwand gelegten Trägern, die mit Formkörpern ausgelegt und mit Beton verfüllt werden.

Feuchtegehalt (Hygroskopizität): Eigenschaft eines Baustoffs (in Prozent der Masse oder in Prozent des Volumens), Luftfeuchte aufzunehmen und zu speichern. Je nach Feuchtigkeit der Umgebungsluft stellt sich eine bestimmte Gleichgewichtsfeuchte ein, die für jeden Baustoff anders ist.

Flachdach: Im Gegensatz zum Steildach werden alle Dachflächen, die weniger als zehn Grad Dachneigung besitzen, als Flachdach bezeichnet.

Förderprogramme: Bund und Länder fördern Bau oder Kauf der eigenen Immobilie mit Zuschüssen und zinsgünstigen Krediten. Aber auch für bestimmte Energiespar- oder Modernisierungsmaßnahmen gibt es günstige Darlehen.

Fotovoltaik (Photovoltaik): Die Umwandlung von Strahlungsenergie, hauptsächlich Sonnenenergie, in elektrische Energie.

Gefahrenübergang: Nach erfolgter Bauabnahme geht das Risiko von Beschädigungen am Haus an Sie als Bauherr über.

Generalübernehmer: Steuert und überwacht die Baustelle, vergibt – im Gegensatz zum Generalunternehmer – sämtliche Leistungen jedoch an andere Unternehmen. Meist bei Verträgen über „schlüsselfertiges Bauen" anzutreffen.

Generalunternehmer: Dieser Bauunternehmer oder Handwerker übernimmt einige Aufgaben selbst oder vergibt an Dritte. Sie gehen dadurch nur mit einem Unternehmen eine rechtliche Bindung ein, der Generalunternehmer haftet für die ordnungsgemäße Erfüllung der Leistungen.

Geschossflächenzahl: Ist im Bebauungsplan festgelegt und gibt die erlaubte bauliche Ausnutzung des Grundstücks an, zeigt also das Verhältnis zwischen Geschossfläche und Grundstücksfläche.

Gewerk: Bezeichnet die verschiedenen Fachrichtungen aller am Bau tätigen Unternehmen und Handwerker (Dachdecker, Maurer, Zimmerer, Installateur, Betonbauer usw.).

Grundflächenzahl: Gibt den Flächenanteil eines Grundstücks an, der baulich genutzt werden darf.

Grundsteuer: Sie wird jährlich fällig und von der zuständigen Gemeinde nach dem Einheitswert festgelegt.

HOAI: Honorarordnung für Architekten und Ingenieure, gesetzliche Regelung für die Höhe und den Umfang des Honorars.

Holzpellets: Aus Holzspänen gepresste, kleine walzenförmige Brennstoffe zur Befeuerung spezieller Öfen und Heizanlagen. Gefördert im Rahmen alternativer Energien.

Jahresprimärenergiebedarf: Damit wird der Bedarf an primärer Energie (Öl für die Ölheizung, Gas für die Gasheizung, Kohle für Heizkraftwerke zur Wärmeerzeugung usw.) bezeichnet, den ein Gebäude zur Beheizung innerhalb eines Jahres verbraucht.

Kriechkeller: Bei Bodenplatten der Zwischenraum zwischen Erdreich und Platte zur Kontrolle der installierten Leitungen.

Luftdichtheit (Winddichtheit): Mit technischen Mitteln wird ein Gebäude gegen innere Druckunterschiede (Thermik wegen der Temperaturdifferenz zwischen innen und außen) abgedichtet. Wird in der EnEV gefordert, kann bei Mangel zu Bauschäden führen.

Niedrigenergiehausstandard: Standard, nach dem heute Neubauten errichtet werden müssen. Die Grenzwerte regelt die Energieeinsparverordnung (EnEV).

pH-Wert: Maß für die Stärke der sauren bzw. basischen Wirkung einer wässrigen Lösung. pH-Wert sieben gilt als neutral, kleiner sieben bedeutet sauer, größer sieben dagegen alkalisch (basisch).

Primärenergiefaktor: Es ist der Faktor, der zur Bereitstellung von Energie aufgewendet werden muss; je höher dieser Faktor, desto ungünstiger der Energieträger.

Reihenhaus: Haustyp, der mit zwei gemeinsamen Trennwänden zu den Nachbarhäusern in einer Reihe und in gleicher Bauausführung gebaut wird.

Rohgewicht: Je niedriger das Rohgewicht (Rohdichte) eines Stoffes ist, desto besser ist seine wärmedämmende Eigenschaft. Desto geringer ist aber auch seine Druckfestigkeit.

Steildach: Mit Steildach werden alle geneigten Dachflächen ab zehn Grad Dachneigung bezeichnet.

Unterspannbahn: Eine unter die Dacheindeckung verlegte Folie, die als zweite Wasser führende Ebene zusätzlich vor Regen- und Schneeeintrieb ins Dach schützt.

U-Wert: siehe Wärmedurchgangskoeffizient.

Wasserdampfdiffusionswiderstandszahl: Gibt den Wert in μ (mü) an, den ein Stoff der Dampfdiffusion entgegensetzt. Je niedriger dieser Wert ist, desto weniger Wasserdampf wandert von der warmen zur kalten Seite eines Bauteils.

Wärmedurchgangskoeffizient (U-Wert): Gibt die Wärmemenge an, die durch 1 qm eines Bauteils hindurchfließt, wenn die Temperaturdifferenz der abgrenzenden Luftschicht 1 K (Kelvin) beträgt. Je kleiner der U-Wert, desto besser ist die Wärmedämmung eines Bauteils.

Wärmeleitfähigkeit: Sie wird durch den stoffabhängigen Zahlenwert Lambda beschrieben. Je niedriger dieser Wert ist, desto besser ist die Wärmedämmfähigkeit des Materials.

Wärmeleitfähigkeitsgruppe: Entsprechend ihrer Wärmeleitfähigkeit sind Dämmstoffe in Gruppen eingeteilt. Je niedriger dieser Wert, desto besser dämmt der Stoff.

Wärmeschutzverglasung: Gegenüber der bisher üblichen Zwei-Scheiben-Isolierverglasung eine wesentlich bessere Dämmwirkung. Dabei wird eine hauchdünne Edelmetallschicht auf eine der Scheiben aufgedampft. So gelangt Wärme von außen in den Raum und kann ihn nicht mehr verlassen.

Wärmespeichervermögen: Je mehr Wärme ein Stoff speichern kann, desto langsamer reagiert er bei Aufheizung und Abkühlung. Diesen Vorgang bezeichnet man mit Amplitudendämpfung. Wird der Wärmedämmwert mit der Rohdichte eines Stoffes multipliziert, ergibt sich die Wärmespeicherungszahl.

Weiße Wanne: Bei hohem Grundwasserstand muss um die Kelleraußenbauteile eine Wanne aus WU-Beton – die Weiße Wanne – gebaut werden, die in einem Guss das Eindringen von Druckwasser verhindert.

WU-Beton: Beton mit Zusätzen, um diesen wasserundurchlässig zu machen.

Nützliche Adressen und Websites

Hier finden Sie Tipps und Hinweise, wo Sie sich zu bestimmten Themenbereichen zusätzlich informieren können. Alle genannten Hinweise stellen in keiner Weise Wertungen oder Rangfolgen dar. Sämtliche Tipps und Angaben wurden vom Autor nach bestem Wissen und Gewissen zusammengetragen. Für die Richtigkeit der Nennungen wird keine Haftung übernommen. Stand der genannten Daten ist Januar 2007.

Adressen

Verbände

Verband privater Bauherren e. V.
Chausseestr. 8
10115 Berlin
Tel.: 0 30/ 27 89 01-0
Fax: 0 30/ 27 89 01-11
E-Mail: info@vpb.de
www.vpb.de

Verbraucherschutzorganisation, die seine Mitglieder bei Erwerb, Erhalt oder Modernisierung von Immobilien berät. Die Beratung erfolgt durch Architekten, Bausachverständige, Energieberater oder Finanzierungsberater.

EEB – Verband Energieeffizientes Bauen e. V.
Chemnitzer Platz 1
08371 Glauchau
Tel.: 0 37 63/ 48 82-87
Fax: 0 37 63/ 48 82-86
E-Mail: info@eebev.de
www.eebev.de

Dieser Verband hat es sich zur Aufgabe gemacht, über energieeffizientes Bauen und Sanieren zu informieren und aufzuzeigen, dass energieoptimiertes Bauen auch wirtschaftlich interessant ist.

wohnen im eigentum. die wohneigentümer e. V.
Bonngasse 29
53111 Bonn
Tel.: 02 28/ 72 15-861
Fax: 02 28/ 72 15-873
E-Mail: info@wohnen-im-eigentum.de
www.wohnen-im-eigentum.de

Der Interessenverband bietet Beratungs- und Serviceleistungen rund um Bauen und Wohnen für Selbstnutzer der Immobilien.

BG Bau Berufsgenossenschaft der Bauwirtschaft
Hildegardstr. 29/ 30
10715 Berlin
Tel.: 0 30/ 85 78 1-0
Fax: 0 30/ 85 78 1-500
E-Mail: info@bgbau.de
www.bgbau.de

Die BG BAU ist die gesetzliche Unfallversicherung für die Bauwirtschaft. Bauherren müssen hier ihre Bauhelfer anmelden und versichern.

Haus & Grund Deutschland
Zentralverband der Deutschen Haus-, Wohnungs- und Grundeigentümer e. V.
Mohrenstr. 13
10117 Berlin
Tel.: 0 30/ 20 21 6-0
Fax: 0 30/ 20 21 6-555
E-Mail: zv@haus-und-grund.net
www.haus-und-grund.net

Interessenverband von Immobilienbesitzern mit Informationen zu vielen Themen rund um die eigenen vier Wände.

Verband Wohneigentum e. V.
Neefestr. 2a
53115 Bonn
Tel.: 02 28/ 60 46 8-20
Fax: 02 28/ 60 46 8-25
E-Mail: bund@verband-wohneigentum.de
www.verband-wohneigentum.de

Der Nachfolger des Deutschen Siedlerbund e. V. setzt sich für familienfreundliches, altersgerechtes und kostengünstiges Haus- und Wohneigentum ein.

„Initiative kostengünstig qualitätsbewusst Bauen“ des Bundesministeriums für Verkehr, Bau und Stadtentwicklung
Kompetenzzentrum
Salzufer 14
10587 Berlin
Tel.: 0 30/ 39 92 1-888
Fax: 0 30/ 39 92 1-889
E-Mail: kompetenz@iemb.de
www.kompetenzzentrum-iemb.de

Diese Initiative informiert über das Internet, über Informationsblätter und bei Fachveranstaltungen über umweltgerechtes, innovatives und bezahlbares Bauen.

Tipps im Internet

Informationen zu Förderprogrammen/Kreditmöglichkeiten:

Bundesministerium für Verkehr, Bau und Stadtentwicklung
www.bmvbs.de
(Bauwesen)

Bundesverband Solarwirtschaft
www.bsw-solar.de
(Informationen zu Solar-Fördergeldern, interaktiver Solarförderberater)

KfW Förderbank
www.kfw-förderbank.de
(zinsgünstige Darlehen in Förderprogrammen)

Fachagentur Nachwachsende Rohstoffe e. V.
www.fnr.de
(Informationen über Förderprogramme)

Informationen zu Gesetzen, Vorschriften, Normen

Bundesministerium für Verkehr, Bau und Stadtentwicklung
www.bmvbs.de

Deutsches Institut für Normung e. V.
www.din.de

Bildquellenverzeichnis

Cemex: 52; dena: 214; djd: 11 Quelle Bausparkasse, 16 Herbol, 38 Fingerhaus, 66 Quelle Bausparkasse, 104 Bauherren-Schutzbund e.V., 106 Kiesel Bauchemie, 118 Fingerhaus, 120 Sjoedalshus, 144 WebFriends GbR Werbeagentur, 174 Hock, 179 Thermodach Dachtechnik, 190 Bauherren-Schutzbund e.V., 222 Caparol, 238 HWAM, 242; fotolia.de: 8 TheProphet, 23 Jerome Berquez, 44 Luc Martin, 151 Jenson, 156 photoclicks, 160 Max Blain, 161 Denis Pogostin, 162 evolfader, 165 Cornelia Pithart, 212 Holger Buse; Heratan: 183; Knauf: 195, 200, 206, 208, 209, 225; Krolkiewicz: 231, 236; LBS: 48, 132, 134, 138, 140; Roto: 198, 234; Schwörer Fertighaus: 126; Unidek: 55, 191

Für die Unterstützung bei der Recherche zu diesem Buch möchte ich mich bedanken bei Christoph Volkmann, Knauf Gips KG, Carola Kochner, Schwörer Haus KG, Mathias Pape, LBS Landesbausparkasse West und Otmar Krampe-Piderit, Beuth-Verlag GmbH.

Register